LES FEMMES DES TUILERIES

MARIE-LOUISE

ET

L'INVASION DE 1814

LES FEMMES DES TUILERIES

MARIE-LOUISE

ET

L'INVASION DE 1814

PAR

IMBERT DE SAINT-AMAND

PARIS

E. DENTU, ÉDITEUR

LIBRAIRE DE LA SOCIÉTÉ DES GENS DE LETTRES

Palais-Royal, 15-17-19, Galerie d'Orléans

1885

Droits de traduction et de reproduction réservés

MARIE-LOUISE

ET L'INVASION DE 1814

I

LE DÉBUT DE LA CAMPAGNE

C'est une sombre et douloureuse étude que celle de Paris et de l'armée pendant l'invasion. Les Parisiens, à part quelques natures d'élite, ne montrent pas des dispositions héroïques. Malgré le danger suprême, les théâtres continuent tous à jouer. Toujours frivole, la grande capitale n'a pas les sentiments profonds qui annoncent les résistances opiniâtres. L'impression qui domine est la lassitude de la guerre. Les trahisons existent à l'état latent. Il est évident, pour tout observateur sagace, qu'elles n'attendent que l'occasion d'éclater. La garde nationale ne veut pas sortir des barrières. Les fonctionnaires songent à eux-mêmes plutôt qu'à la patrie. On acclamera Napoléon ou l'étranger, suivant que Napoléon ou l'étranger sera vainqueur. Passant par des alternatives d'espoirs exagérés et de prostration complète, Paris ne sera pas à la hauteur de la situation. Tous les individus qui en avaient été éloignés par des mesures administratives y rentrent au milieu du désordre, en alléguant qu'on aurait pu leur imputer à crime d'être restés dans les départements occupés par l'ennemi. On vient de plus de trente lieues mettre à couvert dans la capitale sa famille, son mobilier, ses valeurs. Les habitants des campagnes voisines ont fait entrer leur bétail dans les faubourgs. La population a tout à coup augmenté dans des proportions immenses. C'est à peine si l'on peut se loger. Les nouvelles les plus inquiétantes ne cessent de circuler, répandant partout la tristesse et le découragement. Dans les salons, dans les boutiques, dans les rues, ce sont des commentaires sans fin sur les catastrophes imminentes. Comme le dit le duc de Rovigo, alors ministre de la police, les mesures coërcitives feraient éclater une insurrection, et c'est bien le moindre soulagement qu'on puisse donner à tant de monde qui souffre, que de lui laisser le droit de se plaindre ; il y a plus de motifs qu'il n'en faut pour justifier des arrestations ; mais pour être juste, il faudrait en faire tant, que les prisons, fussent-elles doublées, ne suffiraient pas à contenir tous ceux qui auraient plus ou moins mérité d'y être enfermés.

Animé d'un patriotisme bien plus ardent que celui des Parisiens, l'armée fait son devoir et plus que son devoir. Elle combat et elle souffre avec un héroïsme digne d'un meilleur sort. On ne sait ce qu'on doit le plus admirer, les conscrits imberbes, ou les vétérans à la barbe grise. De pareils hommes sauveraient la France, si la France pouvait être sauvée. Mais, malgré leurs prodiges d'énergie, malgré leur courage indomptable, ils ont le pressentiment que la fortune les a irrévocablement condamnés. Il n'y aura plus, pour Napoléon, malgré tout son génie, de ces hasards providentiels, de ces chances presque miraculeuses qui, au commencement de sa carrière, l'arrachaient, contre toute attente, à des périls d'abord jugés insurmontables. Le crépuscule ne ressemblera pas à l'aurore, et bientôt arrivera la nuit, la nuit sombre, où ne brillera plus l'étoile impériale.

Cependant les débuts de la campagne sont encore pleins d'entrain. Napoléon, qui a quitté Paris le matin du 25 janvier 1814, arrive, le même jour, à Chalons-sur-Marne. Ses généraux lui disent que sans doute il amène des troupes à sa suite. — Non, répond-il avec sang-froid. Puis, après les avoir consternés par cet aveu, il les ranime par la hardiesse de ses conceptions stratégiques : « Il n'y a de vaincu, s'écrie-t-il, que celui qui veut l'être. Sans doute on aura des jours difficiles ; il faudra quelquefois se battre un contre trois, même un contre quatre, mais on l'a fait dans sa jeunesse, il faut bien savoir le faire dans son âge mûr... On a eu toutes les gloires ; il en reste une dernière à acquérir qui complète toutes les autres ; celle de résister à la mauvaise fortune, et d'en triompher. »

Le lendemain mercredi 26 janvier, à midi, l'impératrice Marie-Louise, entourée des princes de la famille impériale, des grands dignitaires, des ministres, des grands-officiers, des grands-aigles de la Légion d'honneur, des dames et officiers de service, reçoit au palais des Tuileries, dans la salle du Trône, une députation de la garde nationale parisienne. Le maréchal Moncey, duc de Conegliano, présente à la souveraine une adresse : « Madame, dit-il, S. M. l'empereur et roi a daigné permettre que ses fidèles sujets, les officiers de la garde nationale de Paris, missent aux pieds du trône l'hommage de leur amour et de leur fidélité. C'est ainsi, Madame, qu'ils ont cherché à les exprimer : Sire, en partant pour se mettre à la tête de ses armées, Votre Majesté confie son épouse chérie, son fils, l'espoir de la nation, et remet la sûreté, la tranquillité de la capitale, à notre amour, à notre fidélité, à notre courage. Vos nobles paroles, Sire, ont retenti jusqu'au fond de nos cœurs. Que n'ont-elles pu se faire entendre également aux extrémités de la France !... Partez, Sire, avec sécurité. Que nulle inquiétude sur le sort de ce que vous avez, de ce que nous avons de plus cher, ne trouble vos grandes pensées. Allez avec nos enfants et nos frères repousser les ennemis coalisés qui ravagent nos provinces. A la force de vos armes, à la puissance de votre génie, nous unirons la force de l'esprit public, que raniment les dangers de la patrie, la puissance de la fierté nationale, qui s'indigne de l'insolent orgueil des étrangers, et bientôt les ennemis reconnaîtront l'imprudence de leurs entreprises et les illusions de leurs espérances... En recevant la couronne, Sire, vous reçûtes aussi nos serments. Nous les renouvelons aux pieds de Votre Majesté, aux pieds de l'épouse révérée, si digne de votre amour et du nôtre... Devant le berceau de votre auguste fils, Madame, nous supplions Votre Majesté de vouloir bien faire parvenir l'expression de nos sentiments aux pieds de votre auguste époux. »

Thuriféraires, empressez-vous de brûler ce qui vous reste de provisions d'encens bonapartiste ; l'encens royaliste sera bientôt dans vos cassolettes !

Le 27 janvier, à huit heures du matin, Napoléon entre à Saint-Dizier. A sa vue, la population découragée se relève, et tressaille d'espérance. Une correspondance, datée de cette ville, le 28 janvier, sera insérée dans le *Moniteur*. Il y est dit : « L'ennemi était ici depuis deux jours, y commettant les plus affreuses vexations. Il ne respectait ni l'âge ni le sexe. Les femmes et les vieillards étaient en butte à ses violences et à ses outrages. L'arrivée des troupes françaises entrées hier dans notre ville a mis un terme à nos malheurs. L'entrée de l'empereur a donné lieu aux scènes les plus touchantes. Toute la population se pressait autour de lui ; tous les maux paraissaient oubliés. Un vieux colonel, M. Bouland, âgé de 70 ans, s'est jeté à ses pieds, qu'il baignait de larmes de joie, et exprimait tout à la fois la douleur qu'un brave soldat avait ressentie en voyant les ennemis souiller le sol natal, et le bonheur de les voir fuir devant les aigles impériales. »

Napoléon, qui a retrouvé l'ardeur de ses beaux jours, manœuvre pour empêcher la jonction de l'armée de Silésie, commandée par Blücher, et de l'armée de Bohême, commandée par Schwarzenberg. Il n'a, pour le premier choc, à opposer que 50,000 hommes contre 230,000. Il est néanmoins plein de confiance. Se jeter à l'improviste dans le flanc des masses coalisées, les surprendre, les entrecouper, trancher ainsi le nœud de la coalition, la déconcerter, l'épouvanter, la détruire peut-être, tel est son plan. C'est pourquoi il abandonne la Marne, et tourne précipitamment à droite, vers l'Aube. Brienne, où passe en ce moment Blücher, est son but. Il parcourt, au milieu des bois, par une obscurité profonde qui répond à son projet de surprise, un chemin dont la ligne directe favorise son impatience. A Maizières, village situé près de Brienne, il dit aux gardes nationaux qui se pressent autour de lui :

« Nous combattons aujourd'hui pour nos foyers, sachons les défendre, et que les Cosaques ne viennent pas s'y chauffer. Ce sont de mauvais hôtes qui ne vous y laisseraient pas de place. Montrons-leur que tout Français est né soldat, et bon soldat. »

L'empereur reconnaît, dans le curé de Maizières, un de ses anciens régents du collège de Brienne : « Eh! quoi, c'est vous, mon cher maître! s'écrie-t-il. Vous n'avez donc jamais quitté la contrée ? Tant mieux ! Vous n'en pouvez que mieux servir la cause de la patrie. Je n'ai pas besoin de vous demander si vous connaissez le pays. — Sire, j'y trouverais mon chemin les yeux fermés. — Venez donc avec nous, vous nous servirez de guide, et nous causerons. » Le vieux curé monte sur le cheval du mameluck Roustan, et devient le guide de l'armée.

Le 29 janvier, a lieu le combat de Brienne, livré par Napoléon contre Blücher. La ville, que deux rues, qui se coupent perpendiculairement, partagent en quatre parts, est plusieurs fois prise et reprise. L'empereur croit un instant que Blücher vient d'être fait prisonnier. « Nous tenons le vieux sabreur, s'écrie-t-il, la campagne ne sera pas longue. » Napoléon se trompe. Le général prussien n'est pas prisonnier, mais il bat en retraite. Les conscrits français, luttant dans la proportion d'un contre deux, ont fini par l'emporter sur les vieilles bandes de la coalition.

De Brienne, Napoléon écrit le 31 janvier 1814 à son frère Joseph : « L'affaire de Brienne a été fort chaude. J'y ai perdu 3,000 hommes, et l'ennemi y a perdu 4 ou 5,000 hommes. J'ai poursuivi l'ennemi à mi-chemin de Bar-sur-Aube. J'ai fait réparer les ponts de l'Aube qui avaient été brûlés. Encore un moment et le général Blücher et tout son état-major eussent été pris. Le neveu du chancelier de Hardenberg a été pris à côté d'eux ; ils étaient à pied et ne savaient pas que j'étais à l'armée. Depuis ce combat, nos troupes sont en grande réputation chez les alliés. Ils ne croyaient plus à leur existence... Cette affaire, la position de nos armées, et l'opinion qu'on en a, pourraient accélérer la conclusion de la paix. Il est convenable que les journaux montrent Paris comme ayant l'intention de se défendre, et beaucoup de troupes comme y arrivant de tous côtés. »

Après le combat, Napoléon établit son quartier général au château de Brienne, où il passa deux nuits. « Durant ce séjour, a dit Constant, son valet de chambre, je me rappelai celui que j'avais fait dix ans auparavant avec l'empereur dans ce même château de Brienne, lorsqu'il allait à Milan ajouter le titre de roi d'Italie à celui d'empereur des Français. Aujourd'hui, me disais-je, non-seulement l'Italie était perdue pour lui, mais c'est encore au centre de l'empire français, c'est à quelques lieues de sa capitale que

l'empereur se défend contre d'innombrables ennemis. Habitués à le voir compter sur son étoile,
la plupart de ceux pui l'entouraient n'y comptaient pas moins que lui. Mais cependant nous
ne pouvions nous dissimuler qu'il y avait eu du
changement. Nous ne pouvions nous faire illusion
en face de ces masses d'étrangers, que nous n'a-
vions jusqu'alors vus que chez eux, et qui étaient
chez nous à leur tour. »

Le général de Ségur nous montre aussi Napoléon ramené des extrémités de tant de conquêtes
jusque dans cette école militaire de Brienne où
s'était formée son adolescence, et la retrouvant
dévastée, jonchée de morts, encombrée de ruines.
Alors l'homme des batailles s'attendrit. Il médite
sur des maux dont, hélas ! il est le principal auteur. Il voudrait pouvoir les réparer. Pour consoler les habitants de leur désastre, il leur fait
prodiguer l'or de sa cassette. Apprenant que
l'effroi a conduit plusieurs jeunes et belles femmes
à chercher un refuge dans les caves du château,
il les en fait sortir. Il les rassure lui-même, il les
invite à manger à sa table. Il leur dit qu'il re-
construira la ville, qu'il achètera le château, qu'il
le transformera en un riche établissement militaire, ou plutôt qu'il en fera un palais impérial.
Après le repas, voilà ses souvenirs d'enfance qui
lui reviennent à l'esprit, gracieux et doux fantômes. Le voilà qui se laisse entraîner par le
charme d'un long récit, terminé par cette excla-

mation mélancolique : « Pouvais-je croire alors que j'aurais à défendre cette même ville contre des Russes ? »

A Brienne, dans le rude hiver de 1783, il transformait les tas de neige en bastions, en parapets, en tranchées, et partageait en deux camps les élèves de l'école. Il se faisait nommer général en chef des assiégeants, et les menait si vigoureusement à l'attaque que le jeu dut être interrompu, plusieurs élèves ayant reçu de véritables blessures. Hélas ! combien d'autres hommes devait-il faire blesser ou tuer dans sa carrière terrible ! En se rappelant l'hiver de 1783, pensait-il aussi à l'hiver de 1812 ?

« Lorsque nous étions à la Malmaison, a dit Bourrienne, et que nous nous promenions dans l'allée qui conduit dans la plaine de Rueil, combien de fois le son de la cloche de ce village n'a-t-il pas interrompu nos conversations les plus sérieuses ! Bonaparte s'arrêtait pour que le mouvement de nos pas ne lui fît rien perdre d'un retentissement qui le charmait. L'action produite sur ses sens était si forte qu'il avait la voix émue quand il me disait : « Cela me rappelle les premières années que j'ai passées à Brienne. J'étais heureux alors ! » Puis la cloche se taisait, et il reprenait le cours de ses rêveries gigantesques. » Oui, il était alors heureux ! Maintenant, les rêves se sont réalisés. Une gloire immense, incomparable, est survenue. Des torrents de sang ont été

versés. A quoi bon? L'humble uniforme ne l'é-
colier ne valait-il pas le manteau du sacre ? L'in-
nocence de l'enfance n'est-elle pas préférable à
tout l'orgueil du conquérant ? Cette paisible retraite, ce modeste asile de l'étude et de la méditation, pourquoi l'avoir troublé ? Pourquoi ces
cadavres ? Pourquoi ces scènes de deuil et de
carnage ? Sombre pensée, cruel remords ! A quoi
bon les batailles, à quoi bon la puissance, à quoi
bon le génie ? Je me rappelle les vers du poète
qui a le mieux chanté Napoléon :

Comme il était rêveur au matin de son âge !
Comme il était pensif au terme du voyage !
C'est qu'il avait joui de son rêve insensé,
Du trône et de la gloire il savait le mensonge.
Il avait vu de près ce que c'est qu'un tel songe,
Et quel est le néant d'un avenir passé !...

Qu'une coupe vidée est amère ! Et qu'un rêve
Commencé dans l'ivresse avec terreur s'achève !
Jeune, on livre à l'espoir sa crédule raison ;
Mais on frémit plus tard quand l'âme est assouvie,
        Hélas ! et qu'on revoit sa vie,
        De l'autre bord de l'horizon !

Ainsi, quand vous passez au pied d'un mont sublime,
Longtemps en conquérant vous admirez sa cime,
Et ses pics, que jamais les ans n'humilieront ;
Ses forêts, vert manteau qui pend aux rocs sauvages,
        Et ces couronnes de nuages
        Qui s'amoncellent sur son front.

Montez donc, et tentez ces zones inconnues !
Vous croyez fuir aux cieux... Vous vous perdez aux nues ;
Le mont change à vos yeux d'aspect et de tableaux !
C'est un gouffre obscurci de sapins centenaires,
        Où les torrents et les tonnerres
        Croisent des éclairs et des flots !

Le bruit de la guerre arrache bientôt Napoléon à ses rêveries. Du sommet de la colline de Brienne il jette ses regards sur la plaine de la Rothière où, le 31 janvier, les deux armées sont déjà face à face. La bataille aura lieu le lendemain ; toutes les chances sont contre les 37,000 Français qui auront à lutter contre 150,000 ennemis. Le ciel est sombre, chargé de frimas, et la neige tombe en abondance. En résumé, le mois de janvier finit tristement, et le mois de février sera plus terrible encore. Paris a appris avec un certain plaisir le succès de Brienne. Mais l'optimisme n'est plus de mode. Il y a eu trop de désastres pour qu'on croie encore à l'étoile de Napoléon. Les feuilles à la solde du gouvernement essaieraient en vain d'imposer la confiance; la confiance ne se commande pas. Les mêmes angoisses existent au quartier général de l'empereur et aux Tuileries. Marie-Louise elle-même, malgré l'atmosphère de flatteries dont elle continue à être entourée, malgré le soin qu'on prend de lui cacher ou de lui atténuer toute vérité désagréable, Marie-Louise se trouble et s'alarme. Sur le visage des chambellans, des ministres, des fonctionnaires, malgré le désir qu'ils ont de composer leur physionomie, on ne voit plus l'air de béatitude des anciens jours. Tous ces courtisans effarés ressemblent à des acteurs de passage, qui ne savent pas si le théâtre où ils jouent le soir sera encore le lendemain à leur disposition.

II

Aucun drame n'est rempli de plus de péripéties et d'angoisses que la campagne de 1814, lutte formidable entre le désespoir et l'espérance, entre la force des choses et le génie. Ni Champaubert, ni Montmirail, ces journées de miracles, ne doivent sauver l'empire, Mais que de gloire dans les désastres de cette funeste et mémorable guerre ! Meissonnier, le peintre qui dans de si petits cadres a fait parfois de si grande peinture, a reproduit, mieux que personne, la sombre et austère poésie de cette épopée du malheur. Son Napoléon à cheval, sombre et grave, dans une morne plaine à demi couverte de neige, s'avance lentement, comme retardé dans sa marche par la fatalité. Ses généraux le suivent, taciturnes, et leur contenance mâle, mais profondément triste, fait voir qu'ils ne sont préservés du découragement que par l'héroïsme. Toutes les souffrances et toutes les déceptions de la France violée, envahie, mutilée, semblent s'être concentrées dans ce tableau, qui inspire un sentiment de compassion patriotique. On oublie les fautes du conquérant, son mépris de la vie humaine, ses combinaisons insensées, à force d'être grandioses, son orgueil, exubérant comme son génie ; le despote disparaît pour faire place au soldat ; on prend pitié de ses douleurs, parce que ce ne sont plus celles d'un homme, d'un souverain, mais celle d'une nation tout entière. En arrachant à la France des provinces, il semble qu'on arrache à l'empereur ses propres entrailles. Son ennemie implacable, Mme de Staël l'a dit : « La campagne de Bonaparte contre les alliés, dans l'hiver de 1814, est généralement reconnue pour très belle, et ceux-là même des Français qu'il avait proscrits ne pouvaient s'empêcher de souhaiter qu'il parvînt à sauver l'indépendance de leur pays. » Quelle résistance opiniâtre, acharnée ! Quelles foudres lancées d'une main encore si sûre ! Irrité contre la fortune, comme contre une amante infidèle, Napoléon combat avec indignation, avec rage. Les propositions humiliantes de la diplomatie européenne portent sa colère à un degré d'exaspération où il trouve un surcroît d'énergie plus qu'humaine, à l'heure où il lutte, non seulement contre la destinée, mais aussi contre ses remords, contre la voix intérieure qui lui reproche amèrement d'avoir couru jusqu'à Moscou pour évoquer les Cosaques, et les attirer sur les bords de la Seine. Dans sa petite armée, sublime de dévouement et de courage, il y a des héros, les uns imberbes, les autres à barbe grise ; des adolescents qui ont la même fougue que la jeunesse de 1792, des vétérans que le malheur venant après tant de gloire, trouve inébranlables et indomptables. Comme l'a dit le P. Lacordaire, dans l'oraison funèbre du général Drouot : « Quand tout est perdu, c'est l'heure des grandes âmes ! »

Le mois de février commence par un désastre. Le premier jour du mois, Napoléon perd la bataille de la Rothière. Trente-sept mille hommes ne peuvent pas triompher de cent cinquante mille. Impassible, au milieu d'une grêle de balles et de mitraille, le glorieux vaincu dit à ceux qui veulent l'écarter de l'endroit où le péril est le plus grand : « Non, laissez ; ne savez-vous pas que nos jours sont comptés ? » Le lendemain, dans la nuit, il ne se décide qu'avec un extrême dépit à la retraite. Son ascendant est encore tel que les ennemis ne le poursuivent pas ; ils ne peuvent croire eux-mêmes à leur succès, et, quand paraît le soleil du 2 février, il leur faut, pendant une heure de jour, la vue du grand vide de la plaine que les Français ont évacuée, pour se sentir assurés de leur victoire.

Le 3 février, le roi Joseph écrit à l'empereur : « L'opinion était trop confiante hier et avant-hier ; aujourd'hui, elle est trop alarmée. J'ai été visiter les travaux des barrières de la rive gauche ; ils seront terminés dans trois jours. J'ai été assez content de la physionomie des faubourgs. » Et le 5 février : « L'opinion était aujourd'hui abattue, et j'ai eu beaucoup de peine à soutenir l'espoir de beaucoup de personnes. J'ai vu deux fois l'impératrice, et je l'ai laissée plus tranquille hier au soir ; elle venait de recevoir une lettre de Votre Majesté, où il était question du congrès. Si Votre Majesté éprouvait de grands revers, quelle forme de gouvernement faudrait-il laisser ici pour empêcher les premiers intrigants venus de se mettre à la tête d'un mouvement quelconque ? Jérôme me demande quelle est la conduite qu'il doit tenir dans cette hypothèse. Les hommes arrivent, mais l'argent manque pour les habiller. »

Les alarmes augmentaient chaque jour. De Troyes, Napoléon écrivait à Joseph le 6 février : « Faites ôter de Fontainebleau tout ce qui est meuble précieux et surtout ce qui pourrait être trophée, sans cependant trop démeubler le château. » Le même jour, l'empereur apprenant que l'invasion, le débordant, poussait sur Paris, se voyait obligé de quitter Troyes. Treize lieues de territoire allaient être abandonnées par ce mouvement rétrograde. Les soldats marchaient dans une tristesse morne. « Où nous arrêterons-nous ? » Cette question était dans toutes les bouches. Le 7, on arrivait à Nogent où, pendant quelques heures, tout parut absolument désespéré. Napoléon devait penser tout à la fois à la capitale, où se tramaient les intrigues royalistes, aux champs de bataille, où il risquait sans cesse sa vie et la fortune de la France, au congrès de Châtillon qui négociait, pendant que l'on combattait, et d'où lui arrivaient des propositions de plus en plus humiliantes. Quelle difficulté de garder son sang-froid au milieu de tant de périls ! Comment dans une seule tête tant d'idées pouvaient-elles se croiser ? Que d'agitations ! que de secousses ! quelles tempêtes sous ce crâne puissant ! Les mauvaises nouvelles arrivaient de tous les points de l'empire, comme autant d'oiseaux de mauvais augure, qui, de tous les côtés de l'horizon, venaient en foule se concentrer sur un seul point. Deux cent mille Français étaient inutilement dispersés : cinquante mille sur l'Elbe, cent mille au pied des Pyrénées et cinquante mille au delà des Alpes. Que ne ferait-on pas avec ces deux cent mille hommes de troupes d'élite, s'ils ne s'étaient pas immobilisés d'une manière si funeste ? Le salut serait encore possible, si Murat se joignait au prince Eugène pour prendre à revers les Autrichiens. Mais Murat était devenu, à la stupéfaction générale, l'allié des Autrichiens et des Anglais. Trahi de tous côtés par la fortune, Napoléon aurait pu s'adresser à lui-même ce vers de Racine :

Tout m'afflige et me nuit, et conspire à me nuire.

Il s'écriait avec une tristesse indicible : « C'est mon mariage qui a fait mon malheur ! Je ne me plains pas de l'impératrice mais j'ai trop compté sur les Autrichiens!... Mon beau-père, Metternich, leur corps d'armée qui servait en 1812 sous mes drapeaux m'ont trompé ! Enfin vous le voyez, tout, jusqu'à l'hiver, m'a manqué. La terre, gelée et ferme la veille de ma marche sur Brienne, s'est changée en boue le lendemain. Marmont y est demeuré, et cette malheureuse affaire de la Rothière, que je n'ai pu éviter, rend la paix indispensable. Mes soldats ne veulent plus combattre. Les alliés avaient envahi Aix-la-Chapelle, Liège, Bruxelles, toute la Belgique. Ils avaient ressaisi la Marne, enlevé Vitry, fait capituler Châlons. Ils demandaient, comme conditions de la paix, l'emprisonnement de la France dans ses anciennes frontières, les frontières de 1790. « Quoi ! s'écria Napoléon, vouloir que je je signe un pareil traité, que je foule aux pieds mon serment ! Des revers inouïs ont pu m'arracher la promesse de renoncer à mes conquêtes ; mais que j'abandonne celles de la République, que je viole le dépôt qui me fut remis avec tant de confiance, que pour prix de tant d'efforts et de victoires, je laisse la France plus petite que je ne l'ai trouvée, jamais ! Ce serait une trahison, une lâcheté. Vous êtes effrayés de la continuation de la guerre, et moi je le suis de dangers plus certains que vous ne voyez pas!...

Songez-y ! que serai-je pour les Français quand j'aurai signé leur humiliation ? Qu'aurai-je à répondre aux républicains du Sénat, quand ils viendront me redemander leur barrière du Rhin ? » Cependant les conseillers de l'empereur, croyant une plus longue résistance inutile, le suppliaient de céder. Toute la nuit, Napoléon, en proie à une torture morale qui lui déchirait le cœur, ne dormit pas, on l'entendit murmurer, d'une voix sourde et brisée : « Eh bien ! oui, on aura la paix, on la veut, on verra ce que c'est qu'une paix déshonorante ! »

En même temps, Paris était frappé de terreur. Joseph écrivait à Napoléon, le 7 février : « L'évacuation de Châlons a jeté la consternation ici. » Et Marie-Louise écrivait à Joseph le lendemain : « L'empereur me dit de ne pas me tourmenter. Vous savez que c'est impossible. » Déjà l'on commençait à envisager l'éventualité du départ de l'impératrice. Le 7 février, à onze heures du soir, Joseph adressait à Napoléon une longue lettre, d'où nous extrayons ce passage : « Je fais bien des vœux pour que le départ de l'impératrice puisse n'avoir pas lieu. Nous ne pouvons nous dissimuler que la consternation et le désespoir du peuple pourront avoir de tristes et funestes résultats. Je pense, avec toutes les personnes dont on pourrait apprécier l'opinion, qu'il faudrait supporter bien des sacrifices avant d'en venir à cette extrémité. Les hommes attachés au gouvernement de Votre Majesté craignent que le départ de l'impératrice ne livre le peuple de la capitale au désespoir, et ne donne une capitale et un empire aux Bourbons. Tout en manifestant les craintes que je vois sur tous les visages, Votre Majesté peut être assurée que ses ordres seront exécutés, pour ma part, très fidèlement, dès qu'ils me seront arrivés. »

Napoléon reçut cette lettre à Nogent, au moment où il croyait n'avoir plus d'autre ressource que la mort sur le champ de bataille. Sa réponse a été publiée pour la première fois *in extenso*, par le baron Ducasse dans son recueil si intéressant: *Les Rois frères de Napoléon I*^{er}. Voici quelques passages de cette lettre, qui est datée de Nogent, le 8 février 1814, quatre heures du matin, et qui, à la fin du mois suivant devait entraîner de si funestes conséquences. « Mon frère, j'ai reçu votre lettre, le 7 à onze heures du soir. Elle m'étonne beaucoup. J'ai lu la lettre du roi Louis, qui n'est qu'une rapsodie; cet homme a le jugement faux, et se met toujours à côté de la question. Je vous ai répondu sur l'événement de Paris, pour que vous ne mettiez plus en question la fin, qui touche à plus de gens qu'à moi. Quand cela arrivera, je ne serai plus ; par conséquent, ce n'est pas pour moi que je parle. Je vous ai dit, pour l'impératrice et le roi de Rome et notre famille, ce que les circonstances indiquent, et vous n'avez pas compris ce que j'ai dit. Soyez bien certain que, si le cas arrivait, ce que je vous ai prédit arriverait infailliblement; je suis persuadé qu'elle-même a ce pressentiment. (Allusion à Marie-Louise, qui pensait que l'empereur se ferait tuer.) Le roi Louis parle de la paix, c'est donner des conseils bien mal à propos. Du reste, je ne comprends rien à votre lettre. Je croyais m'être expliqué avec vous; mais vous ne vous souvenez jamais des choses, et vous êtes de l'opinion du premier homme qui parle et qui vous reflète son opinion. Je vous répète donc en deux mots que Paris ne sera jamais occupé de mon vivant; j'ai droit à être cru par ceux qui m'entendent. »

Que ceux qui ont reproché au général Ducrot sa célèbre proclamation lors du siège de Paris, méditent sur cette promesse, que Napoléon n'a pas tenue. Mais revenons à la lettre du 8 février 1814 : « Après cela, si par des circonstances que je ne puis prévoir, je me portais sur la Loire, je ne laisserais pas l'impératrice et mon fils loin de moi, parce que, dans tous les cas, il arriverait que l'un et l'autre seraient enlevés et conduits à Vienne; et cela arriverait bien davantage si je n'existais plus. »

Faisant allusion à Talleyrand, à Fouché et à quelques autres, l'empereur ajoutait : « Je ne comprends pas comment, pendant ces menées auprès de votre personne, vous couvrez d'éloges si imprudents la proposition de traîtres si dignes de ne rien conseiller d'honorable... Oui, je vous parlerai franchement ; si Talleyrand est pour quelque chose dans cette opinion de laisser l'impératrice à Paris, dans le cas où l'ennemi se rapprocherait, c'est trahir ; je vous le répète, méfiez vous de cet homme : je le pratique depuis seize ans, j'ai même eu de la faveur pour lui, mais c'est sûrement le plus grand ennemi de notre maison, à présent que la fortune l'a abandonnée depuis quelque temps. Tenez-vous aux conseils que j'ai donnés ; j'en sais plus que ces gens-là.

» S'il arrivait bataille perdue et nouvelle de ma mort, vous en seriez instruit avant ma maison. Faites partir l'impératrice et le roi de Rome pour Rambouillet ; ordonnez au Sénat, au Conseil d'État et à toutes les troupes de se réunir sur la Loire. Laissez à Paris un préfet et une commission impériale, ou des maires... Mais ne laissez jamais tomber l'impératrice et le roi de Rome entre les mains de l'ennemi. Soyez certain que, dès ce moment, l'Autriche étant désintéressée, l'emmènerait à Vienne avec un bel apanage, et sous le prétexte de voir l'impératrice heureuse, on ferait adopter aux Français tout ce que le régent d'Angleterre et la Russie pourraient leur suggérer. Tout parti se trouverait par là détruit. Au lieu que, dans le cas opposé, l'esprit national du grand nombre d'intéressés à la révolte rendrait tout résultat incalculable... L'intérêt même de Paris est que l'impératrice et le roi de Rome n'y restent pas, parce que l'intérêt ne peut pas être séparé de leur personne, et que, depuis que le monde est monde, je n'ai jamais vu qu'un souverain se laissât prendre dans des villes ouvertes ; ce serait la première fois.

» Dans les circonstances bien difficiles de la crise des événements, on fait ce qu'on doit, et on laisse aller le reste. Or, si je vis, on doit m'obéir, et je ne doute pas qu'on s'y conforme. Si je meurs, mon fils régnant et l'impératrice régente doivent, pour l'honneur des Français, ne pas se laisser prendre, et se retirer au dernier village. Souvenez-vous de ce que disait la femme de Philippe V. Que dirait-on en effet de l'impératrice ? Qu'elle a abandonné le trône de son fils et le nôtre ; et les alliés aimeraient mieux tout finir en les conduisant prisonniers à Vienne. Je suis surpris que vous ne conceviez pas cela. Je vois que la peur fait tourner les têtes à Paris. »

Cette lettre mémorable avait pour conclusion la crainte, ou, pour mieux dire, la prophétie suivante : « Quant à mon opinion, je préférerais qu'on égorgeât mon fils plutôt que de le voir jamais élevé à Vienne comme un prince autrichien, et j'ai assez bonne opinion de l'impératrice pour être persuadé qu'elle est de cet avis, autant qu'une femme et une mère peuvent en être. »

Tout à coup, au moment où les choses paraissaient absolument désespérées, après la nuit du

8 au 9 février, pendant laquelle on avait rédigé pour le plénipotentiaire français au congrès de Châtillon, le duc de Vicence, des dépêches pacifiques jusqu'à l'humiliation, Napoléon apprit que Blücher, audacieux jusqu'à la témérité, venait d'entrer dans la Brie champenoise, et s'avançait à marche forcée vers Paris. Aussitôt l'empereur, se réveillant comme d'un sommeil que des cauchemars auraient troublé, tressaillit d'espérance, et résolut de faire payer cher aux Prussiens leur audace, en tombant sur leurs flancs à l'improviste. Avec son coup d'œil d'aigle qui va se précipiter sur sa proie, il vit le point où il allait fondre sur l'ennemi. Alors, passant en une minute du désespoir le plus complet à une confiance sans bornes, sentant renaître, en même temps que cette confiance, tout son orgueil, et se repentant d'avoir laissé croire qu'il pourrait faire des concessions incompatibles avec sa dignité, il s'imagina qu'il allait reconquérir en un instant tout ce qu'il avait perdu. Il se voyait déjà vainqueur de la coalition, la chassant des frontières de France, la poursuivant au delà du Rhin, de l'Elbe, de la Vistule. Étendu sur ses cartes, il mesurait avec un compas les distances, quand il vit entrer le duc de Bassano porteur des dépêches qui avaient été rédigées pendant la nuit pour le congrès : « Ah ! vous voilà ! s'écria-t-il, il s'agit maintenant de bien d'autres choses. Je suis en ce moment à battre Blücher de l'œil. Il s'avance par

la route de Montmirail ; je pars, je le battrai demain, je le battrai après-demain ; si ce mouvement a le succès qu'il doit avoir, l'état des affaires va entièrement changer, et nous verrons alors. »

Ce fut une série de prodiges, comme aux plus beaux jours de la première campagne d'Italie. Le 10, Napoléon battait les Russes à Champaubert ; le 11, il remportait sur les Prussiens la sanglante victoire de Montmirail ; le 12, il poursuivait les vaincus et triomphait à Château-Thierry ; le 14, il battait Blücher à Vauchamps. Cinq jours lui avaient suffi pour désorganiser l'armée de Silésie, et pour enlever à cette armée vingt-huit mille hommes sur soixante mille. Ces résultats foudroyants, ces victoires annoncées coup sur coup produisirent à Paris une impression très grande, sans toutefois relever sérieusement le moral de la population, si justement inquiète. Cependant, le roi Joseph, ayant appris la victoire de Champaubert, avait écrit à Napoléon, le 11 février . « Sire, j'ai reçu la lettre de Votre Majesté au moment où je passais la revue de la garde nationale parisienne dans la cour des Tuileries. J'ai fait connaître aux officiers les bonnes nouvelles que le courrier m'apportait ; elles ont excité le plus vif enthousiasme. Six mille hommes de garde nationale ont défilé dans une bonne tenue et dans de très bonnes dispositions. Le roi de Rome était à sa fenêtre, et a été parfaitement accueilli aux cris de :

« Vive l'empereur ! » J'ai communiqué les mêmes nouvelles aux conseillers d'État, et tout Paris est dans la joie; car enfin l'honneur national n'est pas mort. L'impératrice, que j'avais vue avant sa promenade, et que je viens de revoir, a ordonné qu'on tirât le canon, et qu'on publiât ces nouvelles aux spectacles ce soir. »

Avant de s'éteindre, l'astre impérial avait encore de splendides rayons. Jamais Napoléon n'avait été un tacticien plus consommé. Une courte, une héroïque semaine, lui avait suffi pour arracher à la coalition cinq généraux, soixante-huit canons, une immense quantité de caissons et de bagages et plus de vingt-huit mille combattants. L'armée de Silésie, qui, le 9 février, n'était qu'à douze lieues de Paris, en était rejetée le 14 à quarante lieues. Napoléon, voulant que la capitale crût encore au génie et à la fortune de son empereur, ordonna que les dix-huit mille prisonniers qu'il avait faits à Champaubert, à Montmirail, à Château-Thierry, à Vauchamps, seraient immédiatement dirigés sur Paris, et que, pour y attester aux plus incrédules les grands résultats obtenus, ils défileraient sur les boulevards et devant la colonne Vendôme.

III

Au commencement de la seconde quinzaine de février, Napoléon était loin de désespérer de sa fortune. Cependant la défaite de l'armée de Silésie n'était qu'un épisode, et non une solution. Il fallait maintenant lutter contre l'armée autrichienne, commandée par le prince de Schwarzenberg, qui, après avoir forcé les ponts de Nogent, de Bray et de Montereau, s'avançait sur Nangis. Les Bavarois du général de Wrède et les Russes du général Wittgenstein formaient l'avant-garde. Le corps autrichien de Bianchi marchait sur Fontainebleau, et les Cosaques de Platow répandaient la désolation entre l'Yonne et la Loire. Le 15 février, Napoléon arrivait à Meaux. Le 16, il se dirigeait sur Guignes. La route était couverte de charrettes sur lesquelles les habitants des villages voisins faisaient doubler les

étapes aux soldats harassés. L'artillerie chemi-
nait dan s des voitures de poste.

Le même jour, les Parisiens lisaient dans le
Moniteur : « L'exaspération des habitants est à son
comble. L'ennemi commet partout les plus horribles vexations. Toutes les mesures sont prises
pour qu'au premier mouvement rétrograde il soit
enveloppé de tous côtés. Des milliers de bras
n'attendent que ce moment pour se lever. La terre
sacrée que l'ennemi a violée sera pour lui une
terre de feu qui le dévorera. Cette armée de Silésie, composée des corps russes de Sacken et de
Langeron, des corps prussiens d'York et de
Kleist, et forte de 80,000 hommes, a été, en quatre jours, battue, dispersée, anéantie. » Le 18 février, le *Moniteur* contenait l'article suivant : « Les
atrocités commises par les Cosaques dépassent
tout ce qu'on peut imaginer. Dans leur féroce
ivresse, ils ont porté leurs attentats sur des femmes de soixante ans et sur des jeunes filles de
douze. Les paysans, ne respirant que la vengeance, conduits par de vieux militaires réformés,
et armés avec des fusils de l'ennemi ramassés sur
le champ de bataille, font main basse sur tout ce
qu'ils rencontrent. Ces armées qui entraient, di-
saient-elles, sur notre territoire pour y porter la
paix, le bonheur, les sciences et les arts, y trou-
veront leur anéantissement. »

Le 17 février, Napoléon avait couché à Nangis. Dans la soirée, un parlementaire venait de

se présenter aux avant-postes. C'était le comte de Parr qui demandait, au nom du prince Schwarzenberg, un armistice. Le lendemain, Napoléon écrivait à Joseph : « Mon frère, le prince de Schwarzenberg vient enfin de nous donner signe de vie. Il vient d'envoyer un parlementaire pour demander une suspension d'armes. Il est difficile d'être lâche à ce point. Il avait constamment refusé, dans les termes les plus insultants, toute espèce de suspension d'armes, d'armistice, même de recevoir mes parlementaires, après la bataille de Dantzick, celle de Dresde, chose horrible dont on trouverait peu d'exemples dans l'histoire. Ces misérables, au premier échec, tombent à genoux ! Heureusement qu'on n'a pas laissé entrer l'aide-de-camp du prince de Schwarzenberg. Je n'ai reçu que sa lettre, à laquelle je répondrai à mon aise. Je n'accorderai aucun armistice qu'ils n'aient purgé mon territoire. D'après les nouvelles que j'ai, tout a changé chez les alliés. L'empereur de Russie, qui, il y a peu de jours, avait rompu les négociations, parce qu'il voulait pour la France des conditions pires que les anciennes limites, désire les renouer ; et j'ai l'espérance que j'arriverai promptement à une paix fondée sur les bases de Francfort, ce qui est le minimum de la paix que je puisse faire avec honneur. Avant de commencer mes opérations, je leur ai fait offrir de signer sous la condition des anciennes limites, pourvu qu'ils s'arrêtassent sur-le-champ. Cette démarche a été faite par le duc de Vicence le 8. Ils ont répondu négativement, en disant que même la signature des préliminaires n'arrêterait point les hostilités, lesquelles ne pouvaient l'être que lorsque tous les articles de paix seraient signés. Cette inconcevable réponse a été punie; et, hier 17, ils me demandent un armistice! Vous concevez que, me voyant à la veille d'une bataille dans laquelle j'étais décidé à vaincre ou à périr, et dans laquelle, si je cédais, ma capitale eût été prise, j'eusse consenti à tout pour éviter cette grande chance. Je devais ce sacrifice de mon amour-propre à ma famille et à mon peuple; mais, dès qu'ils ont refusé, que la chance de la bataille a eu lieu, et que tout est rentré dans les chances d'une guerre ordinaire, où le résultat d'une bataille ne peut plus menacer ma capitale, et que toutes les données possibles sont pour moi, je dois à l'intérêt de l'empire et à ma gloire de négocier une véritable paix. Si j'avais signé les anciennes limites, j'aurais couru aux armes deux ans après, et j'aurais dit à la nation que ce n'était point une paix que j'avais signée, mais une capitulation. Je ne pourrais le dire d'après le nouvel état de choses, puisque, la fortune étant revenue de mon côté, je suis maître de mes conditions. »

Cet optimisme était-il sincère? Napoléon essayait-il de tromper les autres, ou voulait-il se tromper lui-même? Quoi qu'il en soit, la conclusion de sa lettre semblait attester une grande confiance dans l'avenir. « L'ennemi, écrivait-il, est dans une position bien différente de celle où il se trouvait lors des bases de Francfort, et avec l'espèce de certitude qu'il ramènera bien peu de monde au delà des frontières. Sa cavalerie est excessivement fatiguée et à bas; son infanterie est lasse de ses mouvements et contre-mouvements; il est entièrement découragé. J'espère donc pouvoir faire une paix telle que tout homme raisonnable peut la désirer; et mes désirs ne vont pas au delà des propositions de Francfort. Dites sourdement que l'ennemi, embarrassé, a demandé un armistice ou une suspension d'armes, ce qui était une chose absurde, puisque c'était m'ôter les avantages de mes manœuvres; ajoutez que cela fait voir à quel point il est décontenancé. Que l'on n'imprime pas cela, mais qu'on le dise partout. »

Le 18 février, lendemain du jour où il écrivait cette lettre, Napoléon était vainqueur au combat de Montereau, l'un des plus brillants combats de la campagne. Jamais il n'avait montré plus d'audace. Se rappelant son ancien métier d'artilleur, il avait pointé lui-même les pièces, commandé lui-même les décharges, et comme les soldats murmuraient de le voir s'exposer si témérairement: « Allez, mes amis, s'était-il écrié, ne craignez rien; le boulet qui me tuera n'est pas encore fondu. » Le 19 février, il écrivait, du château de Surville, à Joseph : « Mon frère, il nous a fallu toute la journée pour passer cet horrible défilé de Montereau. Je viens de faire jeter un pont sur la Seine et un pont sur l'Yonne... L'empereur de Russie et le roi de Prusse étaient à Bray. Aussitôt qu'ils ont su que j'avais forcé le pont de Montereau, ils ont fui en toute hâte. La terreur est dans l'armée ennemie. Les trois souverains ont été quelques jours à Pont, chez *Madame*. Ils comptaient arriver demain à Fontainebleau, et sous très peu de jours à Paris. Tout ce qui arrive leur paraît inconcevable. Nous avons aujourd'hui de la neige et un temps assez dur. J'envoie à l'impératrice une notice pour le *Moniteur;* mais vous pouvez faire mettre dans le *Moniteur* et dans les petits journaux, sous la rubrique de Provins, un article sur la précipitation avec laquelle les souverains ont quitté Bray. Les Autrichiens ont garanti mon palais de Fontainebleau du pillage des Cosaques... Je ne puis pas être plus content que je ne le suis de l'esprit que montrent toutes les villes et toutes les campagnes, et de celui qui anime tout le monde. »

A Paris, l'espérance, commençait un peu à renaître. Joseph écrivait à l'empereur le 20 février : « Votre Majesté a lieu de croire que ses vœux pour une paix honorable, sur les bases avouées à Francfort, seront remplis. Je ne pense pas qu'il y ait un seul Français qui puisse avoir des opinions différentes. » Et le 21 février : « Tout le monde convient que Votre Majesté n'a pas dû accorder de suspension d'armes. Tout le monde désire la paix avec les frontières naturelles. Personne aujourd'hui ne veut des anciennes limites. »

Dans la journée du 20 février, Napoléon, avec le gros de ses troupes, avait remonté la rive gauche de la Seine par la route de Montereau à Nogent. Le soir, il couchait dans cette dernière ville, qui avait cruellement souffert, et qui n'offrait plus que des débris d'incendie, des murs percés par des créneaux et des boulets. Au milieu du désastre, les sœurs de Saint-Vincent-de-Paul avaient fait, comme à leur ordinaire, des prodiges de dévouement et de charité. L'empereur les remercia, au nom de la patrie. Cependant, la retraite des alliés, depuis leur échec à Montereau, semblait se changer en déroute. Une sorte de panique avait tout à coup jeté le désordre dans leurs rangs. Les routes des Vosges se couvraient de voitures, de charretiers, de blessés, de fuyards, qui se dirigeaient vers le Rhin. Cent mille hommes fuyaient devant Napoléon, qui n'avait pas quarante mille hommes pour les poursuivre.

Ce fut à ce moment — le 21 février 1814 — qu'il écrivit de Nogent, à son beau-père, l'empereur d'Autriche, une des lettres les plus curieuses qui soient jamais sorties de sa plume. Cette lettre commence ainsi : « Monsieur mon frère et très cher beau-père, j'ai tout fait pour éviter la bataille qui a eu lieu. La fortune m'a réussi : j'ai détruit l'armée russe et prussienne commandée par le général Blücher, et, depuis, l'armée prussienne commandée par le général Kleist. Dans cette situation, et, quels que soient les préjugés que l'on ait à votre quartier général, mon armée est plus nombreuse en infanterie, cavalerie et artillerie que l'armée de Votre Majesté. Et, si l'assurance de ce fait était nécessaire à ses déterminations, je n'ai pas de difficulté de le faire voir à un homme d'nn jugement sain, tel que le prince Schwarzenberg, le comte Bubna, ou le prince de Metternich. Je crois devoir écrire à Votre Majesté, parce que cette lutte entre une armée française et une armée principalement autrichienne me paraît contraire à ses intérêts comme aux miens. Si la fortune trahit mes espérances, la situation de Votre Majesté n'en sera que plus embarrassante. Si je bats son armée, comment se retirera-t-elle de la France, dont la population est exaspérée au plus haut degré par les crimes de toute espèce auxquels les Cosaques et les Russes se sont livrés? Dans cet état de choses, je propose à Votre Majesté de signer la paix sans délai, sur les bases qu'elle-même a posées à Francfort, et que moi et la nation française nous avons adoptées comme notre ultimatum. Je dis plus, ces bases peuvent seules rétablir l'équilibre de l'Europe. Si on était parvenu à imposer d'autres conditions à la France, la paix aurait été de peu de durée... Il n'est pas un Français qui ne préférât la mort à subir des conditions qui nous

rendraient esclaves de l'Angleterre, et rayeraient
la France du nombre des puissances. Que l'Angleterre veuille détruire Anvers et mettre un obstacle au rétablissement de la marine française;
mais vous, Sire, quel est votre intérêt à l'anéantissement de la marine de la France ? Votre Majesté, par les bases qu'elle a posées à Francfort,
devient puissance maritime. Veut-elle que son
pavillon soit outragé, violé par l'Angleterre,
comme il l'a été constamment ? Quel intérêt peut
avoir Votre Majesté à mettre les Belges sous le
joug d'un prince protestant, dont un fils montera
sur le trône d'Angleterre ? Toutefois, ces espérances, ces projets sont au-dessus de la puissance
de la coalition. La bataille qui aura lieu contre
l'armée de Votre Majesté fût-elle perdue, j'ai des
ressources pour en livrer deux autres avant qu'elle
soit à Paris; et, Paris, fût-il pris, le reste de la
France ne supporterait jamais le joug qu'on lui
propose dans ce traité, que la politique de l'Angleterre paraît avoir inspiré. Les convulsions de
la nation quadrupleraient son énergie et ses forces. Jamais je ne céderai Anvers et la Belgique...
Si Votre Majesté persiste à abandonner ses propres intérêts à la politique de l'Angleterre et au
ressentiment de la Russie, et qu'on ne veuille po-
ser les armes qu'aux conditions affreuses proposées au congrès, le génie de la France et la Providence seront pour nous. Cette soif de vengeance
de l'empereur Alexandre n'est pas fondée. Avant

d'entrer à Moscou, je lui ai offert la paix ; à Moscou, j'ai tout fait pour étouffer l'incendie que ses ordres avaient allumé. Au reste, deux cent mille hommes sont en armes à Paris ; ils ont appris, par ce que les Russes ont fait, combien leurs promesses étaient fallacieuses ; ils savent quel sort leur serait destiné. Je demande à Votre Majesté d'éviter les chances d'une bataille ; je lui demande la paix, une prompte paix, fondée sur la proclamation que le prince de Schwarzenberg a publiée, sur la déclaration des puissances alliées du 1er décembre, insérée dans le *Journal de Francfort*, bases que j'ai acceptées, et que j'accepte encore, quoique la position des alliés soit bien différente de ce qu'elle était alors, et qu'aujourd'hui, pour tout homme impartial, les chances soient pour moi. »

Cette lettre, véritablement éloquente, qui respire un mélange de douleur et de fierté, se termine par un appel fait dans des termes pathétiques au cœur du père de Marie-Louise, du grand-père du roi de Rome. L'empereur ne prononce pas le nom de sa femme et de son fils ; mais, malgré ce silence la mère et l'enfant apparaissent : on croirait les voir s'avancer, une branche d'olivier à la main. Ce n'est pas seulement le sentiment de famille qui est invoqué. Napoléon rappelle aussi que le souverain de l'Autriche est le chef de la maison de Lorraine, que son sang est un sang français. Voici la conclusion de cette lettre, qui impressionna vivement l'empereur François, et qui faillit sauver la France : « Me sera-t-il permis de dire à Votre Majesté que, malgré tout ce qu'elle a fait contre moi depuis l'envahissement de mon territoire, et le peu de souvenir qu'elle a gardé des liens qui nous unissent et des rapports que nos États sont appelés à maintenir entre eux pour leur intérêt, je lui conserve les mêmes sentiments, et ne puis voir avec indifférence que, si elle refuse la paix, ce refus entraînera le malheur de sa vie et bien des maux pour tous les peuples, tandis que d'un mot elle peut tout arrêter, tout concilier, et rendre au monde, et surtout au monde européen, une tranquillité durable. Si j'avais pu être assez lâche pour accepter les conditions des ministres anglais et russes, elle aurait dû m'en détourner, parce qu'elle sait que ce qui avilit et dégrade trente millions d'hommes ne saurait être durable. Votre Majesté peut d'un mot terminer la guerre, assurer le bonheur de ses peuples et de l'Europe, se mettre à l'abri de l'inconstance de la fortune et finir les maux d'une nation en proie, non à des maux ordinaires, mais aux crimes des Tartares du désert, qui méritent à peine le nom d'hommes. Je suppose que Votre Majesté ne peut me demander pourquoi je m'adresse à elle. Je ne puis m'adresser aux Anglais, dont la politique est dans la destruction de ma marine ; à l'empereur Alexandre, puisque la passion et la vengeance

3

animent tous ses sentiments. Je ne puis donc m'adresser qu'à Votre Majesté, naguère mon allié, et qui, d'après la force de son armée et la grandeur de son empire, est considérée comme la puissance principale de la coalition ; enfin à Votre Majesté qui, quels que soient ses sentiments du moment, a dans ses veines du sang français. »

Napoléon était infatigable. Sa plume ne se reposait pas plus que son épée. Aucun détail n'échappait à sa vigilance. Il se multipliait. Il songeait à tout à la fois. Le jour même où il écrivait à l'empereur d'Autriche, il adressait cette lettre à Joseph : « Mon frère, vous devez être sans inquiétude sur Orléans et Montargis. Le mouvement que je fais attirera l'ennemi en toute hâte, et leurs corps seront heureux de pouvoir se replier promptement. Il me paraîtrait d'un bon effet que la régente écrivît à la ville d'Orléans à peu près en ces termes : « J'apprends que la ville d'Orléans est menacée par quinze cents coureurs de l'armée ennemie. Quoi ! la ville d'Orléans, qui contient quarante mille habitants, peut avoir crainte de quinze cents cavaliers ! Où donc est l'énergie française ? Formez votre garde nationale ; organisez-vous une compagnie de canonniers ; tirez de vos écuries les attelages nécessaires. J'ordonne au ministre de la guerre de vous fournir douze pièces de canon et cinq obusiers, afin que vous soyez en mesure de défendre votre ville et vos propriétés. L'ennemi qui nous menace est implacable ; il ravage nos campagnes et pille nos villes ; il n'a tenu aucune de ses promesses. Aux armes donc, habitants d'Orléans, et que, dans votre conduite, je reconnaisse l'opinion que j'ai de vous et de l'énergie de la nation française ! » — De pareilles lettres, multipliées et signées par l'impératrice, feraient plus d'effet que si elles étaient signées par moi... Je pense que l'impératrice pourrait écrire à Lille, à Valenciennes, à Cambrai et autres grosses villes de la frontière du nord, à peu près dans le même sens que je viens d'indiquer pour la ville d'Orléans, et en variant les expressions selon les circonstances et les exemples que ces villes ont déjà donnés de leur zèle dans les dernières guerres. Il serait bon que ces lettres de l'impératrice fussent toutes écrites de sa main. Je pense également qu'une proclamation que l'impératrice ferait, comme régente, à la Belgique serait utile. Cette proclamation pourrait être rédigée en forme de lettre adressée au maire de Bruxelles, au maire de Gand, au maire de Bruges, de Mons, etc. L'impératrice leur ferait connaître les succès que j'ai obtenus : que les Anglais voudraient les détacher de la France et les soumettre au joug d'un prince ennemi, de tout temps, de leur pays et de leur religion : et bientôt l'ennemi sera convaincu qu'il ne sera signé aucune paix que l'intégrité des limites naturelles de la France ne soit reconnue par les alliés. Ces lettres pourraient varier dans leurs expressions, afin d'en faire autant de proclamations différentes. »

Napoléon faisait des efforts surhumains pour ranimer le zèle patriotique de la France. Mais il y avait dans le pays un fond de lassitude et de découragement contre lequel l'héroïsme de l'empereur et de l'armée ne pouvait prévaloir. Joseph écrivait à son frère, le 22 février : « L'esprit de Toulouse et de Bordeaux est très mauvais, et un Bourbon y serait accueilli s'il se présentait... Je suppose que nous sommes à la veille d'une bataille. Quels qu'en soient les résultats, l'état actuel ne peut pas durer. L'administration tombe partout en dissolution, l'argent manque et le système des réquisitions finit par neutraliser toutes les affections et isoler le gouvernement. Quelque dures que soient ces vérités, comme Votre Majesté ne peut pas les entendre de la bouche de ses ministres, je n'hésite pas à m'imposer le pénible devoir de vous les faire connaître. »

Quant à la garde nationale de Paris, on se serait fait de grandes illusions si l'on avait compté sur elle. Le roi Joseph écrivait à ce sujet dans la même lettre : « La garde nationale, telle qu'elle est aujourd'hui, est une sauvegarde contre les désordres anarchiques ; elle est bien intentionnée, elle a été électrisée par le récit des prodiges opérés en peu de jours par Votre Majesté ; elle désire que la paix la ramène dans sa capitale ; elle est disposée à l'aimer autant qu'elle l'admire.

Cette opinion de la garde nationale est celle de la capitale; mais dire au delà, sire, serait se tromper et tromper Votre Majesté. Cette ville de Paris, si mauvaise pour le gouvernement il y a un mois, si touchée de la confiance que Votre Majessé lui témoigne en lui confiant se femme et son fils, si hardie, si émerveillée des succès obtenus par Votre Majesté, n'est pas cependant dans un état tel qu'on puisse espérer autre chose que fidélité et obéissance. Elle a admiré votre génie; mais elle ne peut être mue, exaltée que par l'espoir d'une paix prochaine, et n'est nullement disposée à entreprendre aucune défense réelle contre un corps d'armée, ni à envoyer hors de son enceinte des détachements de sa garde nationale. Voilà, sire, l'exacte vérité. Que Votre Majesté ne compte sur aucun effort au delà de ce qu'il est permis d'attendre d'une population ainsi disposée. »

Napoléon, loin de se décourager, devenait chaque jour plus confiant. Il espérait que la levée en masse des provinces de la frontière, les sorties des garnisons, l'attaque d'Augereau sur les derrières de l'armée autrichienne, transformeraient la retraite des alliés jusqu'au delà du Rhin en une déroute irrémédiable. Fier de les voir fuir devant lui dans la direction de Troyes, il sentit renaître tout son orgueil, quand le 23 février, au matin, entre les quatre murs tout nus de la chaumière d'un charron du hameau de Châtre, où il venait de passer la nuit, il vit entrer le prince

Wentzel-Lichtenstein, aide de camp du prince
de Schwarzenberg, qui apportait, au nom de son
chef, des propositions d'armistice.

Le langage de l'envoyé autrichien ne fut pas
seulement pacifique, il eut un caractère de dé-
férence et d'admiration qui flatta singulièrement
l'empereur. Alors il dit à l'aide de camp du
prince de Schwarzenberg : « Le plan favori de
l'Angleterre a donc prévalu dans les conseils des
coalisés. Leur guerre est devenue personnelle.
C'était décidément à ma dynastie qu'on en voulait. » Le prince de Lichtenstein ayant protesté
contre cette supposition, Napoléon lui parla de
connivence des alliés avec les menées du duc
d'Angoulême, du duc de Berry, du comte d'Artois, et manifesta sa surprise de voir l'empereur
d'Autriche travailler au détrônement de sa propre
fille. A ce mot, le prince se récria: « Un pareil
projet, dit-il avec vivacité, serait une idée contre
nature. L'empereur, mon auguste souverain, ne
s'y prêterait jamais. Quant à la présence des
Bourbons, on ne doit la considérer que comme
un moyen de guerre, pour obtenir une paix dont
ma mission prouve assez le désir. »

Cette réponse combla Napoléon de joie, et il
promit qu'un armistice allait être négocié. Il se
croyait revenu aux plus beaux jours de sa puissance et de sa gloire. Après le départ du prince
de Lichtenstein, on l'entendit s'écrier dans un
élan d'orgueil : « Les alliés se repentiront de leur

insolence. Ils vont voir que je suis plus près de leurs capitales qu'eux de la mienne. Oui, nous sommes plus près de Munich qu'ils ne le sont de Paris. » Le lendemain, 24 février, il entrait dans la ville de Troyes, qui venait d'être évacuée par l'ennemi ; un parlementaire lui annonça que le lieu choisi pour y négocier l'armistice était Lusigny, près de Vandœuvres. En s'entretenant avec ce parlementaire, il parla haut et fort. « Je suis plus près de Vienne que vous de Paris, » lui dit-il.

Le *Moniteur* rendait compte ainsi de l'entrée de l'empereur dans la capitale de la Champagne : « Il est impossible de se faire une idée des vexations auxquelles les habitants ont été en proie pendant les dix-sept jours de l'occupation de l'ennemi. On se peindrait aussi difficilement l'enthousiasme et l'exaltation des sentiments qu'ils ont montrés à l'arrivée de l'empereur. Une mère qui voit ses enfants arrachés à la mort, des esclaves qui voient briser leurs fers après la captivité la plus cruelle n'éprouvent pas une joie plus vive que celle que les habitants de Troyes ont manifestée. Leur conduite a été honorable et digne d'éloges. Le théâtre était ouvert tous les soirs ; mais aucun homme, aucune femme, même des classes inférieures, n'a voulu y paraître. Toute la population demande à marcher. »

Surexcité par le succès, Napoléon écrivait à Joseph cette lettre pleine de fierté : « Mon frère, je suis à Troyes. L'armée ennemie m'assiège de parlementaires pour demander une suspension d'armes... J'ai eu plusieurs affaires de cavalerie. J'ai fait 2,000 prisonniers et pris huit pièces de canon. J'écris à l'impératrice de faire tirer trente coups de canon, tant pour ces petits événements que pour la délivrance de la capitale de la Champagne... Si j'avais eu vingt nacelles pour passer la Seine où j'aurais voulu, il n'y aurait plus d'armée autrichienne. Quoi qu'il en soit, la terreur est dans les rangs ennemis. Il y a peu de jours, ils croyaient que je n'avais pas d'armée ; aujourd'hui il n'est rien où leur imagination s'arrête : trois à quatre cent mille hommes ne leur suffisent pas. Ils croyaient naguère que je n'avais que des réserves ; ils disent aujourd'hui que j'ai réuni tous mes vétérans, et que je ne leur oppose que des armées d'élite. Voilà ce que c'est que la terreur. Il est nécessaire que les journaux de Paris soient dans le sens de leurs craintes. Les journaux ne sont pas l'histoire. On doit toujours faire croire à son ennemi qu'on a des forces immenses. Le ministre de l'intérieur est un trembleur. Il a une idée folle des hommes. Ni lui, ni le ministre de la police n'ont pas plus l'idée de la France que je n'en ai de la Chine... L'ennemi a commis tant d'horreurs que toute la France en sera indignée. Ici, sur les lieux, les plus modérés n'en parlent qu'avec fureur. Si les Français étaient aussi méprisables qu'ils le sont dans l'opinion du ministre de l'intérieur, je rougirais moi-même d'être Français. »

Le général de Ségur, acteur et historien du drame de l'invasion, constate qu'à ce moment la balance de la fortune tenait à un fil; un élan de plus, un choc heureux donné à propos, la coalition s'écroulait sous son propre poids, la France était sauvée. Les coups redoublés de Napoléon sur la Marne, sa réapparition sur les bords de la Seine, le rassemblement d'une armée à Lyon, semblaient avoir fait perdre la tête à l'ennemi. Le général de Ségur ajoute : « Pozzo di Borgo, l'ennemi personnel le plus acharné de Napoléon, ce Corse, devenu Russe, celui dont la haine avait le plus encouragé les alliés à pousser la guerre à outrance, nous l'a souvent attesté. Combien de fois nous a-t-il raconté toutes les invectives qui remplacèrent alors la haute considération que lui avait acquise jusque-là le succès de ses conseils ! Hors les Prussiens, les états-majors ennemis, dans leur effroi de se voir engagés si avant au cœur de la France, s'y croyaient pris comme dans un piège. Ce ministre était devenu l'objet de la réprobation universelle. L'empereur Alexandre lui déclara que c'en était assez; qu'une marche victorieuse de Moscou jusque sur les bords de la Seine suffisait ; qu'il ne fallait pas exposer à une seconde journée de Marengo de tels avantages ; qu'évidemment Napoléon, soutenu par la France, se relevait. Ne venait-on pas de

retrouver en lui le général de l'armée d'Italie ? »
Les alarmistes, dans le camp des alliés, disaient
que leur retraite allait être une seconde représen-
tation de la retraite de Russie, et les nouvelles
qui arrivaient à Napoléon au sujet de leur panique lui faisaient éprouver une des plus grandes
joies de sa carrière.

A Paris, le dimanche 27 février, les drapeaux
pris récemment par l'empereur étaient solennel-
lement présentés à l'impératrice régente. Ils
étaient portés par deux officiers de la garde impériale, quatre officiers des troupes de ligne, et
quatre officiers de la garde nationale, qui partirent du ministère de la guerre, avec le ministre
et se rendirent aux Tuileries, précédés d'une
musique militaire et suivis d'une escorte. Le
ministre de la guerre dit à Marie-Louise : « Madame, au temps où les Sarrasins furent défaits
par Charles-Martel dans les plaines de Tours
et de Poitiers, la capitale ne fut parée que des
dépouilles d'une seule nation. Aujourd'hui que
des dangers non moins grands que ceux dont
la France fut alors menacée ont fait naître des
succès plus importants, et qui étaient plus
difficiles à obtenir, votre auguste époux vous
fait hommage des drapeaux pris sur les trois
grandes puissances de l'Europe. Puisqu'une
aveugle haine a soulevé contre nous tant de
nations, celles même que la France avait repla-
cées dans l'indépendance, et pour lesquelles elle

a fait de si grands sacrifices, ne peut-on pas dire que ces drapeaux sont pris sur toute l'Europe?... Ces gages de la valeur française sont pour nous le présage de nouveaux et de plus grands succès encore, si l'obstination des ennemis prolonge la guerre. Cette noble espérance est dans le cœur de tous les Français. Vous la partagez, Madame, vous qui, toujours confiante dans le génie de votre auguste époux, dans les efforts et l'amour de la nation, avez continué à montrer dans toutes les circonstances de cette guerre une fermeté d'âme et des vertus dignes de l'admiration de l'Europe et de la postérité. »

Marie-Louise répondit : « Monsieur le duc de Feltre, ministre de la guerre, je vois avec une vive émotion ces trophées que vous me présentez par les ordres de l'empereur, mon auguste époux. Ils sont à mes yeux des gages du salut de la patrie. Qu'à leur aspect, tous les Français se lèvent en armes ! Qu'ils se pressent autour de leur monarque et de leur père. Leur courage, guidé par son génie, aura bientôt consommé la délivrance de notre territoire. »

L'audience terminée, les quatorze drapeaux — un autrichien, quatre prussiens et neuf russes — furent portés en grande pompe aux Invalides. Des troupes à cheval ouvraient et fermaient la marche du cortège.

A ce moment, Marie-Louise renaissait à l'espérance. Elle ne pouvait se figurer qu'elle serait abandonnée par son père, et croyait que le terme de ses inquiétudes approchait. La veille, elle avait écrit à l'empereur François une lettre vraiment touchante, dont elle attendait le meilleur résultat. Elle y disait : « Ce n'est pas une bonne politique de vouloir nous obliger à une paix honteuse, qui ne pourrait pas durer. On est ici disposé à mourir plutôt qu'à accepter de pareilles conditions. Représentez-vous, mon cher père, dans quel état je me trouverais. Ce serait pour moi un tel coup que je ne pourrais y survivre. Je vous supplie donc, cher père, de vous souvenir de moi et de mon fils. Vous savez combien je vous aime et combien je me flatte de posséder votre affection paternelle. » L'impératrice ajoutait que la gravité des événements et l'absence de son mari portaient atteinte à sa santé. « Il dépend de vous, disait-elle en terminant, de mettre fin à mes anxiétés. N'est-ce pas ? Vous le ferez. »

Marie-Louise voyait autour d'elle des visages moins sombres que les jours précédents. Des courtisans qui s'étaient éloignés revenaient. On reparlait avec enthousiasme du génie de l'empereur. On disait que la dynastie était inébranlable, que ç'eût été une honte d'accepter les frontières de 1792, qu'on allait obtenir les frontières naturelles, que la demande d'un armistice était le signal d'une paix prochaine, qui serait aussi honorable pour la France que pour son glorieux souverain. L'impératrice se laissait volontiers tromper par ces flatteuses paroles, et il y eut aux Tuileries, à la fin du mois de février, une sorte d'accalmie qui, hélas ! devait être bien éphémère.

Blücher, cet implacable et opiniâtre ennemi, allait changer la face des choses. Pendant que le gros de l'armée française était autour de Troyes, songeant à l'armistice et à la paix, les troupes prussiennes s'avançaient rapidement sur les deux rives de la Marne, et marchaient dans la direction de Paris. Napoléon reçut cette nouvelle dans la nuit du 26 au 27 février. Le 27 au matin, il quitta Troyes précipitamment pour se porter, par Arcis-sur-Aube et Sézanne sur les traces de l'armée prussienne. Le soir du même jour, il alla coucher à Herbisse chez un pauvre curé de campagne, dont le modeste presbytère servit de quartier général. Les officiers passèrent la nuit sur des chaises, des tables ou de la paille. Malgré la gravité des événements, ils conservaient tout leur entrain, toute leur gaieté, dans l'espérance que cette nouvelle course sur les flancs de l'armée prussienne serait aussi fructueuse que la précédente.

La situation venait cependant de se compliquer de la manière la plus fâcheuse. Les Autrichiens avaient repris vivement l'offensive à l'instant même où Napoléon quittait Troyes. On croyait les poursuivre jusqu'au Rhin, et ils s'étaient ralliés entre Langres et Bar. Le maréchal Augereau ne pouvait plus opérer la diversion qui

lui avait été prescrite sur la Saône. L'armée de
Blücher, menaçant Paris, était déjà aux portes de
Meaux et n'avait devant lui que les troupes in
suffisantes de Marmont et de Mortier. Pourtant,
l'empereur ne se troublait pas; il espérait d'abord
se débarrasser de Blücher, après avoir fait sa
jonction avec les deux maréchaux, puis revenir
sur la Seine assez tôt pour arrêter les Autrichiens
et sauver Troyes. Ses troupes, harassées de fatigue, mais encore pleines d'ardeur, s'avançaient à
marches forcées dans la direction de la Ferté-
sous-Jouarre. On était à la fin du mois de février.
Les événements se précipitaient. Chacun sentait
que le dénouement du drame était prochain.

IV

LA PREMIÈRE QUINZAINE DE MARS

La première quinzaine de mars fut pour Napoléon une période d'angoisses peut-être plus terrible encore que les semaines précédentes. Après avoir profité si longtemps de ce qu'il appelait son étoile, il se trouva aux prises avec une mauvaise chance qui paralysait tous les efforts de son génie. Un accident absolument imprévu, — la capitulation de Soissons, — déjoua en un instant ses combinaisons les plus profondes et bouleversa, à son détriment, toutes les pièces de l'échiquier. Espérant, contre toute espérance, il s'obstina néanmoins à continuer la sanglante partie, et se raidit contre le malheur avec une opiniâtreté dont l'histoire offre peu d'exemples. Son orgueil, loin de diminuer, s'accroissait. Plus la fortune le maltraitait, plus il voulait encore avoir l'air de la dominer. Ce n'était pas la pitié qu'il prétendait inspirer, c'était la crainte. Il écrivait à ses ministres, il parlait à ses généraux avec le même ton impérieux qu'aux plus beaux jours de sa puissance. Près de lui, personne n'osait faire entendre un murmure, car son ascendant personnel était encore irrésistible. Mais, loin de lui, on se livrait à des récriminations amères contre son ambition démesurée, cause principale des maux de la France. Les sentiments de son armée continuaient à être admirables. Mais à Paris le découragement était profond. Tout y paraissait préférable à la guerre, et, même dans les sphères officielles, on ne demandait que la cessation immédiate des hostilités, fût-ce au prix de la perte des frontières naturelles, glorieuses conquêtes de la République. Habituée à toujours attaquer, la grande nation ne pouvait se faire à l'idée qu'elle était obligée de se défendre. On se disait avec effroi que, malgré tant de déclarations optimistes et tant de bulletins de victoires, l'ennemi n'était plus qu'à quelques lieues de la capitale, et la grande majorité des Parisiens ne se sentait nullement l'ardeur et le fanatisme des défenseurs de Saragosse et des incendiaires de Moscou. Marie-Louise se trouvait isolée, sans appui, sans conseils et ressemblait moins à une souveraine qu'à une victime. Le roi Joseph se montrait plus alarmé que jamais ; personne dans l'entourage de l'impératrice ne tenait un langage rassurant. La courte lueur d'espoir qui avait un instant éclairé la situation s'était tout de suite éteinte. Le visage des courtisans, après avoir été rasséréné pendant deux ou trois jours, s'était de nouveau assombri, et il n'y avait personne aux Tuileries qui n'eût le pressentiment de catastrophes prochaines.

Cependant, au commencement de mars, Napoléon était encore plein d'espérance. Dans la nuit du 2 au 3, ses troupes, remplies d'ardeur, effectuaient le passage de la Marne. Les soldats de Blücher, ayant devant eux l'Aisne, derrière eux la Marne, pressés à gauche par les troupes du duc de Trévise et du duc de Raguse, à droite par l'armée de Napoléon, se croyaient tout à fait perdus. Mais au moment où ils allaient être acculés sur Soissons, et sans doute forcés de déposer armes et bagages aux pieds des remparts de cette ville, une chance inespérée les sauva. Soissons qui n'avait qu'une garnison de mille hommes; mais qui aurait pu tenir encore vingt-quatre heures pour laisser à Napoléon le temps d'arriver, Soissons, dont le commandant était un général Moreau, nullement parent de son célèbre homonyme, capitula le 3 mars. Bulow et Wintzingerode, venant l'un de Belgique, l'autre de Luxembourg, rejoignirent Blücher, dont l'armée se trouva portée de cinquante mille hommes à cent dix mille, et Soissons, au lieu d'être sa perte, fut son salut.

Napoléon était à Fismes, quand, dans la soirée du 4 mars, il apprit la fatale nouvelle. Il s'écria avec douleur : « Je tenais ce fou de Blücher dans les replis de l'Aisne ! Et voilà qu'on lui livre Soissons, qu'on lui livre le pont même sans le rompre ! C'est ce malheureux Moreau qui nous perd ! Ce nom-là est devenu fatal à la France. » Hubert, l'un des valets de chambre de l'empereur, a dit : « A dater de ce jour, un sentiment pénible, une empreinte de mélancolie, de malheur même, contracta constamment les traits de mon maître infortuné. Depuis j'ai cherché vainement ce sourire bienveillant et d'une si attrayante aménité, qui donnait à sa physionomie, parfois terrible, une expression d'une grâce si touchante, qu'on en conservait le souvenir comme d'un bienfait, ou de la plus douce des récompenses. Dès lors, ses sourires furent forcés, pénibles, et, dans son intérieur, une profonde tristesse devint le fond le plus habituel de la plupart de ses mouvements, de sa voix et de toutes ses habitudes. »

Le jour même où l'empereur apprenait la capitulation de Soissons, qui ruinait tous ses plans, Marie-Louise présidait, aux Tuileries, un conseil extraordinaire, chargé d'examiner les conditions de paix proposées au Congrès de Châtillon par les alliés. Ces conditions, c'était la rentrée de la France dans ses anciennes limites. A l'exception d'un seul, tous les membres du conseil furent d'avis de les accepter. « Le traité, tout ri-

goureux qu'il était, a dit le duc de Rovigo, conservait en France le gouvernement qui s'y était
établi ; il consacrait l'existence de l'empereur et
celle de sa famille. L'Angleterre reconnaissait la
nouvelle dynastie, avantage qu'aucune des tran-
sactions antérieures n'avait donné à Napoléon. Il
n'y était pas question des Bourbons qui paraissaient tout à fait abandonnés. C'était beaucoup
pour l'empereur qui, dans cet arrangement, se
trouvait encore plus ménagé que la France
même. »

Avant tout, ce que voulaient les ministres et
les grands dignitaires, c'était sauver leur situation. Aussi tout le monde blâmait une résistance
qu'on regardait comme inutile. Le jour même
où avait été tenu le conseil extraordinaire pré-
sidé par l'impératrice, Joseph écrivait à son
frère : « On s'est assez généralement réuni à
penser que la nécessité de voir la France réduite
au territoire qu'elle avait en 1792 devait être acceptée, plutôt que d'exposer la capitale. On
regarde l'occupation de la capitale comme la fin
de l'ordre actuel, et le commencement de grands
malheurs. L'Europe coalisée tout entière veut
réduire la France à ce qu'elle était en 1792 ;
que ce soit le fond d'un traité ordonné par les
circonstances, à la bonne heure ; mais que le
territoire soit évacué sur-le-champ. En résumé,
la paix prochaine, quelle qu'elle soit, est indispensable. Ce sera une trève de deux ou trois ans :

mais bonne ou mauvaise, il faut la paix..... Les limites naturelles seraient un bien réel pour la France et pour l'Europe ; elles laisseraient l'espoir d'une longue paix ; mais à l'impossible nul n'est tenu..... Faites donc une trève *in petto*, puisque l'injustice de l'ennemi ne vous permet pas une paix juste, et que la situation des esprits et des choses ne vous permet pas d'espérer de la France des efforts proportionnés au but qu'il faudrait atteindre. On a trouvé votre lettre à l'empereur d'Autriche pleine de noblesse et de raison. Vous resterez à la France : elle vous restera la même que quand elle a étonné l'Europe ; et vous, qui l'avez sauvée une fois, vous la sauverez une seconde, en signant la paix aujourd'hui, et en vous sauvant avec elle. Soyez reconnu par l'Angleterre ; délivrez la France des Cosaques et des Prussiens, et la France vous rendra un jour en bénédictions ce que des gens superficiels croiront que vous aurez perdu en gloire. »

Toujours guerrier, Napoléon avait horreur d'une paix qui lui paraissait une honte. Même après la capitulation de Soissons, il se flattait encore de conserver les frontières naturelles de la France. L'énorme supériorité numérique des forces de Blücher ne l'empêchait pas de poursuivre les Prussiens et les Russes au delà de l'Aisne et le 7 mars il livrait la sanglante bataille de Craonne. Elle consista, pour les Français, dans la conquête d'un plateau élevé, défendu par cinquante mille hommes et une nombreuse artillerie, et attaqué par trente mille hommes, avec une artillerie insuffisante. L'ennemi se retira en bon ordre du côté de Laon, où il se prépara à une seconde bataille. Napoléon s'obstina à le suivre. Il ne pouvait pourtant opposer aux cent mille hommes aguerris de son adversaire que trente mille soldats, presque tous des conscrits jeunes, malades, à peine habillés. Pouvait-on même donner le nom de soldats à ces milliers d'adolescents, à ces éphémères du drapeau, comme les appelle le général de Ségur, qui n'étaient apparus la veille que pour être sacrifiés le lendemain. Un jour, en les voyant si jeunes, si frêles, à demi vêtus, un contre quatre, sachant à peine se servir de leurs armes, le général Drouot, attendri, s'écria que c'était « le massacre des innocents renouvelé. »

Cependant Napoléon continuait la lutte avec une sorte de fureur. Il livrait à Laon une seconde et terrible bataille, qui durait deux jours, le 9 et le 10 mars ; mais, malgré des efforts héroïques, il était obligé de se replier sur Soissons, où il entrait le 12, plongé dans une tristesse profonde.

Joseph lui avait écrit, le 9 mars : « Après la nouvelle victoire que vous venez de remporter (la victoire de Craonne), vous pouvez signer glorieusement la paix avec les anciennes limites. Cette paix rendra la France à elle-même après la longue lutte commencée depuis 1792, et n'aura rien de déshonorant pour elle, puisqu'elle n'aura rien perdu de son ancien territoire, et qu'elle aura opéré dans son intérieur les changements qu'elle aura voulus. Quant à vous, sire, victorieux tant de fois, je suis convaincu que vous avez dans vous tout ce qu'il faut pour faire oublier aux Français, ou plutôt pour leur rappeler ce que Louis XII, Henri IV et Louis XIV ont eu de mieux dans leur manière de gouverner, si vous faites une paix solide avec l'Europe, et si, trouvant dans votre caractère les traces primitives de sa bonté naturelle, vous vous y laissez aller, et, renonçant à un caractère factice et à de grands efforts journaliers, vous consentez enfin à faire succéder le grand roi à l'homme extraordinaire. Après avoir sauvé la France de l'anarchie et de l'Europe coalisée, vous deviendrez le père du peuple, et serez aussi adoré que Louis XII, après avoir été plus admiré qu'Henri IV et Louis XIV ; et, pour accumuler tant de genres de gloire, il ne faut que vouloir votre bonheur et celui de la France.»

Les sages et fraternels conseils de Joseph n'apparaissaient à Napoléon que comme d'ironiques mercuriales. Lui, qui avait toujours mieux aimé inspirer la crainte que l'affection, il s'irritait de penser qu'après avoir été le premier des conquérants, il pourrait ne plus être qu'un monarque débonnaire, un simple père du peu-

ple. Se méfiant de son frère, comme de tout
le monde, il le considérait comme un petit esprit, comme un alarmiste, et c'est tout au plus
s'il ne suspectait pas la loyauté de ses intentions.
Dans l'entourage de l'ancien roi d'Espagne on
tenait des propos imprudents. Des gens qui ne
s'étaient jamais montrés sur aucun champ de bataille, disaient de l'empereur : « Cet homme est
fou. Il nous fera tous tuer. » On allait jusqu'à
insinuer qu'il faudrait proclamer une régence
nouvelle et en donner la présidence à Joseph,
prince pacifique et modéré, avec lequel l'Europe
traiterait plus volontiers qu'avec Napoléon.
L'écho de plusieurs de ces paroles arriva jusqu'au quartier général impérial. Alors le lion
blessé, mais toujours redoutable, se redressa de
toute sa hauteur. Le Jupiter Tonnant eut des
accents d'orgueil peut-être plus énergiques encore qu'au temps où le moindre froncement de
ses sourcils faisait trembler l'Olympe des empereurs et des rois.

Il ne voulait pas même admettre l'idée qu'il
pourrait avoir besoin de sa femme pour venir à
bout des dangers contre lesquelles il se débattait.
De Soissons, il écrivait à Joseph, le 12 mars
1814 : « J'ai vu avec peine que vous ayez parlé
à ma femme des Bourbons et de l'opposition
que pourrait y faire l'empereur d'Autriche. Je
vous prie d'éviter ces conversations. Je ne veux
pas être protégé par ma femme ; cette idée la gâ-

terait et nous brouillerait. Et à quoi bon lui tenir de pareils discours ? Laissez-la vivre comme elle vit ; ne lui parlez que de ce qu'il faut qu'elle sache pour signer, et surtout évitez les discours qui la feraient penser que je consens à être protégé par elle ou par son père. Jamais, depuis quatre ans, le mot de Bourbon ni de l'Autriche n'est sorti de ma bouche. D'ailleurs tout cela ne peut que troubler son repos et gâter son excellent caractère.

» Vous m'écrivez toujours comme si la paix dépendait de moi ; cependant, je vous ai envoyé les pièces. Si les Parisiens veulent voir les Cosaques, ils s'en repentiront ; mais, encore une fois, faut-il dire la vérité ? Je n'ai jamais cherché les applaudissements des Parisiens. Je ne suis pas un caractère d'opéra. D'ailleurs, il faut être plus pratique que vous ne l'êtes pour connaître l'esprit de cette ville, qui n'a rien de commun avec les passions de trois ou quatre mille personnes qui font beaucoup de bruit. Il est tout simple, et c'est plus expéditif, de déclarer qu'on ne peut pas faire une levée d'hommes que d'essayer de la faire. L'empereur d'Autriche ne peut rien, parce qu'il est faible et mené par Metternich, qui est acheté par l'Angleterre : voilà le secret de tout. »

La veille, Joseph avait écrit une lettre qui augmenta encore l'irritation de l'empereur. Elle contenait les passages suivants : « Il résulte de tout ce qui m'a été dit par les ministres, par les chefs de la garde nationale, par tout ce que je connais de personnes attachées à l'ordre actuel que la paix est forcée par la nature des choses. Il n'est point d'individu dans Paris qui n'en fît hautement la demande, si on ne craignait de vous déplaire ; et, dans le fait, il ne saurait y avoir que vos ennemis qui puissent vous engager à refuser la paix avec les anciennes limites... Des bruits fâcheux commencent à se répandre dans la capitale : ils tendent à dépopulariser Votre Majesté. Par exemple, on parle du rappel du duc de Conégliano, qui est aimé... Le mois de mars s'écoule, et les terres ne s'ensemencent point. Mais il est inutile d'entrer dans plus de détails. Votre Majesté doit sentir qu'il n'y a plus d'autre remède que la paix, et la paix la plus prochaine. Chaque jour de perdu nous fait personnellement un tort considérable ; la misère particulière est à son comble, et le jour où l'on serait convaincu que Votre Majesté aurait préféré la prolongation de la guerre à une paix même désavantageuse, il n'est pas douteux que la lassitude tournera les esprits d'un autre côté. Si Toulouse ou Bordeaux protègent un Bourbon, vous aurez la guerre civile, et l'immense population de Paris sera pour celui qui laissera entrevoir une plus prochaine paix. »

Napoléon répondit ainsi à cette lettre : « Soissons, le 13 mars 1814. Partout, j'ai des plaintes du peuple contre les maires et les bourgeois, qui les empêchent de se défendre : je vois la même chose à Paris. Le peuple a de l'énergie et de l'honneur. Je crains bien que ce ne soient certains chefs qui ne veulent pas se battre, et qui seront tous sots, après l'événement, de ce qui leur sera arrivé à eux-mêmes. »

L'infatigable lutteur ne voulait pas s'avouer vaincu par le destin. Son inconcevable audace avait fasciné à un tel point Blücher que les troupes de l'opiniâtre Prussien restèrent pendant huit jours à la même place. Napoléon en profita pour réorganiser sa faible armée, mettre Soissons et Compiègne en état de défense et reconquérir Reims, après un combat où fut tué le général de Saint-Priest, émigré français, qui avait un commandement dans les troupes russes. Le 14 mars, l'empereur écrivait à Joseph : « Mon frère, je suis arrivé hier à Reims, que le général en chef Saint-Priest avait occupé avec trois divisions russes et une nouvelle division prussienne, qui venait du blocus de Stettin. Je les ai battus ; j'ai repris la ville, vingt pièces de canon, beaucoup de bagages. Le général Saint-Priest a été blessé mortellement ; on l'a amputé d'une cuisse. Ce qu'il y a de remarquable, c'est que Saint-Priest a été blessé par le même pointeur qui a tué le général Moreau. C'est le cas de dire : O Providence ! ô Providence ! »

Napoléon, à Reims, en face de l'antique cathédrale où avait lieu le sacre des rois de France, jouissait encore avec orgueil de sa souveraineté. Il entendait ne supporter ni une critique, ni une observation, et, le 14 mars, il adressait à Joseph cette lettre où l'on retrouve toute la fierté de son caractère : « Mon frère, je suis fâché que vous ayez fait connaître au duc de Conégliano ce que je vous ai écrit. Je n'aime pas du tout ce caquetage. S'il entrait dans mes vues de mettre le duc de Conégliano ailleurs, le bavardage de Paris n'y ferait rien. La garde nationale de Paris fait partie du peuple de France, et tant que je vivrai, je serai le maître partout en France. Votre caractère et le mien sont opposés. Vous aimez à cajoler les gens et à obéir à leurs idées ; moi j'aime qu'on me plaise et qu'on obéisse aux miennes. Aujourd'hui, comme à Austerlitz, je suis le maître. Ne souffrez pas que personne cajole la garde nationale, ni que Regnaud, ou tout autre, s'en fasse le tribun. Je suppose cependant qu'ils font une différence du temps de La Fayette, où le peuple était le souverain, avec celui-ci où c'est moi qui le suis. J'ai pris un décret pour lever dans Paris douze bataillons de levée en masse. Il faut donc qu'on n'arrête l'exécution de cette mesure sous aucun prétexte. J'écris à ce sujet mes intentions aux ministres de l'intérieur et de la police. Si le peuple s'aperçoit qu'au lieu de faire ce qui lui est utile, on cherche à lui plaire, il est tout simple qu'il se croie souverain, et ne conserve qu'une pauvre idée de ceux qui le gouvernent. »

Le même jour Napoléon adressait au duc de Rovigo, ministre de la police, cette lettre plus impérieuse encore : « Vous ne m'apprenez rien de ce qui se fait à Paris. Il y est question d'adresse, de régence, de mille intrigues aussi plates qu'absurdes, et qui peuvent tout au plus être conçues par un imbécile comme Miot. Tous ces gens-là ne savent point que je tranche le nœud gordien à la manière d'Alexandre. Qu'ils sachent bien que je suis aujourd'hui le même homme que j'étais à Wagram et à Austerlitz, que je ne veux dans l'État aucune intrigue, qu'il n'y a point d'autre autorité que la mienne, et qu'en cas d'événements pressés, c'est la régente qui a exclusivement ma confiance. Le roi Joseph est faible; il se laisse aller à des intrigues qui pourraient être funestes à l'État, et surtout à lui et à ses conseils, s'il ne rentre pas promptement dans le droit chemin. Je suis mécontent d'apprendre tout cela par un autre canal que le vôtre. Sachez que si l'on avait fait faire une adresse contraire à l'autorité, j'aurais fait arrêter le roi, mes ministres et ceux qui l'auraient signée. On gâte la garde nationale, on gâte Paris, parce qu'on est faible et qu'on ne connaît point le pays. Je ne veux point de tribun du peuple. Qu'on n'oublie point que c'est moi qui suis le grand tribun ; le peuple alors fera toujours ce qui convient à ses véritables intérêts, qui sont l'objet de toutes mes pensées. »

Pendant les trois journées que l'empereur passa à Reims, — 14, 15 et 16 mars 1814, — il fit le souverain plus encore que le général, et s'occupa des affaires intérieures de l'empire avec le même soin que si l'on eût été en pleine paix. On est frappé du ton autoritaire que gardèrent jusqu'à la fin de la campagne, jusqu'à l'abdication, toutes ses paroles et toutes ses lettres. Rien ne l'avait découragé. En vain, les forces de la coalition augmentaient sans cesse, tandis que les siennes diminuaient. En vain il recevait de Paris les nouvelles les plus alarmantes. En vain il voyait s'avancer devant lui la trahison comme une marée montante ; il regardait d'un œil intrépide le péril, et bravait encore la fortune qui avait été si longtemps la plus humble de ses esclaves.

V

LE CONGRÈS DE CHATILLON

Le Congrès de Châtillon touchait à son terme,
et les plénipotentiaires de France, d'Angleterre,
d'Autriche, de Prusse et de Russie allaient se
séparer sans avoir rien pu faire pour la paix.
Avant de continuer le récit des opérations militaires, jetons un rapide coup d'œil sur l'ensemble
de cette tentative stérile de la diplomatie. Nous
en avons étudié toutes les phases dans les archives du ministère des affaires étrangères, et la
plupart des documents que nous allons citer sont
inédits.

Notre impression est que si Napoléon avait
voulu se contenter des frontières de 1792, il aurait sauvé sa couronne ; mais il voulait les frontières naturelles de la France, et les alliés étaient
absolument résolus à les lui refuser. On tournait
donc dans un cercle vicieux, et tout ce que pou-

vaient dire les plénipotentiaires n'était qu'une vaine logomachie. Napoléon paraissait parfois disposé à céder, mais dès qu'il obtenait un succès militaire, il relevait fièrement la tête, et repoussait avec colère des propositions qu'il regardait comme ignominieuses. Au début, l'œuvre de la diplomatie avait inspiré aux bons Français de l'espérance, et aux traîtres de la crainte, car les traîtres aimaient mieux voir Napoléon perdu que la France sauvée. Mais on s'était aperçu bien vite que la voix des plénipotentiaires était étouffée par le bruit du canon, et que la lutte gigantesque de la France contre l'Europe devait se terminer non par la plume, mais par l'épée. Le Congrès, réuni dans une petite ville du département de la Côte-d'Or, à Châtillon-sur-Seine, tout près du théâtre de la guerre, semblait une ironie de la destinée. On était étonné de voir combattre et négocier tout à la fois, et ces diplomates, qui se traitaient personnellement avec une parfaite courtoisie, pendant que leurs compatriotes s'égorgeaient, produisaient un effet singulier au milieu de ce drame terrible.

La France n'avait qu'un plénipotentiaire pour lutter à lui seul contre le comte de Stadion, plénipotentiaire de l'Autriche ; contre le comte de Rasoumowski, plénipotentiaire de Russie ; contre M. de Humboldt, plénipotentiaire de Prusse, et contre les trois plénipotentiaires anglais, lord Cathcart, sir Charles Stuart et lord Aberdeen.

Cet unique représentant de la France était le général de Caulaincourt, duc de Vicence, vaillant militaire, homme d'honneur, patriote s'il en fut jamais. Rien de plus pénible que son rôle. On se figurerait difficilement tout ce qu'il eut à souffrir. Ce brave général, si audacieux et si brillant sur les champs de bataille, était devenu essentiellement pacifique, parce qu'il avait la conviction que, pour la France et pour l'empereur, le seul moyen de salut était la paix. Il en plaida la cause auprès de Napoléon avec une franchise admirable, et l'on peut affirmer que si ses prudents conseils avaient été suivis, l'Empire aurait été sauvé. Il n'y avait pas, croyons-nous, chez les alliés, surtout chez les Anglais et les Autrichiens, de mauvais vouloir absolu contre l'empereur. Seulement, ils étaient décidés à ne pas lui faire des conditions meilleures que celles qui furent faites aux Bourbons. C'est ce que Napoléon ne voulut jamais comprendre. Il s'imagina jusqu'au bout que son mariage lui ramènerait tôt ou tard les sympathies de l'Autriche, et se fit à cet égard des illusions que le duc de Vicence, plus clairvoyant que son maître, ne partagea pas un instant.

Quelle situation que celle de cet homme qui avait rempli les plus grands postes diplomatiques à une époque où la France était si crainte, si admirée, et qui se voyait obligé de poursuivre des négociations humiliantes à force d'être douloureuses ! Comme il était pénible pour lui de rencontrer chez les alliés des exigences cruelles, chez l'empereur une obstination qui rendait tout accord impossible! Caulaincourt sut remplir avec noblesse et dignité ce rôle ingrat, et l'examen des négociations si difficiles que, dans de pareilles conditions, aucun autre n'aurait pu mener mieux que lui, fait le plus grand honneur à son esprit et à son caractère. L'histoire, nous en sommes persuadé, rendra justice à cet homme de bien.

Les alliés montraient si peu d'empressement pour négocier que le duc de Vicence attendit tout un mois, aux avant-postes français, le commencement des conférences; elles ne s'ouvrirent à Châtillon que le 4 février 1814. La veille, il avait écrit cette lettre au maréchal Berthier : « Je m'adresse à Votre Altesse, comme au plus dévoué des serviteurs de l'empereur. Voilà encore une bataille (la bataille de la Rothière), et l'ennemi en fait un trophée. Cet événement ne contrariera-t-il pas encore nos négociations, ne rendra-t-il pas toutes les questions encore plus difficiles, n'augmentera-t-il pas toutes les exigences ? Le génie malfaisant qui depuis trois ans gâte les belles destinées de l'empereur le circonvient encore. Ne nous a-t-il donc pas assez porté malheur ? Faites donc arriver la vérité à Sa Majesté. Montrez-lui donc combien les circonstances sont graves, tout ce que le moindre délai peut faire risquer sans pouvoir offrir aucun avantage. Parlez-moi clair, mon prince, avez-vous une armée ? Peut-on discuter les conditions pendant quinze jours, ou faut-il accepter tout de suite ? Si personne n'a le courage de me dire où l'on en est réellement, je reste dans le vague des nouvelles de gazette de M. de Bassano, et je ne puis savoir ce que je dois faire. C'est avec ces contes-là que nous avons perdu toutes nos conquêtes, ce ne sont donc pas eux qui sauveront la France. La faute n'en est pas à moi, car je ne cesse de demander à l'empereur de me donner ses ordres, et cela, bien plus pour le servir et pour le contenter que pour mettre ma responsabilité à couvert. Au nom de notre maître, au nom de tout ce que vous avez de plus cher, mon prince, parlez-lui, écrivez-moi, et sauvons le trône et la patrie ! »

L'empereur, qui était alors dans la situation la plus critique, ne s'expliqua pas. Il se contenta de laisser le duc de Vicence agir comme bon lui semblerait, sauf à le désavouer, s'il y avait lieu. Le duc de Bassano écrivit donc de Troyes au plénipotentiaire français, le 5 février 1814 : « Je vous ai expédié un courrier avec une lettre de Sa Majesté et le nouveau plein pouvoir que vous avez demandé. Au moment où Sa Majesté va quitter cette ville, elle me charge de vous en expédier un second et de vous faire connaître en propres termes que Sa Majesté vous donne *carte blanche* pour conduire les négociations à une heureuse fin, sauver la capitale et éviter une bataille où sont les dernières espérances de la nation. »

En recevant cette autorisation inattendue, Caulaincourt écrivit à l'empereur le 6 février. « J'étais parti les mains liées, et je reçois des pouvoirs illimités. On me retenait, et on m'aiguillonne. Cependant on me laisse ignorer les motifs de ce changement. Ignorant la vraie situation des choses, je ne peux juger ce qu'elle exige et ce qu'elle permet; si elle est telle que je doive consentir à tout aveuglément, sans discussion et sans retard, ou si j'ai, pour discuter du moins les points les plus essentiels plusieurs jours devant moi, si je n'en ai qu'un seul, ou si je n'ai pas pas même un moment. »

Le 7 février, les plénipotentiaires alliés firent connaître par un protocole les prétentions des puissances. Elles demandaient que la France rentràt dans ses limites de 1792 et n'eût pas à se mêler du sort des pays qu'elle allait céder. Ce qu'on ferait de la Pologne, de la Saxe, de la Westphalie, de la Belgique, de l'Italie, comment on traiterait la Bavière, le Wurtemberg, la Suisse, rien de tout cela ne devait la regarder. Enfin, il fallait répondre par oui ou par non. avant toute espèce de pourparlers. Comme le dit M. Thiers : « Certes, Napoléon avait abusé de la victoire; mais, au milieu de la fumée enivrante de Rivoli, d'Austerlitz, d'Iéna, de Friedland, il n'avait jamais traité ainsi les vaincus. »

Le duc de Vicence se montrait cependant disposé à céder à des exigences si cruelles, mais à une condition ; c'est qu'au moins il serait assuré, en les acceptant, d'arrêter l'ennemi à l'instant même et de sauver ainsi Paris et le trône impérial. On lui répondit qu'il n'y aurait suspension des hostilités qu'au prix d'une acceptation immédiate, sans réserves, et seulement à partir des ratifications. Le lendemain, 8 février, on lui annonça que les conférences étaient suspendues.

Alors, le plénipotentiaire français, plongé dans un véritable désespoir, écrivit cette lettre au prince de Metternich, qui se trouvait auprès de l'empereur d'Autriche : « Châtillon, 8 février 1814. — Vous m'avez autorisé, mon prince, à m'ouvrir à vous sans réserve. Je l'ai déjà fait, je continuerai ; c'est une consolation à laquelle il me coûterait trop de renoncer. Je regrette chaque jour davantage que ce ne soit pas avec vous que j'aie à traiter. Si je l'avais pu prévoir, je n'aurais point accepté le ministère, je ne serais point ici. Je serais dans les rangs de l'armée, et j'y pourrais du moins trouver en combattant une mort qu'il me faudra mettre au rang des biens, si je ne puis servir ici mon prince et mon pays... Les alliés veulent-ils se ménager le temps d'arriver à Paris ? Je ne vous dirai point, mon prince, de songer aux conséquences d'un tel événement, par rapport à l'impératrice. Sera-t-elle réduite à fuir devant les troupes de son père, quand son auguste époux est prêt à signer la paix? Mais je vous dirai que la France n'est pas tout entière à Paris; que, la capitale occupée, les Français pourront penser que l'heure des sacrifices est passée; que des sentiments, que diverses causes ont assoupis, peuvent se réveiller, et que l'arrivée des alliés à Paris peut commencer une série d'événements que l'Autriche ne serait pas la dernière à regretter de ne point avoir prévenus. Or, dussions-nous finir par être accablés, est-ce l'intérêt de l'Autriche que nous le soyons? Quel profit a-t-elle à s'en promettre, et quelle gloire même en peut-elle attendre, si nous succombons sous les efforts de l'Europe entière? Vous, mon prince, vous avez une gloire immense à recueillir; mais c'est à une condition, que vous resterez le maître des événements, et le seul moyen que vous ayez de les maîtriser est d'en arrêter le cours par une prompte paix. Nous ne nous refusons à aucun sacrifice raisonnable. Nous désirons seulement connaître tous ceux qu'on nous demande, au profit de qui nous devons les faire, et si, en les faisant, nous avons la certitude de mettre immédiatement fin aux malheurs de la guerre. Faites, mon prince, que toutes ces questions soient posées d'une manière sincère dans leur ensemble. Je ne ferai pas attendre ma réponse. Vous êtes assurément trop sage pour ne pas sentir que notre demande est aussi juste que nos dispositions sont modérées. Votre Excellence ne pourrait-elle venir avec M. de Nesselrode passer ici trois heures chez lord Castlereagh ? Il serait bien digne du caractère de l'empereur d'Autriche et du cœur du père de l'impératrice de permettre un voyage qui pourrait finir en une matinée une lutte maintenant sans objet, et qui coûte à l'humanité tant de larmes ! »

Interrompues pendant une semaine, les conférences furent reprises, et le prince de Metternich répondit ainsi à la lettre du duc de Vicence : « Troyes, 15 février 1814. Nous venons de remettre en train vos négociations, mon cher duc, et je réponds à Votre Excellence que ce n'est pas chose facile que d'être le ministre de la coalition. Ce que vous m'avez dit de flatteur sur vos regrets de ne pas me voir à Châtillon ne peut porter que sur des sentiments personnels dont vous m'avez donné tant de preuves. Croyez que, sous le rapport des affaires, je suis plus utile ici que chez vous. Je vous ai déjà recommandé le comte de Stadion. Croyez-moi sur parole, milord Castlereagh est également un homme de la meilleure trempe, droit, loyal, sans passion, et, par conséquent, sans préjugé. Il fallait une composition d'hommes comme le sont les ministres anglais du moment pour rendre possible la grande œuvre à laquelle vous travaillez, et qui, je m'en flatte, sera couronnée de succès. Votre Excellence ne doit pas regretter d'avoir accepté le ministère. Il n'est beau que dans des temps difficiles. Voici une lettre de la famille Mesgrigny à leurs frères, fils, etc. Veuillez la leur faire passer. Ce sont de braves gens qui ont le *bonheur* de me posséder dans leur hôtel, bonheur véritable, car je ne les mange pas. C'est une vilaine chose, mon cher duc, que la guerre, et surtout quand on la fait avec cinquante mille Cosaques et Baskirs. » Les diplomates ont véritablement des grâces d'état. Comme cette désinvolture de style contraste avec la gravité des événements !

Cependant Napoléon, qui un instant s'était cru perdu, venait de gagner les batailles de Champaubert, de Montmirail et de Vauchamps. Il s'imaginait, dans l'ivresse du succès, être plus près de Munich et de Vienne que les alliés ne l'étaient de Paris. Alors il écrivit cette lettre à Caulaincourt : « Nangis, le 18 février. — Je vous ai donné *carte blanche* pour sauver Paris et éviter une bataille qui était la dernière espérance de la nation. La bataille a eu lieu ; la Providence a béni nos armes. J'ai fait trente à quarante mille prisonniers ; j'ai pris deux cents pièces de canon, un grand nombre de généraux, et détruit plusieurs armées sans presque coup férir. J'ai entamé hier l'armée du prince de Schwarzenberg, que j'espère détruire avant qu'elle ait repassé nos frontières. Votre attitude doit être la même ; vous devez tout faire pour la paix ; mais mon intention est que vous ne signiez rien sans mon ordre, parce que seul je connais ma position. En général, je ne désire qu'une paix solide et honorable, et elle ne peut être telle que sur les bases proposées à Francfort (les frontières naturelles). Si les alliés eussent accepté vos propositions le 9, il n'y aurait pas eu de bataille; je n'aurais pas couru les chances de la fortune dans un moment où le moindre insuccès perdait la France, enfin je n'aurais pas connu le secret de leur faiblesse. Il est juste qu'en retour j'aie les avantages des chances qui ont tourné pour moi. Je veux la paix, mais ce n'en serait pas une que celle qui imposerait à la France des conditions plus humiliantes que les bases de Francfort. Ma position est certainement plus avantageuse qu'à l'époque où les alliés étaient à Francfort; ils pouvaient me braver, je n'avais obtenu aucun avantage sur eux, et ils étaient loin de mon territoire. Aujourd'hui, c'est bien différent, j'ai eu d'immenses avantages sur eux, et des avantages tels qu'une carrière militaire de vingt années et de quelque illustration n'en présente pas de pareils. Je suis prêt à cesser les hostilités et à laisser les ennemis rentrer tranquilles chez eux, s'ils signent des préliminaires basés sur les propositions de Francfort. »

Napoléon croyait la coalition beaucoup plus abattue qu'elle ne l'était réellement. Dans la séance du 17 février, les plénipotentiaires alliés présentèrent une série d'articles préliminaires encore plus insultants que les derniers protocoles. On se bornait à annoncer que l'Allemagne formerait un État fédératif, que la Hollande accrue de la Belgique, serait constituée en royaume ; que l'Italie serait indépendante de la France, que l'Autriche y aurait des possessions, et que la France serait réduite aux frontières de 1792.

Quand Napoléon, qui croyait avoir terrifié ses ennemis, eut connaissance de pareilles propositions, il fut au comble de la colère. Il écrivit de Surville au duc de Vicence, le 19 février : « Je suis si ému de l'infâme proposition que vous m'envoyez, que je me crois déshonoré rien que d'être mis dans le cas qu'on vous l'ait proposée... Tout est faux dans ce qu'on vous dit. Les Autrichiens sont battus en Italie, et, bien loin d'être à Meaux, je serai bientôt à Châtillon... Je vous ferai connaître de Troyes ou de Chatillon mes intentions ; mais je crois que j'aurais mieux aimé perdre Paris que de voir faire de telles propositions au peuple français. Vous parlez toujours des Bourbons. Je préférerais voir les Bourbons en France avec des conditions raisonnables plutôt que les infâmes propositions que vous m'envoyez. »

Le même jour, 19 février 1814, Caulaincourt, qui était bien loin de juger les choses avec l'optimisme de son maître, écrivait au duc de Bassano : « Grâce à vos bonnes nouvelles, je suis plein d'espérance. Mais ne laissons pas échapper, faute d'une modération convenable, l'occasion de faire une paix qui sera toujours honorable, si elle est vraiment raisonnable. Les ajournements ou des prétentions élevées, dans l'état d'exaspération où l'Europe est contre nous, peuvent tout faire manquer en un moment... Plaidez la cause de la paix, monsieur le duc, c'est celle de la véritable gloire de l'empereur et du véritable intérêt de la France. »

Caulaincourt ne désespérait pas encore tout à fait de l'heureuse issue des négociations, Lord Castlereagh, qui, en sa qualité de chef de la diplomatie britannique était venu à Chàtillon, où il n'assistait pas aux séances du Congrès, mais où il exerçait une influence prépondérante, ne témoignait pas alors une hostilité systématique contre la personne de Napoléon. Aussi le duc de Vicence écrivait-il au duc de Bassano, le 21 février : « En général, la manière de s'exprimer des Anglais, leur ton, la modération des opinions de lord Castlereagh, la manière convenable dont ils parlent de l'empereur et de la France ont été remarquables. Je dois à la vérité de leur rendre cette justice. »

Polis dans la forme, les plénipotentiaires alliés étaient impitoyables dans le fond. Le 28 février, ils signifièrent au duc de Vicence qu'on lui accordait un délai de dix jours pour répondre au projet du 17 février, qu'on était prêt à discuter les modifications que la France pourrait proposer, mais qu'on repousserait d'une manière absolue toutes celles qui s'éloigneraient tant soit peu des bases essentielles du projet. Il demeurait convenu que si le délai de dix jours, expirant le 10 mars, se passait sans que l'entente fût intervenue, le Congrès serait immédiatement dissous.

En même temps, lord Castlereagh était le promoteur du célèbre accord qui fut le germe de la Sainte-Alliance. Le 1er mars 1814, l'Angleterre, l'Autriche, la Prusse et la Russie s'engagèrent, par le traité de Chaumont, à fournir un contingent permanent de cent cinquante mille hommes chacune jusqu'à ce que la guerre fût terminée. L'Angleterre offrit, en outre, pour toute la durée des hostilités, un subside annuel de cent cinquante millions de francs à partager par tiers entre la Russie, la Prusse et l'Autriche. Lord Castlereagh ne se borna point là. Il lia les quatre puissances pour vingt ans au delà de la paix prochaine. Elles devaient, en effet, la guerre terminée, tenir chacune soixante mille hommes pendant vingt ans au service de celle d'entre elles que la France essaierait d'attaquer, si, la paix une fois conclue, elle renouvelait ses agressions contre ses voisins.

Caulaincourt ne fut pas mis au courant du traité de Chaumont. Mais il pressentait que les alliés prenaient des résolutions graves, et, le 3 mars, il adressait à l'empereur une lettre particulière qui commençait ainsi, et qui était remplie d'alarmes : « Sire, les détails dont j'ai à entretenir Votre Majesté me paraissant un vrai coup de tocsin, jen fais l'objet d'une lettre particulière. Puisse ce rapport être accueilli avec moins d'amertume que ceux que j'ai habituellement l'honneur d'adresser à Votre Majesté, et lui prouver que son plénipotentiaire a la plus entière conviction dee dangers du trône, quand il ose revenir sur des questions et des sacrifices qu'il sait lui être également pénibles !... Votre Majesté n'a pas ignoré que les princes de la maison de Bourbon qui ont quitté l'Angleterre etaient établis sur nos frontières, et que M. le comte d'Artois qui se trouvait naguère en Suisse, était fixé à Vesoul. Aujourd'hui on le dit plus près encore du quartier général ennemi, Ce prince a pu venir en Suisse sans l'assentiment de tous les alliés ; mais il ne peut être venu en France, et il ne peut y rester sur la ligne principalement occupée par les forces autrichiennes qu'avec l'agrément du beau-père de Votre Majesté. Sa présence est donc plus qu'une menace russe et anglaise... Votre Majesté peut mieux que personne tirer toutes les conséquences de cette aparition sous un tel drapeau. C'est un épouvantail sans conséquence, et une menace sans danger, me répétera-t-elle. La génération actuelle ne connaît pas les Bourbons, et, par conséquent, ne s'en occupe pas ; les gens âgés les ont même oubliés, et les Vendéens, s'ils se rappellent leurs courageux efforts pour ces princes, n'ont pas perdu le souvenir de leur abandon et du séjour à l'île Dieu. Je sais aussi et pense tout cela, Sire ; je sais encore que les Vendéens vous doivent la réédification de leurs manoirs, la prospérité actuelle de leur pays. Aussi ne donnerais-je point à cette résurrection plus d'importance qu'elle n'en doit avoir, si je n'en inférais pas que l'Autriche, puisqu'elle n'a plus honte d'une telle conduite, est prête à nous renier. Dans cette situation, il est du devoir de l'homme placé par Votre Majesté comme la première vedette politique d'appeler toute son attention sur les conséquences de cette apparition. Elle doit me croire quand je reviens sur cette grave question, car elle sait bien qu'aucun intérêt, aucune passion ne m'anime contre les Bourbons, puisque la Révolution m'ayant fait victime, puis soldat, ce n'est pas elle, mais mon épée et mon empereur qui m'ont fait ce que je suis. Elle sait aussi que les souvenirs de mon enfance et mon respect pour le malheur, ne me font pas rêver de ces princes, puisque, dans mon opinion, l'intérêt et la gloire de ma patrie les repoussent maintenant, autant que notre serment à notre empereur. J'espère donc que ces réflexions donneront du poids à mon insistance ; elle tient à ma conviction. »

Dans la même lettre, le duc de Vicence racontait ainsi une importante conversation qu'il venait d'avoir avec un ami intime du prince de Metternich : « Le prince d'Esterhazy, dont Votre Majesté connaît la liaison avec le prince de Metternich, près duquel il se trouve depuis le commencement de la campagne, est venu passer quelques instants ici... Voici ses paroles auxquelles j'ai prêté une attention particulière : « Dans l'opinion personnelle de l'empereur François et de M. de Metternich, la paix est de plus en plus urgente pour la France. Si elle tarde, on ne peut prévoir où les choses iront, car les revers augmenteraient l'exaspération des alliés autant que pourraient le faire des succès... L'excès de votre ambition et mille circonstances ont amené la crise actuelle et mis la population européenne sous les armes. Dans l'état où est l'Europe, des millions d'hommes marcheront donc, si les huit cent mille hommes qui menacent Paris sur toutes ses avenues ne suffisent pas... On voit trop que votre souverain, se berçant du vain espoir de rétablir ses affaires par le gain d'une bataille, joue sur cette carte, avec l'existence de la France, son trône et même sa vie... Pourquoi pousser les choses à bout, quand nous ne pouvons nous dissimuler que chacun a plus d'une injure à venger ? Sans l'Autriche, les alliés auraient déjà secoué bien des ménagements qu'on n'aura plus si nous tardons à signer la paix; car dans la guerre actuelle, l'Autriche seule se présente sans passion. L'empereur François aime sa fille, il porte un véritable intérêt à son gendre; pourquoi repousser ses bons avis ? Avant peu, ses bonnes intentions et celles de M. de Metternich ne pourront plus maitriser les passions qu'enflamme la prolongation de la lutte... N'y a-t-il donc aucun moyen d'éclairer l'empereur Napoléon sur sa situation et de le sauver, s'il persiste à vouloir se perdre, et a-t-il décidément placé sa destinée, celle de son fils, la vôtre, sur l'affût de son dernier canon ? Laisserez-vous saccager la France et entrer les Russes à Paris, plutôt que de traiter ? Les efforts de l'audace, le courage du désespoir vous empêcheront-ils d'être accablés par les masses qui vous menacent : Croyez-moi, faites la paix. Nous ne sommes ennemis, vous le savez mieux qu'un autre, puisque votre souverain vous a confié les conditions de la paix, que parce que l'empereur Napoléon nous y a forcés. »

Après avoir ainsi relaté les paroles du prince Esterhazy, le duc de Vicence terminait sa lettre en ces termes : « Votre Majesté ne peut plus se dissimuler que ce qui était possible à Francfort est impossible à Châtillon. Les ennemis ont apprécié la résistance nationale et patriotique qu'ils redoutaient, et ils se trouvent d'ailleurs en force aux portes de Paris. Sans doute ces réflexions ne sont pas consolantes; il m'en coûte donc d'avoir à tenir un tel langage à Votre Majesté ; mais je lui dois toute la vérité. L'Autriche et la Prusse vaincues par elle lui ont donné pour se sauver plus d'un exemple de résignation ; cette vertu a profité à ces cabinets, puisqu'ils parlent aujourd'hui en vainqueurs. Imitez-les, sire, pendant

que votre capitale n'est pas encore envahie, et
que la victoire ne vous a pas encore été infidèle.
Votre Majesté ne peut s'abuser. Elle voit que
nos rangs sont trop éclaircis pour triompher de
tant d'ennemis. Elle a éprouvé que sa fortune n'a
pu sauver que nos lauriers. Elle a donc acquis la
preuve qu'il faut attendre de l'avenir ce que le
présent lui refuse, et qu'à ce prix seulement
l'heure d'une noble et glorieuse vengeance pourra
sonner... »

Le duc de Vicence, appréciant les paroles du
prince d'Esterhazy, poursuivait :

« La démarche du prince d'Esterhazy tient-
elle à l'apparition des Bourbons ? Il ne m'a rien
dit qui eût précisément trait à eux, et je me suis
gardé d'admettre en les nommant que Votre Majesté pût avoir une inquiétude à cet égard. Tient-
elle à d'autres circonstances ou à des arrangements que nous ignorons dans ce moment ? C'est
ce que le temps seul nous révèlera. On peut tout
présumer quand on a tout à craindre. Ce qu'il
appelle des « ménagements », etc., ne sous-
entend-il pas un plan politique qui admettrait les
Bourbons si la guerre se prolongeait ? Tout ce
qui se passe, tout ce qu'on dit, tout ce dont on
nous menace prouve assez que tous les moyens
paraissent maintenant légitimes à vos ennemis...
Malgré cette situation, je ne prendrais, comme
Votre Majesté, conseil que de mon courage, si je
lui savais cent vingt mille hommes dans les mains

pour faire tête à l'orage ; mais si, comme je le crains, elle en a moins de quatre-vingt mille, il ne lui reste qu'un parti, il faut céder dans ce moment à l'Europe réunie, car la paix, je dois encore le répéter, est devenue le vœu et le besoin des Français, et le salut n'est que dans la paix. Les dangers sont trop réels et les heures qui nous restent sont, on ne peut se le dissimuler, comptées par des ennemis acharnés. Peut-être Votre Majesté taxera-t-elle ces réflexions de faiblesse. Je crois cependant, et cela ne peut lui échapper, qu'il y a quelque courage à les faire. Au reste, je suis convaincu que le moment est venu où aucune considération ne doit m'arrêter. »

Il est presque impossible de dire la vérité aux souverains quand ils sont dans les jours de prospérité ; ce n'est même pas chose facile de la leur faire entendre quand l'adversité leur a donné des leçons dont ils devraient pourtant profiter. La lettre si franche et si loyale de Caulaincourt déplut à l'empereur. Dès qu'il eut connaissance de ce mécontentement injuste, le fidèle serviteur écrivit à Napoléon cette lettre véritablement admirable : « Châtillon, 5 mars 1814. Sire, j'ai besoin d'exprimer particulièrement à Votre Majesté toute ma peine de voir mon dévouement méconnu. Elle est mécontente de moi, elle me le témoigne, et charge M. de Rumigny de me le dire. Ma franchise lui déplaisant, elle la taxe de rudesse et de dureté. Elle me reproche de voir par-

tout les Bourbons, dont peut-être à tort je ne
parle qu'à peine. Votre Majesté oublie que c'est
elle qui m'en a parlé la première dans les lettres
qu'elle m'a écrites ou dictées. Prévoir comme elle
les chances que peuvent leur présenter les passions d'une partie des alliés, celles que peuvent
faire naître des événements malheureux, et l'intérêt que pourrait inspirer dans ce pays leur
haute infortune, si la présence d'un prince et un
parti réveillaient ce vieux souvenir, dans un moment de crise, ne serait cependant pas si dérai-
sonnable, si les choses sont poussées à bout.
Dans la situation où sont les esprits, dans l'état
de fièvre où est l'Europe, dans celui d'anxiété et
de lassitude où se trouve la France, la prévoyance
doit tout embrasser; elle n'est que de la sagesse.
Votre Majesté voudrait, je le comprends, inspirer
sa force d'âme, l'élan de son grand caractère à
tout ce qui la sert, et communiquer à tous son
énergie. Mais votre ministre, sire, n'a pas besoin
de cet aiguillon. L'adversité stimule son courage
au lieu de l'abattre... Personne ne voudrait plus
que moi consoler Votre Majesté, adoucir tout ce
que les circonstances et les sacrifices qu'elles exi-
geront auront de pénible pour elle; mais l'intérêt de la France, celui de la dynastie, me commandent avant tout d'être prévoyant et vrai...
Est-ce ma faute si je suis le seul qui tient ce
langage de dévouement à Votre Majesté, si ceux
qui vous entourent et qui pensent comme moi

craignent de lui déplaire, et, voulant la ménager, quand elle a déjà tant de sujets de contrariétés, n'osent lui répéter ce qu'il est de mon devoir de lui dire ? »

La fin de cette lettre patriotique est à la fois noble et touchante. On sent toutes les angoisses qui déchiraient le cœur de Caulaincourt quand sa main traça les lignes suivantes : « Quelle gloire, quel avantage peut-il y avoir pour moi à prêcher, à signer même cette paix, si toutefois on parvient à la faire ? Cette paix ou plutôt ces sacrifices ne seront-ils pas pour Votre Majesté un éternel grief contre son plénipotentiaire ? Bien des gens en France, qui en sentent aujourd'hui la nécessité, ne me la reprocheront-ils pas aussi, six mois après qu'elle aura sauvé votre trône ?... Comme je ne me fais pas plus d'illusion sur ma position que sur celle de Votre Majesté, elle doit m'en croire. Je vois les choses telles qu'elles sont. La peur a uni tous les souverains, le mécontentement a rallié tous les Allemands ; la partie est trop liée pour qu'on puisse la rompre. En acceptant le ministère dans les circonstances où je l'ai pris, en me chargeant aussi de cette négociation, je me suis dévoué pour vous servir, pour sauver mon pays. Je n'ai pas eu d'autre but, et celui-là seul serait assez noble, assez élevé pour me paraître au-dessus de tous les sacrifices. Dans ma position, je ne pouvais qu'en faire, et c'est ce qui m'a décidé. Votre Majesté peut dire de moi tout le mal qu'il lui plaira ; au fond de son cœur, elle ne pourra en penser, elle sera forcée de me rendre toujours la justice de me regarder comme l'un de ses plus fidèles sujets et l'un des meilleurs citoyens de cette France que je ne puis être soupçonné de vouloir avilir, quand je donnerais ma vie pour lui sauver un village. »

Cependant, le terme fatal fixé par les plénipotentiaires de la coalition, le 10 mars était arrivé. Ce jour-là, le duc de Vicence fit une déclaration consignée au protocole et rappelant ce que les divers États avaient gagné depuis 1792. Il s'exprimait ainsi : « Après tant de sacrifices demandés à la France, il ne manquait plus que de lui demander celui de son honneur. Le projet tend à lui ôter le droit d'intervenir en faveur d'anciens alliés malheureux. Le plénipotentiaire de France ayant demandé si le roi de Saxe serait remis en possession de ses États n'a pu même obtenir une réponse. On demande à la France des cessions et des renonciations, et l'on veut qu'en cédant elle ne sache pas à qui, sous quel titre et dans quelles proportions appartiendra ce qu'elle aura cédé. On veut qu'elle ignore quels doivent être ses plus propres voisins. On veut régler sans elle le sort des pays auxquels elle aura renoncé et le mode d'existence de ceux avec lesquels son souverain était lié par des rapports particuliers. On veut, sans elle, faire les arrangements qui doivent régler le système général des possessions d'équilibre en Europe. On veut qu'elle soit étrangère à l'arrangement d'un tout dont elle est partie considérable et nécessaire. On veut enfin qu'en souscrivant à de telles conditions elle s'exclue en quelque sorte elle-même de la société européenne... Attaquée à la fois par toutes les puissances réunies contre elle, la nation française sent, plus qu'aucune autre, le besoin de la paix, et la veut aussi plus qu'aucune autre ; mais tout peuple, comme tout homme généreux, met l'honneur avant l'existence même. »

Après avoir écouté cette déclaration, les plénipotentiaires alliés se livrèrent à des récriminations violentes. Où était, s'écrièrent-ils, le contre-projet français qu'on attendait depuis un mois, et qui avait été formellement promis pour le 10 mars ? Le duc de Vicence parvint difficilement à les calmer et à obtenir un sursis de quelques jours. Enfin, le 15 mars, il remit le contre-projet, qui était l'œuvre personnelle de Napoléon. D'après ce contre-projet, l'empereur consentait à céder le Brabant hollandais et diverses parcelles de territoire sur la rive droite du Rhin, mais il réclamait une dotation pour le prince Eugène, une autre pour la princesse Élisa, et il conservait le Rhin et les Alpes, Anvers, Cologne, Mayence, Chambéry, Nice. Les plénipotentiaires alliés considérèrent le contre-projet comme un défi, une dérision.

Alors le prince de Metternich écrivit au duc

de Vicence une dernière lettre particulière où il disait : « Si les conditions du contre-projet sont l'ultimatum de l'empereur Napoléon, toute paix est impossible, les armes décideront du sort de l'Europe et de la France. Il serait difficile, monsieur le duc, que je vous retrace les pénibles sensations qu'éprouve l'empereur mon maître. Il aime sa fille, et il la voit exposée à de nouvelles inquiétudes, et elles ne pourront qu'augmenter. Plus les questions politiques se compliqueront, plus elles deviendront personnelles. L'empereur Napoléon a bien mal secondé les bonnes intentions que l'empereur François n'a cessé de lui témoigner. Peut-être sommes-nous plus près de la paix à la suite de la rupture d'aussi stériles négociations. Elle seule remplira tous nos vœux. »

Le 18 mars, les plénipotentiaires alliés lurent une note solennelle dans laquelle ils déclaraient que la France, ayant exactement reproduit toutes les conditions déjà reconnues inacceptables par l'Europe, les conférences étaient définitivement rompues. Il y eut cependant encore une dernière note échangée le lendemain 19 mars, entre les plénipotentiaires ; elle était relative au pape. La voici : « Les soussignés plénipotentiaires des cours alliées, en voyant avec un vif et profond regret rester sans fruit pour la tranquillité de l'Europe les négociations entamées à Châtillon, ne peuvent se dispenser de s'occuper encore avant leur départ, en adressant la présente note à Son Excellence M. le plénipotentiaire de France, d'un objet qui est étranger aux dissensions politiques, et qui aurait dû le rester toujours. En insistant sur l'indépendance de l'Italie, les cours alliées avaient l'intention de replacer le saint-père dans son ancienne capitale. Le gouvernement français a montré la même disposition dans le contre-projet présenté par M. le plénipotentiaire de France. Il serait malheureux qu'un dessein aussi juste et aussi naturel, sur lequel se réunissaient les deux parties, restât sans effet par des raisons qui n'appartiennent nullement aux fonctions que le chef de l'Église catholique s'est religieusement astreint d'exercer. La religion que professent une grande partie des nations en guerre actuellement, la justice et l'équité générale, l'humanité enfin, s'intéressent également à ce que Sa Sainteté soit remise en liberté, et les soussignés sont persuadés qu'ils n'ont qu'à témoigner de ce vœu et qu'à demander au nom de leurs cours cet acte de justice du gouvernement français, pour s'engager à mettre le saint-père en état de pourvoir, en jouissant de son indépendance entière, aux besoins de l'Église catholique. Les soussignés saisissent cette occasion pour réitérer à Son Excellence M. le plénipotentiaire de France leur haute considération. Signé : comte de Stadion, comte de Rasoumowski, Cathcart, Humboldt, Ch. Stuart, Aberdeen. »

Le duc de Vicence répondit ainsi à cette note : « Le soussigné plénipotentiaire français sera d'autant plus empressé de transmettre à sa cour la note de ce jour de Leurs Excellences MM. les plénipotentiaires alliés que l'empereur, son maître, par le contre-projet qu'il a chargé de remettre le 15, a prouvé le premier l'intérêt qu'il portait au saint-père. »

Ainsi se terminait le congrès de Châtillon. Étranges résultats, qui ont l'air d'une leçon de la Providence ! Des quatre puissances alliées une seule, l'Autriche, est catholique romaine, et de quoi s'occupent-elles, au moment où les négociations sur tous les autres points sont rompues ? Du Saint-Siège. Et le plénipotentiaire français rend hommage au prisonnier de Napoléon. Voilà donc le dernier mot de ce Congrès qui avorte d'une manière si fatale pour l'Empire ! Et dans quelques jours l'empereur, à bout de ressources, épuisé, trahi par la fortune, va se retrouver à Fontainebleau, à côté de l'appartement qui servait de prison à Pie VII. Quoi de plus saisissant que ces péripéties de l'histoire, si émouvantes et si imprévues ! Ne semble-t-il pas qu'au milieu de ce dédale d'événements qui déjouent tous les calculs humains, on voie se réaliser la grande maxime : « L'homme s'agite, Dieu le mène. »

Le 19 mars, le duc de Vicence se sépara des autres plénipotentiaires, et le 20, toutes les légations partirent de Châtillon, pour aller regagner les quartiers généraux des armées belligérantes. Ces protocoles inutiles, ces vains débats diplomatiques ont quelque chose de singulièrement attristant, et l'on ne peut lire les volumes des archives du ministère des affaires étrangères intitulés : *Le Congrès de Châtillon*, sans éprouver, comme pour tout ce qui touche à cette époque fatale, un sentiment de mélancolie profonde. Mais revenons aux opérations militaires, que nous avons laissées au commencement de la seconde quinzaine de mars 1814.

VI

ARCIS-SUR-AUBE

Au commencement de la seconde quinzaine du mois de mars 1814, Napoléon ne désespérait pas encore. Arrivé le 14 à Reims, il avait trouvé cette ville guerrière et patriote illuminée et toute retentissante des cris de : « Vive l'empereur ! » Il y était resté trois jours, dirigeant de là les affaires si compliquées de son empire, avec un calme imperturbable et une infatigable activité. Pendant ce temps, Blücher, à la tête de l'armée de Silésie, se tenait immobile sur le sommet de la colline de Laon, et, tout victorieux qu'il était du duc de Reggio, Schwarzenberg semblait comme enchaîné dans Troyes. Napoléon, toujours confiant dans sa fortune, malgré tant de catastrophes, attendait quelque faux mouvement de ses adversaires, pour tomber sur eux avec la rapidité de la foudre. L'important pour lui était d'empêcher la jonction des armées de Silésie et de Bohême, et de frapper un grand coup contre les troupes de Schwarzenberg, alors que les deux armées étaient encore séparées.

Sans tenir compte de l'énorme supériorité numérique de l'ennemi, l'empereur résolut de l'attaquer. Il chargea Marmont et Mortier avec dix-huit mille hommes et soixante canons de disputer le chemin de Paris aux cent vingt mille hommes de Blucher, et lui-même, n'ayant avec lui qu'environ dix-sept mille hommes, il alla au-devant des cent mille hommes de Schwarzenberg. C'est ainsi qu'une poignée de soldats, recrues défigurées par la souffrance, ou vétérans épars dans les cadres vides et désorganisés, allaient se heurter avec la témérité des héros contre la formidable armée de Bohême.

Cette audacieuse colonne d'attaque, commandée par Napoléon, partit de Reims, le 17 mars, et arriva le même jour à Épernay; l'empereur y apprit une mauvaise nouvelle : l'entrée des Anglais à Bordeaux, où le maire lui-même les avait appelés. Le 19 mars, le pont de Plancy, le gué de Charny sur les deux bras de l'Aube, l'intervalle de l'Aube à la Seine, la Seine elle-même, tout fut franchi. La grande route de Troyes à Paris était reprise. L'ennemi eut un moment de terreur. La nouvelle que Napoléon revenait sur la Seine déconcerta les chefs de la coalition. Le grand quartier général des alliés s'était replié sur Troyes, les gros bagages avaient reculé plus loin ; il était question de se retirer jusqu'à Bar. L'anxiété de l'empereur Alexandre fut si grande qu'on assure qu'il disait lui-même que la moitié de ses cheveux en grisonneraient. Mais cette alarme ne fut pas de longue durée. Le tsar décida qu'au lieu de battre en retraite il fallait que les armées de Silésie et de Bohême se donnassent rendez-vous dans les plaines de Châlons. En conséquence, Blücher se rapprocha des bords de la Marne, et Schwarzenberg se dirigea sur Arcis. C'est là que Napoléon, croyant d'abord n'avoir affaire qu'à un corps isolé, allait se mesurer contre l'armée de Bohême tout entière.

La bataille d'Arcis-sur-Aube, qui eut lieu le 20 mars 1814, et qui se prolongea le lendemain, est l'avant-dernière bataille que Napoléon ait livrée. La dernière devait être Waterloo. Jamais l'empereur ne courut plus de dangers. Pour la première fois peut-être, depuis le commencement de cette campagne terrible, il eut un accès de désespoir, et ne songea plus qu'à mourir. Sur le point d'être enveloppé par l'ennemi, il voulut mettre l'épée à la main, mais son épée était si rouillée dans le fourreau qu'il fallut un effort de ses deux écuyers, Foulers et Saint-Aignan, pour l'en tirer. Au même moment, un obus tombait devant les rangs d'un bataillon de conscrits qui n'avaient pas encore l'habitude d'un pareil spec-

tacle. Alors Napoléon poussa son cheval sur
l'obus, pour leur enseigner le mépris du danger,
et, sans doute aussi, pour périr de la mort des
braves. Excelmans voulut le retenir. « Laissez-le
donc, s'écria Sébastiani, vous voyez bien qu'il le
fait exprès, il veut en finir. » Napoléon voulait
de la mort, mais la mort ne voulait pas de lui.
L'obus éclata, et le fit disparaître un instant dans
un nuage de feu et de fumée. Il en sortit sain et
sauf. Son cheval seul avait été atteint. Stupéfaits
de la témérité de leur empereur, les jeunes soldats applaudissaient, et, quand il remonta sur
un autre cheval, ils poussèrent des acclamations.
Mais le péril, loin de s'éloigner, redoublait. Une
masse de cavalerie russe et bavaroise revenait à
la charge. Il paraissait certain que Napoléon,
n'ayant à ses côtés qu'une poignée d'hommes
pour le défendre, allait être fait prisonnier. Le
général Drouot le sauva. Apercevant une batterie abandonnée dans la déroute, il rallia les
canonniers, pointa lui-même les pièces, à bout
portant, et abattant ainsi les Français, tout comme
les ennemis, il dégagea le terrain ; puis l'empereur, chargeant à la tête de ses quatre escadrons
de service, chassa les assaillants qui avaient été si
près de s'emparer de sa personne.

Ainsi, dans cette mêlée sanglante, se célébrait
le troisième anniversaire de la naissance du roi
de Rome. Hélas ! que de choses changées depuis
trois ans ! Quelle chute ! Quel cataclysme ! N'é-

tait-elle pas déjà bien loin, l'heure qu'a chantée
le poète :

> Quand il eut bien fait voir l'héritier de ses trônes
> Aux vieilles nations comme aux vieilles couronnes,
> Éperdu, l'œil fixé sur quiconque était roi,
> Comme un aigle arrivé sur une haute cime,
> Il cria tout joyeux, avec un air sublime :
> L'avenir, l'avenir, l'avenir est à moi !

Oh ! l'avenir, qui devait être si radieux, comme
il a été sombre ! Redoutable ironie du destin !
Cruelles leçons de la Providence ! Quelle différence entre les Tuileries de 1811 et le champ de
bataille de 1814, entre les salves d'artillerie des
Invalides annonçant la naissance de l'héritier de
l'immense empire et les lugubres coups de canon
de l'avant-dernière bataille de l'empereur, entre
le potentat éclairé par une lumière d'apothéose,
quand il montre le nouveau-né à son peuple ido-
lâtre, et le guerrier qui apparait à la lueur sinistre d'un obus, cherchant en vain la mort, seul
refuge de son désespoir ! Hélas ! Napoléon re-
grettera plus d'une fois de n'avoir pas été foudroyé par les éclats de l'obus d'Arcis-sur-Aube.
Il s'en souviendra, dans quelques semaines, à
Fontainebleau, quand, après son abdication, il
essaiera inutilement de s'empoisonner.

La bataille d'Arcis fut une page héroïque dans
l'histoire de l'empereur. Vingt mille Français
avaient tenu tête à une masse qui s'était successivement élevée de quarante à quatre-vingt-dix
mille hommes. La nuit vint. L'armée française

s'était ralliée sous les murs crénelés des maisons des faubourgs, mais le duel d'artillerie continuait. Les boulets se croisaient dans toutes les directions sur la petite ville. Le château de M. de la Briffe, où se trouvait le quartier général de l'empereur, en était criblé. Le lendemain matin, Napoléon ne voulait pas encore reculer ; il s'obstinait à ne pas croire à l'énormité des forces qui menaçaient de l'envelopper. Enfin vaincu par l'évidence, après avoir fouetté le sol avec sa cravache, ainsi qu'il le faisait au moment de ses agitations les plus vives, il prit le parti qui coûtait tant à son orgueil; il ordonna la retraite. Comme il n'y avait qu'un pont sur l'Aube, un second y fut jeté. Après avoir tenu ses troupes déployées en avant d'Arcis, pendant qu'on préparait ce second pont, Napoléon les fit replier soudainement à travers les rues de la ville, puis, franchissant l'Aube après elles, il fit détruire les ponts, et le prince de Schwarzenberg, furieux de voir échapper sa proie, tenta inutilement de passer la rivière. C'était, pour les Français, une retraite héroïque, mais c'était une retraite. Deux fois en dix jours le grand capitaine, si longtemps invincible, venait d'être contraint de reculer : à Laon, devant l'armée de Silésie ; à Arcis, devant l'armée de Bohême. Son prestige s'était évanoui. Que pouvait-il faire encore ? Lutter contre l'une ou l'autre des deux armées n'était plus même possible. Que serait-ce quand elles allaient être réunies? Fallait-il donc courber la tête et mendier avec humilité les frontières de 1792? L'infatigable lutteur ne crut pas que le moment de céder fût encore venu. Il imagina un nouveau plan, et résolut de marcher vers l'Est, dans l'espoir de réunir les garnisons des places fortes et les paysans armés des départements de la frontière, de couper les communications des alliés et de les contraindre à suspendre leur marche vers Paris.

Napoléon commença sans délai ce nouveau système d'opérations, plus audacieux encore que tout ce qu'il avait fait jusque-là. Le 21 mars, il venait de sortir d'Arcis et de franchir l'Aube. A l'issue du défilé, au delà d'Ormes, seul avec son écuyer, le baron de Saint-Aignan, il s'arrêta, demanda sa lunette d'approche, et, l'appuyant sur l'épaule de l'écuyer, il parcourut d'un seul coup d'œil toute l'armée ennemie. Puis, remontant à cheval, il s'avança sur la grande route, lentement et silencieusement. « Sa méditation devint si profonde, a dit le général de Ségur, que ses mains, pendantes à ses côtés, abandonnèrent entièrement son cheval à lui-même. Il suivait en ce momen la crête montante d'un ravin, et de si près que le moindre éboulement pouvait l'y précipiter. Saint-Agnan, dans son empressement contre ce danger, sans choisir les expressions, l'avertit qu'il n'y avait point là de garde-fou. Sur quoi Napoléon, que ce dernier mot frappa sans doute

6.

par quelque analogie avec la témérité de la manœuvre si chanceuse qu'il méditait, se redressa soudainement. — Comment ? Quoi ? s'écria-t-il, un garde-fou ! — Et, sur quelques explications que Saint-Aignan bulbutia : « — Ah ! monsieur, reprit-il, en retombant peu à peu dans sa première préoccupation, un garde-fou ! Vous dites qu'il manque ici un garde-fou ! »

Le général de Ségur ajoute à son récit cette réflexion : « C'est qu'en effet, il est plus que vraisemblable qu'en ce moment même il se laissait entraîner à l'un de ces partis décisifs où tout est péril extrême, où l'on n'a pour juge que l'événement : grand ou insensé, selon le succès, et le meilleur ou le pire qu'on puisse prendre. »

Pendant ce temps, Marie-Louise, qui se faisait encore des illusions sur la situation de la France et ne croyait pas que les négociations diplomatiques fussent définitivement rompues, adressait, le 22 mars, à son père, une lettre où elle disait : « La nation est pleine de courage et d'énergie, les paysans surtout, excités par les mauvais traitements qu'ils ont subis. Vos troupes pourraient être battues. Les armées de l'empereur sont plus belles et plus fortes que jamais. Il est de votre intérêt comme du nôtre de nous proposer de nouveau les conditions de Francfort. Sinon, dans quelques mois, vous pourriez être contraint à une paix plus onéreuse. » La lettre se terminait par des supplications : « Au nom de ce qu'il y a de plus sacré, je vous en conjure, ne vous laissez pas entraîner par l'avidité de l'Angleterre, par l'ambition et la haine du comte de Stadion. Ce serait, pour vous, sacrifier l'intérêt de votre empire, le bonheur de votre famille et le repos de votre vie. La paix qu'on nous propose, et qui nous abaisse, n'est pas acceptable. Vous pouvez être assuré que, comme je connais l'empereur, il ne s'y décidera jamais. Vous devriez revenir aux conditions de Francfort, seules profitables pour la France et l'Autriche. »

Cet appel ne devait pas être entendu. Les alliés, enivrés par leurs derniers succès, ne songeaient plus qu'à exterminer Napoléon. Tandis que Schwarzenberg, à la tête de l'armée de Bohème, forçait le passage de l'Aube à Arcis, Blücher, avec l'armée de Silésie, arrivait par la route de Reims sur les bords de la Marne. Il avait rejeté du côté de Château-Thierry les corps du duc de Raguse et du duc de Trévise. Le 23 mars, à Poivre, les coureurs de l'armée de Bohème et ceux de l'armée de Silésie se rencontrèrent. Un immense cri de joie retentit. Il attestait la jonction victorieuse des deux grandes armées d'invasion Jamais, depuis Attila, l'immense plaine qui s'étend entre Châlons et Arcis-sur-Aube n'avait contenu plus de soldats. Deux cent mille alliés, réunis en une masse énorme, séparaient les trente-six à quarante mille soldats épuisés de Napoléon, gagnant la Lorraine, des vingt-sept mille hommes de Marmont, Mortier et Pacthod, épars de Vertus à Sézanne. Le soir du 23 mars, une proclamation des alliés annonçait à la France la rupture des négociations de Châtillon. Le dénouement du drame militaire approchait.

VII

LA MARCHE VERS L'EST.

Avec les forces immenses qu'il avait devant lui,
Napoléon ne pouvait se faire jour vers sa capitale. Alors il imagina un autre plan, plus hardi,
audacieux entre tous, qui aurait pu réussir si la
France n'avait pas contenu des traîtres dans son
sein. Il résolut de marcher sur l'Est, pour couper la base des opérations de l'ennemi. En trois
jours il pouvait être à Metz, y rallier successivement les garnisons de cette ville, de Mayence, de
Luxembourg, de Thionville, de Verdun, de
Strasbourg, dont l'ensemble s'élevait à plus de
trente mille hommes, y attendre un renfort de
quinze mille hommes, qui arriverait des Pays-
Bas, et se trouver promptement à la tête de cent
mille combattants. Il espérait, en outre, que le
maréchal Suchet, envoyé pour remplacer Augereau à l'armée de Lyon, pourrait remonter sur

Besançon, avec quarante mille hommes, et que la face des choses allait enfin changer. Mais tandis que des adolescents héroïques, des vétérans, modèles d'honneur et de courage, faisaient des prodiges de valeur pour sauver la gloire de la France, il y avait des hommes qui ne rougissaient pas de devenir les auxiliaires et les complices de l'étranger. Ces hommes, quels étaient-ils? Étaient-ce ceux à qui Napoléon avait demandé les plus grands sacrifices, sans jamais leur donner en échange des grades, des fonctions, ou de l'argent, et qui pourtant avaient épuisé pour lui le dévouement jusqu'à extinction de forces humaines? Non, c'étaient les hommes qu'il avait gorgés d'or, de titres, de récompenses de tout genre, les hommes qui lui adressaient les flatteries les plus hyperboliques, et qui lui avaient cent fois juré une fidélité éternelle. Dans les brillants hôtels qu'ils devaient à sa munificence, ces hommes organisaient froidement la trahison.

Si la France ne s'était pas divisée contre elle-même, elle aurait pu triompher de tous ses ennemis. Mais il y eut tout-à-coup deux patries opposées l'une à l'autre, la patrie royaliste et la patrie impérialiste. Il y eut des gens qui allaient mettre le drapeau blanc dans le même faisceau que les drapeaux étrangers, des gens qui allaient acclamer sur les boulevards les cosaques comme des libérateurs. En présence de telles dispositions, toutes les combinaisons de Napoléon devaient échouer. On comprend facilement ce qui dut se passer au fond de l'âme des soldats patriotes qui avaient lutté avec tant d'ardeur contre les difficultés peut-être sans exemple. Quand ils virent qu'une poignée de traîtres renversaient tout cet édifice de gloire, quand ils s'aperçurent qu'ils étaient victimes de leurs compatriotes plus que de l'étranger, quand ils se dirent que tant d'héroïsme avait été dépensé, tant de sang versé en pure perte, ils s'écrièrent avec une noble fierté : « Nous n'avons pas été vaincus. Non, nous avons été trahis! », et ils poussèrent un cri d'indignation et de douleur dont l'écho retentira de siècle en siècle, comme la sublime protestation de l'honneur et de la loyauté !

Les ennemis, avertis de la marche de Napoléon vers l'Est, hésitaient. « Ils n'ignoraient pas, a dit M. de Beauchamp dans son *Histoire de la campagne de 1814*, que des instructions secrètes et précises étaient parvenues aux garnisons des places du Rhin et de la Moselle, à l'effet de se mettre en campagne à un signal convenu, et de se réunir à l'armée qu'on promettait de faire manœuvrer sur la Lorraine... Mais ce qui méritait la plus sérieuse attention, c'étaient les dispositions au soulèvement que manifestaient un grand nombre de paysans sur la Lorraine, de la Champagne, de l'Alsace, de la Franche-Comté, de la Bourgogne... Au moindre revers, la population entière des provinces envahies pouvait se lever, couper les ponts et les routes, attaquer les convois, brûler les magasins, harceler et affamer ses ennemis, en un mot, tranformer la guerre en une insurrection nationale, et répondre ainsi aux efforts de Napoléon. »

Écoutons un témoin oculaire, qui ne peut pas être suspect, un Anglais, M. Robert Wilson : « Les alliés, a-t-il dit dans sa publication sur la campagne de 1814, se trouvaient dans un cercle vicieux d'où il leur était impossible de se tirer si la défection ne fût venue à leur secours. Ils étaient hors d'état d'assurer leur retraite, et cependant obligés de s'y déterminer. Cette défection favorable à leur cause, et qui, à ce que l'on croit, était préparée de longue main, fut consommée au moment même où les succès de Bonaparte semblaient hors du pouvoir de la fortune; et le mouvement sur Saint-Dizier, qui devait lui assurer l'empire, lui fit perdre la couronne. »

Quels étaient les Français dont la défection vint si à propos à l'aide des étrangers ? Écoutons l'un d'eux, l'abbé de Pradt, archevêque de Malines, un des principaux courtisans de Napoléon, un de ceux qui avaient été le plus comblés de ses bienfaits. Voici ce qu'il dit dans le récit historique sur la restauration de la royauté : « Les alliés, se sentant sur un terrain tout neuf, au milieu d'éléments absolument inconnus, désiraient s'appuyer des connaissances des personnes qu'ils supposaient être les mieux informées de l'état intérieur de la France. M. de Talleyrand et de Dalberg avaient fixé leur attention d'une manière plus particulière... Quelque peu de titres que je puisse avoir à partager cet honneur, il m'avait été accordé. On avait poussé l'attention jusqu'à pourvoir à notre avenir, s'il eût été compromis par les événements... Nos réunions avec les personnes ci-dessus citées continuaient toujours, et souvent plusieurs fois par jour. Le congrès de Châtillon était notre fléau. Nous n'avons pas laissé passer un jour sans miner, sans ébranler la domination de l'empereur, et sans chercher ce qu'il fallait lui susciter au jour de sa chute. Les armées françaises se trouvaient interposées entre Paris et les alliés, les communications avec eux étaient de la plus extrême difficulté. Le premier qui ait triomphé des obstacles fut M. de Vitrolles, et c'est par lui que les ministres des grandes puissances commencèrent à acquérir des connaissances positives sur l'état des affaires intérieures, qu'ils ignoraient tout à fait. »

M. de Vitrolles était un baron de l'Empire, fonctionnaire impérial, un agent des postes. M. de Lavalette, son chef, qui ne le soupçonnait pas, l'avait chargé d'aller organiser une communication régulière avec l'Italie, en passant par la Suisse et les derrières des armées ennemies. M. de Vitrolles fit semblant de se charger de cette mission, et, en réalité, il se rendit d'abord au quartier général des alliés, puis auprès du comte d'Artois.

Quant à M. de Talleyrand, cet homme que l'empereur avait nommé ministre des affaires étrangères, prince de Bénévent, grand dignitaire de l'empire, et qui était encore en apparence l'humble serviteur et le courtisan assidu de la régente, il conspirait, mais prudemment, voulant perdre l'Empire, mais ne rien risquer lui-même. Au moment où il tramait dans l'ombre ses intrigues royalistes, il témoignait une grande amitié au duc de Rovigo, ministre de la police, et faisait semblant de le renseigner avec zèle sur les projets et les menées du comte d'Artois. Le duc de Rovigo se méfiait de ce double jeu, mais sans avoir de certitude. « Me promenant à cheval, dit-il, dans ses Mémoires, j'imaginai de passer près de l'hôtel du prince de Talleyrand. Je vis la voiture de l'archevêque de Malines à sa porte; je l'avais aperçue d'assez loin; je pensai qu'ils étaient en conférence. Résolu de m'en assurer, au lieu de me faire ouvrir la porte cochère, je descendis dans la rue, et entrai rapidement à pied. Le portier, qui me reconnut, n'osa m'arrêter. Je montai lestement l'escalier et j'arrivai au cabinet de M. de Talleyrand sans avoir rencontré âme qui vive dans l'antichambre; il était en tête à tête avec l'archevêque. J'entrai si brusquement que je produisis sur eux le même effet que si je me fusse introduit par la fenêtre. Leur conversation, qui était animée, s'arrêta net ; l'un et l'autre semblaient avoir subitement perdu la parole. La figure de l'archevêque était néanmoins celle des deux qui était la plus décomposée. Je devinai à ce trouble le sujet de l'entretien, et ne pus m'empêcher de leur dire : « Pour cette fois, « vous ne vous en défendrez pas ; je vous prends « à conspirer. » J'avais deviné juste. Ils se mirent à rire, essayèrent de me donner le change ; mais j'eus beau les prier de continuer leur conversation, ils ne purent pas la ressaisir. Je me retirai, avec la conviction qu'ils tramaient quelque complot, mais sans savoir au juste en quoi il consistait. »

On lit dans le *Mémorial de Saint-Hélène*, à propos de M. de Talleyrand : « Au moment de quitter les Tuileries, Napoléon, pressentant déjà, dans cet instant décisif, des trahisons, des perfidies funestes, résolut de s'assurer de la personne de celui-là même qui s'est trouvé, en effet, l'âme du complot qui l'a renversé. Il n'en fut empêché que par les représentations, et l'on pourrait même presque dire l'offre de garantie presque personnelle de quelques ministres, qui lui démontraient que le personnage suspecté était précisément celui qui devait le plus redouter les Bourbons. » Ces ministres se trompaient. Ainsi que le dit M. Thiers : « Quelques insinuations de personnes en rapport avec les Bourbons avaient appris à M. de Talleyrand, ce qu'il savait du reste, que les services d'un évêque marié seraient très bien accueillis des princes les plus pieux, car il n'y a rien qui ne s'oublie devant les services non pas rendus, mais à rendre. Les partis n'ont que la mémoire qui leur convient; selon le besoin du jour, ils ont tout oublié, ou se souviennent de tout. » Que d'esprit d'observation et que de vérité dans cette dernière phrase de l'historien national !

La trahison une fois organisée, des émissaires secrets furent envoyés au camp de l'ennemi. « Vous pouvez tout et vous n'osez rien, dirent-ils aux alliés; osez donc ! » Ils ajoutaient : « Paris déteste son tyran. On n'y attend que votre présence pour y proclamer sa déchéance, et y appeler les Bourbons. » Cependant, les alliés hésitaient encore, quand, dans la nuit du 23 au 24 mars, l'empereur Alexandre et le prince de Schwarzenberg, qui couchaient au château de Dampierre, prirent connaissance de deux lettres interceptées, l'une de Marie-Louise, l'autre du duc de Rovigo, adressées toutes deux à Napoléon. Ces deux lettres attestaient l'existence à Paris d'un parti complice de l'étranger. Après la lecture de ces lettres, le tsar décida que la marche sur Paris commencerait dès le lendemain, au lever du soleil. Il quitta Dampierre le 24 mars au matin, et rencontra à Sompuis le roi de Prusse et Blücher. Les armées coalisées se mirent alors en mouvement, l'armée de Silésie par la droite, l'armée de Bohême par la gauche, l'une et l'autre se dirigeant sur Fère-Champenoise, route de la capitale entre la Marne et la Seine. L'empereur de Russie et le roi de Prusse marchaient avec leurs troupes. Quant à l'empereur d'Autriche, qui était moins ardent que ses alliés, et qui se trouvait alors à Bar-sur-Aube, on lui conseilla de ne pas rejoindre la colonne d'invasion, car il pourrait, en l'essayant, tomber entre les mains de son gendre, et on le décida à se rendre à Dijon, car on craignait de le faire assister au détrônement de sa propre fille.

Pendant ce temps, Napoléon continuait sa marche vers l'Est. Le 21 mars, il avait couché à Sompuis ; le 22 il traversait la Marne au gué de Frignicourt ; le 23 il couchait à Saint-Dizier, où il était rejoint par le duc de Vicence, revenant du congrès de Châtillon. « Vous avez bien fait de revenir, lui dit-il, car je ne vous le cacherai pas, si vous aviez accepté l'ultimatum des alliés, je vous aurais désavoué... On ne dira pas, cette fois, que c'est pour mon ambition que je combats, car il me serait aisé de sauver le trône : mais le trône avec la France humiliée, je n'en veux point... Vous allez assister, mon cher Caulaincourt, à de belles choses. Je vais marcher sur les places, et rallier trente ou quarante mille hommes dans quelques jours. L'ennemi me suit évidemment. On ne peut pas expliquer autrement la masse de cavalerie qui nous entoure. La brusque apparition que j'ai faite sur ses derrières a ramené Schwarzenberg, et, en apprenant que je menace ses communications, il n'osera pas se risquer sur Paris. Je vais avoir bientôt cent mille hommes dans ma main ; je fondrai sur le plus rapproché de moi, Blücher ou Schwarzenberg, n'importe ; je l'écraserai, et les paysans de la Bourgogne l'achèveront. La coalition est aussi près de sa perte que moi de la mienne, et, si je triomphe, nous déchirerons ces abominables traités. Si je me trompe, eh! bien, nous mourrons, nous ferons comme tant de vieux compagnons d'armes font tous les jours, mais nous mourrons après avoir sauvé notre honneur. »

Napoléon était plein d'enthousiasme. Il croyait sincèrement à l'efficacité de la combinaison si hardie à laquelle il s'était résolu. Mais ses généraux n'avaient point la même foi. Dans la salle qui touchait à celle où il était enfermé, on les entendait dire : « Où va-t-on ? Que devenons-nous ? S'il tombe, tomberons-nous avec lui ? » Dès que l'empereur paraissait, chacun gardait un respectueux silence. « Il sentait bien pourtant, a dit le général de Ségur, que les plus braves s'étonnaient, que les forces humaines étaient dépassées, que tout enfin s'épuisait. Mais sa grandeur s'isolait de ces murmures; il était encore hors de leur portée. Il y avait tant d'habitude de commandement d'un côté et d'obéissance de l'autre ! Et puis on respectait son malheur, on se respectait soi-même en lui, et, à quelque amertume que, hors de sa présence. on se laissât emporter, devant lui tous se contenaient. »

Le 24 mars, Napoléon marcha sur Joinville. Le 25 il poussa sa cavalerie légère jusqu'à Chaumont. Il se faisait l'illusion qu'il était poursuivi par toute l'armée du prince de Schwarzenberg, tandis qu'il n'avait derrière lui que quelques milliers de cavaliers de Witzingerode, et il croyait que Paris était dégagé, au moment même où Paris allait succomber.

Mortier et Marmont, dès que l'empereur les avait quittés, avaient été attaqués sur l'Aisne et forcés d'évacuer Reims, pour couvrir la capitale. Mais à Fère-Champenoise, le 25 mars, ils donnèrent sur l'armée de Bohême tout entière, et combattirent héroïquement dans la proportion de un contre dix. Ils ne furent sauvés d'une extermination complète que par la division Pacthod, qui, depuis quatre jours, marchait pour les joindre. Cette division, qui s'est immortalisée par son courage, se composait de gardes nationaux. Son général s'écria : « On ne capitule pas en rase campagne. La loi militaire le défend, et surtout l'honneur. D'ailleurs, quand la patrie périt, qui voudrait lui survivre ? Jurons donc de mourir pour elle! » Tous jurèrent.

Le 27 mars, Napoléon apprit le désastre de la Fère-Champenoise par un bulletin trouvé sur un prisonnier. Quand il sut ainsi que les troupes de Marmont et de Mortier étaient en fuite, et que les alliés s'avançaient victorieusement sur Paris, il tomba dans une perplexité pleine d'angoisses. Macdonald l'engageait à poursuivre son mouvement vers l'Est, sans se préoccuper de la capitale. « Laissez-moi réfléchir, dit l'empereur, j'ai besoin d'être seul. » Ses réflexions furent cruelles. Lui, l'audacieux par excellence, il était, pour la première fois, dépassé en audace par ses adversaires. Qu'allait devenir Paris? Une révolution n'y était-elle pas imminente? Et si Louis XVIII est proclamé dans la capitale, que sera-t-il, lui, Napoléon, dans les départements de l'Est? Le commandant d'une Vendée impériale, quelque chose comme un aventurier ou comme un chef de bande. Pendant toute la nuit du 27 au 28 mars, à Saint-Dizier, il était penché sur ses cartes, il mesurait d'un œil anxieux les distances. Quelle était la route la plus courte pour aller à Paris? Celle de Cézanne à Coulommiers. Mais cette route conduit à la Marne dont l'ennemi garde sans doute tous les passages. Mieux vaut encore prendre la route de Troyes, quelque grand qu'en soit le détour. Napoléon n'hésite plus. Paris est devenu son unique objectif. Il faut que l'armée s'y précipite à marches forcées. Mais arrivera-t-elle à temps? Ne trouvera-t-elle pas la capitale aux mains des royalistes et des alliés? Avec une impatience fébrile, l'empereur ordonne tous les préparatifs. Le 28 mars, au matin, il met ses troupes en mouvement; il part de Saint-Dizier; le soir, il couche à Doulevent. Il y reçoit un émissaire de M. de Lavalette, porteur d'un billet ainsi conçu : « Les partisans de l'étranger, encouragés par ce qui se passe à Bordeaux, lèvent la tête, des menées secrètes les secondent. La présence de Napoléon est nécessaire, s'il veut empêcher que sa capitale ne soit livrée à l'ennemi. Il n'y a pas un moment à perdre. »

Le 29 mars, avant le jour, l'empereur remonte à cheval. Vers deux heures de l'après-midi, il atteint, au pont de Doulancourt, la grande route de Troyes, d'où il peut se diriger soit du côté de Paris, soit du côté de la Lorraine. Il hésite un instant. Les plus sages de ses officiers voudraient continuer la marche vers l'Est. Grand est leur désespoir quand ils voient que Napoléon, renonçant définitivement à cette combinaison, traverse l'Aube, prend la route de Troyes, et ordonne à ses troupes de le suivre dans la direction de Paris, jour et nuit au pas de course.

On lit dans le *Mémorial de Sainte-Hélène :* « L'empereur regrettait fort, lors de sa position à Saint-Dizier et à Doulevent, d'avoir cédé aux diverses considérations dont il se vit assailli, lesquelles le ramenèrent csntre son gré sur Paris. — Je manquai de caractère, disait-il, je devais poursuivre imperturbablement ma pensée, continuer vers le Rhin; me renforçant de toutes mes garnisons, m'entourant de toutes les populations insurgées,

j'eusse eu bientôt une armée immense. Murat
me serait aussitôt revenu ; et lui et le vice-roi
eussent été me donner Vienne, si les alliés eussent osé me prendre Paris. Mais non, les ennemis
eussent frémi bien plutôt du péril où ils se trouvaient engagés, et les souverains alliés eussent
reçu comme une grâce que je leur eusse accordé
leur retraite. »

Le sort en est jeté ; c'est l'autre résolution que
Napoléon a choisie. Il ordonne au général Dejean de partir à franc étrier, pour aller annoncer
son retour aux Parisiens. Les troupes marchent
avec une rapidité prodigieuse. La garde impériale et les équipages ont fait quinze lieues en un
seul jour. Napoléon couche à Troyes, le 29 mars.
Le 30 au matin, il est en route ; il court jusqu'à
Villeneuve-l'Archevêque, où il s'arrête quelques
instants, seul avec Ney, dans une petite cabane.
« Eh bien ! Ney, lui dit-il, que pensez-vous de
cette chaumière et de notre position ? Ne croyez-
vous pas qu'aujourd'hui nous serions bien heureux d'être assurés, pour nos vieux jours, d'une
retraite semblable ? » A partir de Villeneuve-
l'Archevêque, il cesse de marcher militairement.
N'ayant plus de doutes sur la sûreté de la route,
il devance ses troupes, se jette dans une carriole,
avec Caulaincourt et Berthier, traverse avec la
rapidité de l'éclair, Moret, puis Fontainebleau ;
il presse lui-même les postillons ; les roues brû-
lent le pavé. Enfin, à six heures du soir, le voilà

qui arrive à Fromenteau, à cinq lieues seulement de sa capitale. Il est trop tard !

Que s'est-il passé à Paris ?

VIII

PARIS A LA FIN DE MARS

Dans les derniers jours du mois de mars, Paris était en proie à une anxiété profonde. On n'avait plus de nouvelles de l'empereur. On ne savait pas si l'ennemi battait en retraite, ou s'il marchait contre la capitale. Les ministres étaient dans la même ignorance que le public, et de sombres pressentiments annonçaient des catastrophes prochaines.

Un soir, l'impératrice recevait, comme à l'ordinaire, quelques personnes aux Tuileries. Calme et maîtresse d'elle-même, elle ne laissait pas voir les cruelles inquiétudes qui rongeaient son âme. Elle désigna le duc de Rovigo pour faire sa partie ; mais lorsqu'elle fut assise à la table de jeu, elle ne permit pas qu'on rompît l'enveloppe des cartes ; elle ne voulut plus jouer. Quelques minutes après, elle prit à part le duc, et lui demanda s'il avait reçu des lettres de l'empereur. Il répondit que non. « Eh bien ! lui dit-elle alors, moi, je puis vous donner de ses nouvelles, j'en ai reçu ce matin. » Et comme Savary témoignait sa surprise, en faisant observer qu'il n'était pas arrivé de courrier : « Cela est vrai, ajouta la Régente, il n'est pas arrivé de courrier, et je vous étonnerai encore davantage en vous disant que le maréchal Blücher m'a envoyé une lettre de l'empereur, laquelle, à ce qu'il me dit, a été trouvée parmi plusieurs autres dont un courrier était porteur au moment où il a été pris par les ennemis. A vous dire vrai, je suis dans des inquiétudes très vives, depuis que j'ai réfléchi aux conséquences qui peuvent résulter de cet accident. L'empereur m'a toujours écrit en chiffres, depuis son départ, toutes les lettres ainsi chiffrées sont arrivées à bon port ; celle-ci, qui ne l'est point, est la seule dans laquelle il me parle de son projet, et il faut qu'elle tombe entre les mains des ennemis. Il y a là une fatalité qui m'attriste. » Dans cette lettre, Napoléon annonçait à Marie-Louise sa marche vers l'Est, essayait de la rassurer sur les suites de ce mouvement, et lui disait de ne pas s'étonner si elle restait quelques jours sans recevoir de ses nouvelles. Quand le maréchal Blücher eut fait prisonnier le courrier porteur de la lettre, il la transmit par un parlementaire aux avant-postes, pour qu'on la fît parvenir décachetée à l'impératrice. Elle se terminait par cette phrase : « Cette manœuvre me sauve ou me perd. »

Marie-Louise comprenait parfaitement l'extrême gravité de la situation. Ne trouvant dans ses conseillers personne qui fût capable de la rassurer par une attitude véritablement énergique, elle sentait que tout autour d'elle s'effondrait. Ses beaux-frères eux-mêmes ne lui inspiraient aucune confiance. Elle avait vu Napoléon brouillé avec eux tous. Elle savait combien il avait fait de difficultés pour se réconcilier avec Joseph, qu'elle soupçonnait de jalousie contre elle et d'intrigues secrètes contre l'empereur. Elle n'ignorait pas combien son époux s'était montré irrité lorsque Louis, arrivant à Paris sans permission, le 1er janvier 1814, avait été se loger chez Madame mère. Alors on lui insinua l'ordre de s'éloigner à quarante lieues de la capitale. Il refusa d'obéir. « Personne, dit-il, n'a le droit de m'empêcher de demeurer chez moi. » Il n'avait pu être admis auprès de l'empereur que le 10 janvier, grâce à la médiation de l'impératrice. Mais l'entrevue avait été froide ; les deux frères ne s'étaient pas embrassés. « J'aime mieux, disait Napoléon, que la Hollande retourne sous le pouvoir de la maison d'Orange que sous celui de mon frère. » Les conseils pacifiques, les sages avertissements qu'il recevait de Louis pendant la campagne l'irritèrent au plus haut degré. Il ne lui pardonnait pas une lettre du 16 mars, qui était pourtant prophétique, et dans laquelle l'ancien roi de Hollande s'exprimait de la sorte : « Si Votre Majesté ne signe pas la paix, qu'Elle soit bien convaincue que son gouvernement n'a guère plus de trois semaines d'existence. Il ne faut que du sang-froid et un peu de bon sens pour juger l'état des choses en ce moment. »

Quant à Jérôme, Napoléon, avant de partir pour la guerre, ne lui avait pas même permis de se présenter aux Tuileries, et, le 4 février 1814, l'impératrice avait dû écrire à Joseph : « Mon cher frère, je reçois à l'instant une lettre de l'empereur du 2, qui me défend, comme réponse à la mienne, de recevoir sous aucun prétexte le roi et la reine de Westphalie, ni en public, ni incognito. Je vous prierai donc, mon cher frère, de leur peindre tous les regrets que j'ai de ne pouvoir les voir demain, et de croire à la sincère amitié avec laquelle je suis, mon cher frère, votre affectionnée sœur. »

Le 21 février, Napoléon s'était un peu radouci à l'égard de Jérôme. Ce jour-là, il avait écrit de Nogent-sur-Seine à Joseph : « Mon frère, voici mes intentions sur le roi de Westphalie. Je l'autorise à prendre l'habit de grenadier de ma garde, autorisation que je donne à tous les princes français ; vous le ferez connaître au roi Louis. Il est ridicule qu'il porte encore un uniforme hollandais. Le roi Jérôme donnera congé à toute sa maison westphalienne.... Immédiatement après, le roi et la reine seront présentés à l'impératrice, et j'autorise le roi à habiter la maison du cardinal Fesch, puisqu'il paraît qu'elle lui appartient, et à y établir sa maison. Le roi et la reine continueront à porter le titre de roi et de reine de Westphalie, mais ils n'auront aucun Westphalien à leur suite. Cela fait, le roi se rendra à mon quartier général, d'où mon intention est de l'envoyer à Lyon prendre le commandement de la ville, du département et de l'armée, si toutefois il veut me promettre d'être toujours aux avant-postes, de n'avoir aucun train royal, aucun luxe, pas plus de quinze chevaux, de bivouaquer avec sa troupe, et qu'on ne tire pas un coup de fusil qu'il n'y soit le premier exposé. » Ce projet n'eut pas de suite. Comme Joseph et comme Louis, Jérôme resta à Paris, qu'il ne quitta que lors du départ de l'impératrice. Mais Marie-Louise ne trouvait pas de consolations dans la société de ses beaux-frères. Puisqu'ils n'inspiraient aucune confiance à son époux, comment auraient-ils pu lui en inspirer à elle-même ?

Cependant, les alarmes grandissaient sans cesse. Paris était comme affolé. A l'exception de quelques traîtres, qui, par esprit de parti, se réjouissaient des malheurs publics, les habitants étaient dans la consternation. Ils craignaient les horreurs d'une ville prise d'assaut, et se disaient entre eux que la capitale des capitales allait peut-être devenir la proie de l'incendie, comme Moscou.

Quand on apprit que l'empereur Alexandre et le roi de Prusse avaient couché à Coulommiers, à quatorze lieues de Paris, quand on vit arriver en foule les gens de la campagne, poussant devant eux leur bétail, et emportant sur des charrettes ce qu'ils avaient pu sauver de leur pauvre mobilier, l'effroi fut à son comble.

Les patriotes erraient, oisifs et mécontents, dans les faubourgs et sur les boulevards, demandant des armes, et s'indignant de l'incurie du gouvernement. Les colporteurs de nouvelles se rencontraient dans les cafés, dans les théâtres — car les théâtres, le croirait-on ? n'étaient pas fermés, — dans les carrefours, dans les rues, sur les places publiques, faisant courir les bruits les plus sinistres. Et personne ne les intimidait. Plus de police, plus de gouvernement, plus rien. Pouvait-on tenter une résistance vraiment nationale, un grand effort populaire, un mouvement de désespoir héroïque ? En aucune manière. Sur le champ de bataille d'Arcis-sur-Aube, Napoléon n'avait-il pas dit au général Sébastiani, qui lui demandait pourquoi il ne songeait pas à soulever la nation : « Chimères, oui, chimères empruntées aux souvenirs de l'Espagne et de la Révolution française ! Soulever la nation dans un pays où la Révolution a détruit les nobles et les prêtres, et où j'ai moi-même détruit la Révolution ! »

Napoléon ne se trompait pas. Pour défendre Paris contre les deux cent mille alliés, pour couvrir la ville de barricades, pour faire sonner le tocsin, pour prendre comme devise : « Vaincre ou mourir » il aurait fallu un double sentiment, patriotique et religieux. Il aurait fallu des moines comme ceux de Saragosse, qui devant les agresseurs plaçaient le Saint-Sacrement. Il aurait fallu des fanatiques, comme les incendiaires de Moscou, qui avaient mieux aimé voir la ville sainte en proie aux flammes qu'en proie à l'étranger. Au lieu de cet enthousiasme farouche, Paris éprouvait un autre sentiment : celui de la conservation. Quelques héros juraient de mourir avant de voir la grande capitale souillée par la présence de l'étranger. Mais la majorité des habitants se disaient que Paris ne pouvait pas, ne voulait pas, ne devait pas être sacrifié à la prolongation du pouvoir de l'empereur, qui, tout le monde commençait à le voir, marchait à sa perte. La garde nationale ne représentait pas le peuple. Exclusivement tirée de la classe moyenne, réduite à un effectif dérisoire, environ douze mille hommes, elle n'avait pas trois mille fusils. Soit par incapacité, soit par crainte de jeter l'alarme dans les esprits, on n'avait fait aucun préparatif sérieux de défense. Il y avait des ouvrages magnifiques, des remparts, des arsenaux, des soldats, à Dantzig, à Hambourg, à Flessingue, à Palma-Nova, à Venise, à Alexandrie ; et à Paris, rien, rien, absolument rien ! Pas d'armement, pas de fusils, pas de canons, pas d'ouvrages sur les hauteurs de la ville, à peine quelques misérables palissades à l'entrée des faubourgs. En comptant toutes les ressources qu'on espérait pouvoir réunir : les troupes des maréchaux Marmont et Mortier qui arrivaient du côté de Charenton, celles du général Compans, quelques bataillons péniblement tirés des dépôts, et enfin les douze mille gardes nationaux, dont la plupart n'avaient que des piques, on atteignait à peine un effectif de vingt-cinq mille combattants, obligés de tenir tête à deux cent mille soldats aguerris et pourvus d'un matériel immense.

Et cependant l'ennemi approchait. Le canon qu'on entendait tonner aux abords de la capitale, c'était le sien. Qu'allait devenir Marie-Louise ? Devait-elle quitter Paris ou y rester ? Telle était la question qui fut posée au conseil extraordinaire tenu aux Tuileries dans la soirée du 28 mars.

Ce fut une des plus pathétiques délibérations dont l'histoire ait gardé le souvenir. La chute de la dynastie impériale en devait être la conséquence, sans que l'empereur eût rien à reprocher à ses conseillers, car la résolution qu'ils prirent ne fut que l'exécution de ses ordres formels. L'impératrice-régente présidait le conseil. Il était composé du roi Joseph, de Talleyrand, prince de Bénévent, vice-grand-électeur ; de Cambacérès, prince de Parme, archi-chancelier ; de Lebrun, duc de Plaisance, archi-trésorier ; de M. Molé, grand-juge ; de M. de Montalivet, ministre de l'intérieur ; de Clarke, duc de Feltre, ministre de la guerre ; de M. Bigot de Préameneu, ministre des cultes ; de M. de Sussy, ministre du commerce ; de Champagny, duc de Cadore, secrétaire d'État ; de Gaudin, duc de Gaëte, ministre des finances ; de M. Mollien, ministre du trésor public ; de M. Daru, ministre de l'administration de la guerre ; de Savary, duc de Rovigo, ministre de la police ; du duc Decrès, ministre de la marine ; de M. de Lacépède, président du Sénat ; de Régnier, duc de Massa, président du Corps législatif ; de MM. Regnault de Saint-Jean d'Angély, Boulay (de la Meurthe), Merlin (de Douai), Muraire, de Cessac et de Fermont, ministres d'État. La séance commença à huit heures et demie du soir.

Le ministre de la guerre, Clarke, duc de Feltre, fut le premier qui prit la parole. « En écoutant parler le ministre de la guerre, a dit le duc de Rovigo, il était difficile de se défendre de mauvais pressentiments; c'était un mélange de loyauté, de prudence, d'adulation et d'indépendance auquel on ne comprenait rien. Il semblait vouloir dire : « Je vous ai prévenus de tout, je me lave les mains du reste. » Clarke insista sur les dangers dont la capitale était menacée, sur le nombre insuffisant de ses défenseurs, sur l'impossibilité où était l'empereur d'arriver à temps pour la sauver, et après avoir accompagné ce sombre exposé de protestations de dévouement absolu, il conclut au départ immédiat de l'impératrice et du roi de Rome, que, selon lui, il était indispensable d'envoyer tout de suite sur la Loire, hors des atteintes de l'ennemi.

M. Boulay (de la Meurthe) combattit avec une énergie extrême l'opinion du ministre de la guerre. Il dit que tout était perdu, si l'on abandonnait la capitale à l'influence de l'étranger, aux intrigues royalistes ; que fuir c'était donner l'exemple de la capitulation, décourager, désespérer les hommes de cœur qui avaient juré à Napoléon de défendre sa femme et son fils; que Paris, sans la présence de la souveraine, ne serait plus qu'un corps sans âme, et que le départ de Marie-Louise équivaudrait à une dissolution de la régence, à une abdication de l'Empire. Il ajouta que, loin de suivre ce pusillanime conseil, l'impératrice, tenant son fils dans ses bras, devait se montrer au peuple, parcourir les rues, les boulevards, les faubourgs, se rendre à l'Hôtel de Ville, et y donner le signal des résolutions héroïques. Alors la population l'acclamerait, et lui dirait avec enthousiasme ce que, dans un moment de crise suprême, les Hongrois avaient dit à son aïeule Marie-Thérèse : « *Moriamur pro rege nostro !* »

La patriotique éloquence de M. Boulay (de la Meurthe) entraîna le conseil. Les ducs de Rovigo, de Massa, de Cadore se distinguèrent par l'ardeur avec laquelle ils appuyèrent ses conclusions. Le roi Joseph et Cambacérès se taisaient. Anxieuse et silencieuse, l'impératrice interrogeait du regard ses conseillers.

Le prince de Talleyrand prit alors la parole. Tout le monde soupçonnait sa fidélité à l'Empire, et l'on était curieux de savoir comment cet homme si habile, mais si dangereux, allait s'exprimer. Grave, impassible, parlant avec cette autorité sentencieuse, ce flegme de grand seigneur, cette lenteur calculée dont il avait le secret, il eut l'adresse de dire la vérité, tout en se prémunissant contre les éventualités de l'avenir, et en se rendant possible pour les diverses combinaisons. Il affirma nettement que le départ de Marie-Louise livrerait Paris aux royalistes, et donnerait le champ libre à la coalition pour opérer un changement de dynastie.

Le duc de Rovigo parla dans le même sens que le prince de Talleyrand. « Je motivai particulièrement mon opinion, a-t-il dit dans ses Mémoires, sur les bonnes dispositions dans lesquelles je savais être la portion de la population que l'on prise le moins, et qui est celle qui ne met jamais de bornes à ses sacrifices. » Il se fit ensuite quelques minutes de silence. L'archichancelier recueillit les voix. La presque unanimité se prononça contre le départ de l'impératrice et du roi de Rome.

Cependant, une seconde délibération ayant été jugée nécessaire, le duc de Feltre reprit la parole.

Après un exorde assez long, dans lequel il rappela quelques traits de fidélité historiques et de dévouement témoignés à des souverains que des événements de guerre avaient forcés de quitter leur capitale, il dit que c'était une erreur de regarder Paris comme le centre unique de la puissance impériale, que le pouvoir de l'empereur le suivait partout, que tant qu'il resterait un village où soit lui, soit son fils seraient reconnus, c'était là que devaient se rallier tous les Français, là qu'était la vraie capitale. Il fallait avec l'impératrice, avec le roi de Rome, se rendre dans les provinces qui n'étaient pas envahies, y appeler les bons Français, et se faire tuer avec eux pour la défense de la patrie et du trône. Quant à lui, il ne concevait pas comment des hommes qui faisaient depuis longtemps profession d'attachement à la personne de l'empereur, pouvaient conseiller d'exposer son fils à tomber entre les mains des ennemis. Il n'y avait plus que ce lien qui intéressât l'Autriche ; il ne resterait plus de ressource lorsqu'on se serait laissé aller à la perfide insinuation de livrer le fils d'Hector aux Grecs.

« Le duc de Feltre, nous dit le duc de Rovigo, était très échauffé ; on voyait qu'il cherchait des tournures de phrases et des expressions pour marquer son dévouement à l'empereur en présence de l'impératrice, devant laquelle il ne craignait pas d'être d'un avis opposé à tout le conseil. Du reste, son discours ne resta pas sans réponse. On répondit aux différents tableaux qu'il avait faits, et le conseil, dont on recueillit de nouveau les suffrages, fut d'avis que l'impératrice devait rester à Paris; il n'y eut pas une seule voix de moins que dans le vote précédent. »

Seul, le roi Joseph n'avait pas voté, et jusque-là il avait gardé le silence. Il prit alors la parole, et il donna lecture de deux lettres de Napoléon qui allaient changer les choses de fond en comble. L'une, écrite après la bataille de la Rothière, était datée de Nogent, le 8 février 1814; l'autre, écrite après les batailles de Craonne et de Laon, était datée de Reims, le 16 mars. Nous avons déjà cité la première. La conclusion était celle-ci : « L'impératrice et le roi de Rome à Vienne, ou entre les mains des ennemis, vous et ceux qui voudraient se défendre seraient rebelles. Quant à mon opinion, je préférerais qu'on égorgeât mon fils, plutôt que de le voir jamais élevé à Vienne comme prince autrichien, et j'ai assez bonne opinion de l'impératrice pour être aussi persuadé qu'elle est de cet avis, autant qu'une femme et une mère peuvent en être. Je n'ai jamais vu représenter *Andromaque* que je n'aie plaint le sort d'Astyanax survivant à sa maison, et que je n'aie regardé comme un bonheur pour lui de ne pas survivre à son père. Vous ne connaissez pas la nation française. Le résultat de ce qui se passerait dans ces grands événements serait incalculable. »

La lecture de cette première lettre produisit sur le conseil une profonde impression de découragement et de surprise. La seconde lettre, celle du 16 mars, était plus explicite encore. Adressée, comme la première, par Napoléon à Joseph, elle était conçue dans ces termes : « Conformément aux instructions verbales que je vous ai données et à l'esprit de toutes mes lettres, vous ne devez pas permettre que, dans aucun cas, l'impératrice et le roi de Rome tombent entre les mains de l'ennemi. Je vais manœuvrer de manière qu'il serait possible que vous fussiez plusieurs jours sans avoir de mes nouvelles. Si l'ennemi s'avançait sur Paris avec des forces telles que toute résistance devînt impossible, faites partir dans la direction de la Loire la régente, mon fils, les grands dignitaires, les ministres, les officiers du Sénat, les présidents du conseil d'État, les grands officiers de la Couronne, le baron de la Bouillerie et le Trésor. Ne quittez pas mon fils, et rappelez-vous que je préférerais le savoir dans la Seine que dans les mains des ennemis de la France ; le sort d'Astyanax, prisonnier des Grecs, m'a toujours paru le sort le plus malheureux de l'histoire. »

Quand Joseph eut fini la lecture de cette seconde lettre, les membres du conseil jetèrent les uns sur les autres des regards de stupéfaction. Pourquoi les avoir convoqués si les ordres de l'empereur étaient formels ? A quoi bon leur demander leur avis si l'on était résolu à l'avance de n'en tenir aucun compte? N'y avait-il là qu'un de ces simulacres de débat, une de ces délibérations pour la forme, dont le gouvernement impérial n'avait donné que de trop nombreux exemples? On comprit alors pourquoi le duc de Feltre, qui, sans doute, connaissait déjà les deux lettres, avait tant insisté pour le départ de Marie-Louise et de son fils. Cependant, les membres du conseil opposés à ce départ essayèrent encore de l'empêcher. M. de Talleyrand renouvela ses observations. Vains efforts! Le roi Joseph déclara qu'il était impossible, sans se mettre en état de rébellion, de désobéir aux ordres si précis de son frère. Un troisième et dernier vote eut lieu. Le départ fut résolu, et l'impératrice, qui aurait désiré rester, annonça qu'elle et son fils partiraient le lendemain matin, à huit heures, pour Rambouillet.

Cette décision une fois prise, chaque ministre demanda des instructions pour son département. Il fut arrêté que le roi Joseph resterait dans la capitale, afin de diriger la défense, et qu'il ne partirait que lorsqu'il ne pourrait plus disputer la ville à l'ennemi; que l'archi-chancelier Cambacérès et le président du Sénat accompagneraient l'impératrice et le roi de Rome; que les autres dignitaires, avec les ministres, resteraient à Paris jusqu'à ce que le roi Joseph leur eût signifié l'ordre de partir, ordre que, pour éviter toute équivoque, il ferait parvenir à chacun d'eux par le grand-juge, **M.** Molé ; enfin que le président du Sénat écrirait à tous les membres de cette Assemblée de ne se rendre à aucune convocation illégale. La séance fut ensuite levée. Il était deux heures du matin.

Avant de quitter les Tuileries, les membres du conseil, dont Marie-Louise venait de prendre congé, s'arrêtèrent un instant dans la pièce voisine de celle où la délibération avait eu lieu. Quelques-uns d'entre eux, s'approchant de Savary, lui dirent à l'oreille : « Si j'étais comme vous, ministre de la police, Paris serait insurgé demain matin, et l'impératrice ne partirait pas. » Le duc de Rovigo leur répondit : « Quel est celui d'entre vous qui voudrait prendre la responsabilité des événements dont ce mouvement peut être suivi, surtout après ce dont vous venez d'être les témoins, c'est-à-dire lorsque vous venez de décider qu'il fallait obéir aux ordres de l'empereur? Vous me conseillez de prendre sur moi ce que vous n'avez pas cru pouvoir faire. Mais, connais-je les projets de l'empereur ? Suis-je même assuré que ce mouvement ne les contrarierait pas? Et, si je venais à échouer, à quoi auraient servi le meurtre, le pillage, tous les désordres dont peut être suivi un appel à la multitude ? »

Les souvenirs de la Révolution étaient encore récents, et Savary pensait sans doute aux Jacobins, aux hommes à pique, aux massacres de

Septembre, quand il ajouta : « Est-il sûr, est-il même probable que le souverain qui refusa de couvrir sa défaite par l'incendie de Leipzig voulût régner au prix des malheurs qu'une telle résolution peut attirer sur la capitale ? Que répondrais-je à ses reproches ? Qu'opposerais-je aux plaintes de cent mille familles, dont l'une me demandera son chef, l'autre ses habitations, sa fortune que je lui aurais ravi ? Ce serait trop de victimes, trop de larmes ; je ne puis prendre sur moi de lancer toute une population dans un abîme. D'ailleurs, quand j'en aurais la force, l'esprit de mes instructions le défend. Loin de vouloir que je compromette la population, l'empereur m'ordonne de quitter Paris si les alliés pénètrent dans la capitale. Je puis bien empêcher l'impératrice de partir ; mais il n'y a qu'un fou qui oserait se flatter de maîtriser les événements dont cette violence pourrait être suivie. En voulant servir l'empereur, je puis détruire les chances qui lui restent, et faire tourner au profit d'un parti les espérances qu'il peut conserver. Passe cependant si je n'avais pas d'ordres ; mais tout a été prévu. Il ne me reste qu'à me conformer aux ordres que j'ai reçus. Je déplore, comme tout le monde, la funeste résolution qui vient d'être arrêtée ; mais je ne veux pas me charger seul de ce que vous n'avez pas osé faire tous ensemble. »

Les membres du conseil, comprenant que tout était consommé, que l'Empire était perdu, descendirent alors, dans une tristesse profonde, le grand escalier des Tuileries. A cette heure suprême, M. de Talleyrand s'approcha de Savary, et lui tint à peu près ce discours, à la fois ironique et mélancolique : « Eh bien ! voilà donc la fin de tout ceci ; n'est-ce pas aussi votre opinion? Ma foi, c'est perdre une partie à beau jeu. Voyez un peu où mène la sottise de quelques ignorants qui exercent avec persévérance une influence de chaque jour. Pardieu ! l'empereur est bien à plaindre, et on ne le plaindra pas, parce que son obstination à garder son entourage n'a pas de motif raisonnable ; ce n'est que la faiblesse qui ne se comprend pas dans un homme tel que lui. Voyez, monsieur, quelle chute dans l'histoire ! Donner son nom à des aventures, au lieu de le donner à son siècle ! Quand je pense à cela, je ne puis m'empêcher d'en gémir. Maintenant, quel parti prendre ? Il ne convient pas à tout le monde de se laisser engloutir sous les ruines de cet édifice. Allons, nous verrons ce qui arrivera. L'empereur, au lieu de me dire des injures, aurait mieux fait de juger ceux qui lui inspiraient des préventions; il aurait vu que des amis comme cela sont plus à craindre que des ennemis. Que dirait-il d'un autre, s'il s'était laissé mettre dans cet état ? »

La plupart des membres du conseil venaient de quitter le château. Le roi Joseph, l'archi-chancelier et le ministre de la guerre y restèrent encore un peu de temps. Ayant accompagné l'impératrice dans ses appartements particuliers, ils lui adressèrent quelques paroles sur les fâcheuses conséquences que pouvait avoir l'abandon de Paris. Le baron de Méneval, qui était présent, raconte qu'ils se hasardèrent à dire que la régente seule pouvait définitivement prescrire le parti à prendre dans une si grave conjoncture. « Vous êtes mes conseillers obligés, répondit Marie-Louise ; je ne prendrai pas sur moi de donner un ordre contraire à celui de l'empereur, et à la délibération du conseil privé, sans avoir votre avis en forme et signé. » Ils refusèrent d'assumer sur eux une responsabilité pareille. M. de Méneval a dit dans ses Mémoires : « Aujourd'hui qu'on peut examiner de sang-froid le passé, peut-on blâmer leur conduite ? Si l'honneur et la fidélité ne sont pas de vains mots, leur était-il permis de sacrifier l'homme qui s'était confié à leur foi, et de traiter avec l'ennemi de lui, et sans lui ? S'ils avaient consenti à la déchéance de l'empereur, car c'était s'y engager en contrevenant à son ordre, ils pouvaient sans doute obtenir : l'impératrice la reconnaissance de son fils, le roi Joseph, la lieutenance générale du royaume, et l'archichancelier la conservation de ses dignités; mais à quel prix ?

» Au moment de quitter ses conseillers, Marie-Louise leur adressa cette dernière phrase : « Dussé-je tomber dans la Seine avec mon fils, comme le dit l'empereur, je n'hésiterais pas un moment à partir. Le désir qu'il a si formellement exprimé est un ordre pour moi. » Et, cependant, on espérait encore, bien vaguement, mais on espérait. Le péril n'était peut-être pas aussi extrème qu'on le croyait. L'heure d'obéir aux ordres de Napoléon n'allait peut-être pas encore sonner. Avant de prendre congé de l'impératrice, le roi Joseph et le ministre de la guerre lui dirent que, le lendemain à l'aurore, ils iraient tous deux faire une reconnaissance militaire autour de Paris, et qu'ils lui enverraient un dernier avis pour lui faire savoir si elle devait ou partir ou rester.

IX

LA FUITE DE LA RÉGENTE

La nuit du 28 au 29 mars 1814 s'écoulait tristement. Le sommeil de Paris était troublé par des inquiétudes et des angoisses cruelles. Les passants attardés qui traversaient la cour du Carrousel pouvaient apercevoir à travers les fenêtres des Tuileries les lumières qui couraient dans les vastes salles du château, indices des mouvements inaccoutumés présageant un départ. Les préparatifs se faisaient avec une précipitation anxieuse. Le Trésor et les effets les plus précieux étaient chargés sur les fourgons qui devaient suivre les fourgons de l'impératrice. Dès l'aurore, les bougies achevaient de s'éteindre sur les flambeaux, au souffle du matin. Les passants remarquaient, avec un mélange de tristesse et de surprise, cet encombrement de chevaux, de voitures, de gens de service, de femmes éplorées. Les dames de Marie-Louise, effarées, allaient d'une pièce à l'autre. Quelques vieux serviteurs pleuraient.

Huit heures du matin venaient de sonner. Tout était prêt pour le départ. Les voitures de voyage se rangeaient devant le pavillon de Flore. Le bruit se répandit promptement que l'impératrice allait s'éloigner. La foule accourut, et la place du Carrousel fut bientôt couverte d'une multitude d'hommes et de femmes qui ne demandaient pas mieux que de couper les traits, de renvoyer les voitures, et de voir la régente courir généreusement avec les Parisiens les dernières chances de la fortune. Mais, comme le remarque le duc de Rovigo dans ses Mémoires, tel était encore le respect que l'on portait à la personne de l'impératrice et à ses volontés que, dans une foule immense, où chacun eût voulu la retenir, il ne trouva pas un seul individu qui osât même en manifester l'intention. Et cependant chacun se disait : « Le départ de Marie-Louise nous perd. Sa présence aurait été pour nous une garantie contre la barbarie des étrangers. On ne pillerait pas, on n'incendierait pas, on n'écraserait pas sous les bombes la ville qui renfermerait la fille et le petit-fils de l'empereur d'Autriche. »

Cependant, le départ, d'abord fixé à huit heures du matin, ne s'effectuait pas. Marie-Louise espérait encore ne point partir. Elle était debout, toute prête, en costume de voyage, dans son appartement, avec son fils et les dames de service.

Accablée de tristesse, elle éludait les questions que lui adressait le petit roi de Rome, dont ce mouvement insolite troublait l'insouciance enfantine. Elle attendait toujours l'avis que le roi Joseph avait promis de lui envoyer, et cet avis n'arrivait pas. Un bruit soudain, l'entrée d'un cavalier dans la cour du château, l'ouverture d'une porte, faisaient accourir tout le monde. A chaque instant, on s'attendait à voir paraître le roi Joseph, ou, du moins, un de ses émissaires. Et cependant personne ne venait.

Tout à coup les officiers de la garde nationale qui étaient de service au palais des Tuileries, et auxquels se réunirent plusieurs autres officiers, — car, dans le malheur, l'étiquette tombe devant l'émotion publique, — entrèrent précipitamment dans l'appartement de Marie-Louise, et la supplièrent de rester, en lui promettant de la défendre, elle et son fils, jusqu'au dernier souffle de leur vie. Le zèle et l'énergie de ces braves gens touchaient profondément l'impératrice. Elle sentait qu'ils avaient raison de lui demander de rester aux Tuileries. Elle avait le pressentiment que si elle quittait le château, elle n'y rentrerait jamais. Son bon sens, son instinct lui faisaient comprendre que ce départ funeste était la plus grande, la plus irréparable de toutes les fautes, et que la chute de la dynastie en serait l'immédiate conséquence. Elle savait tout cela. Mais comment résister aux ordres formels de l'empereur, aux avis réitérés du ministre de la guerre qui faisait dire qu'il n'y avait plus une seule minute à perdre ? Marie-Louise remercia les officiers de la garde nationale, mais sans pouvoir accepter leurs offres patriotiques.

Cependant le temps s'écoulait dans une attente fiévreuse. L'infortunée souveraine craignait également de rester et de partir. Ah ! si au dernier moment un contre-ordre de l'empereur pouvait arriver, si un envoyé du roi Joseph se présentait, pour annoncer que le péril n'est pas imminent, qu'on peut retarder le départ de quelques heures ! Mais non, rien ne vient, rien, si ce n'est un message du ministre de la guerre, qui déclare qu'il faut absolument partir, que, si l'on reste quelques instants de plus, on tombera dans les mains des Cosaques.

Il est onze heures du matin, Marie-Lonise n'hésite plus. Elle descend l'escalier des Tuileries. Mais voilà son fils qui se révolte. Voilà cet enfant de trois ans qui se cramponne aux portes et à la rampe de l'escalier, qui crie, dans sa petite colère enfantine : « Je ne veux pas quitter ma maison ; je ne veux pas m'en aller ; puisque papa est absent, c'est moi qui suis le maître. » L'écuyer de service, M. de Canisy, le prend dans ses bras. Il se débat et crie encore : « Je ne veux pas aller à Rambouillet, c'est un vilain château, je veux rester ici ! » Et M. de Canisy est obligé d'aider Mme de Montesquiou à le porter malgré lui dans la voiture qui doit le conduire à la première étape de son éternel exil. Quoi de plus étrange que l'instinct de répugnance de l'enfant impérial pour ce voyage, qui est comme le convoi de sa mort politique ?

La souveraine fugitive est accompagnée par la duchesse de Montebello, dame d'honneur, la comtesse de Luçay, dame d'atour, Mmes de Castiglione, de Brignole et de Montalivet, dames du palais ; le comte Claude de Beauharnais, chevalier d'honneur ; MM. de Gontaut et d'Haussonville, chambellans ; le prince Aldobrandini, premier écuyer; MM. d'Héricy et de Lambertye, écuyers ; de Cussy et de Bausset, préfets du palais ; de Seyssel, maître des cérémonies ; de Guereny, maréchal-des-logis du palais ; Corvisart, Bourdier, Lacourner et Royer, composant à eux quatre le service de santé. Le roi de Rome est accompagné par la comtesse de Montesquiou, sa gouvernante ; par Mmes de Boubers et de Mesgrigny ; par M. de Canisy, écuyer, et le docteur Auvity. L'archiduchesse, Cambacérès et le président du Sénat suivent l'impératrice. Environ douze cents hommes, pris dans les dépôts des grenadiers, chasseurs, dragons et lanciers de la garde impériale et dans les gendarmes d'élite, forment l'escorte. On monte en voiture, le triste cortège se met lentement en marche, et défile par le guichet du pont Royal.

Quelle lugubre sortie ! Ne sont-ce pas là les

funérailles de l'Empire ? Dix lourdes berlines vertes, aux armoiries impériales peintes sur les panneaux des portières, s'avançaient. Elles étaient suivies de voitures de gala, parmi lesquelles on distinguait celle du sacre, des fourgons qui contenaient des meubles précieux, des cartons d'archives, le Trésor, l'argenterie, les diamants de la Couronne. La foule, nombreuse le matin, s'était dissipée, parce qu'elle croyait sans doute le départ ajourné. Il n'y avait plus aux abords des Tuileries qu'un petit nombre de curieux. Ils gardaient un morne silence. En voyant passer les cavaliers de la garde qui escortaient les voitures, ils se disaient entre eux que ces hommes-là auraient été bien utiles à la défense de la capitale, qui avait, hélas ! si peu d'hommes armés pour la défendre. On trouvait que le départ de la régente était une défection, une abdication, sans toutefois que personne se permît de la critiquer, car on se figurait qu'elle obéissait à un ordre. Mais pas une seule acclamation ne se faisait entendre. Aucune manifestation de sympathie, aucune expression de dévouement ou de regret, ne se produisaient sur le passage de la jeune et infortunée souveraine.

Après être sorti par le guichet du Pont-Royal, le cortège suivit le quai des Tuileries. Marie-Louise jeta un dernier regard sur ce palais, qui lui avait été fatal ; sur la place Louis XV, qui la faisait songer à l'échafaud de sa parente, Marie-

Antoinette ; sur les Champs-Élysées, par où elle était entrée en triomphe, à Paris, quatre ans moins quatre jours auparavant. Alors, quelle ovation, quelle pompe et quels cris d'enthousiasme ! L'Arc-de-l'Étoile, avec ses légendes, adulations ingénieuses, le discours du préfet de la Seine, qui disait : « Nous n'avons plus besoin pour vous admirer, d'en croire la renommée, et déjà se sont accomplies ces paroles de votre immortel époux, qu'aimée d'abord pour lui, vous le seriez bientôt pour vous-même ; » les jeunes filles vêtues de blanc qui offraient des corbeilles de fleurs, la foule innombrable dans les Champs-Élysées, le carrosse du sacre avec les maréchaux de France à cheval aux portières, les cloches de toutes les églises qui sonnaient, les tambours qui battaient aux champs, les salves d'artillerie, les acclamations, les fanfares, comme tout cela était loin ! Je me rappelle les vers du Dante :

> Il n'est pire douleur
> Qu'un souvenir heureux dans les jours de malheur.

Le cortège suivit, après le quai des Tuileries, le quai de Chaillot, et sortit de la capitale par la barrière de Passy, en se dirigeant vers Rambouillet. Ce départ, ou plutôt cette fuite désastreuse, produisit dans le public l'effet le plus fâcheux. Il révélait toute l'imminence du danger qui menaçait Paris, et le découragement des habitants fut d'autant plus profond que, jusqu'alors, par la publication des bulletins, rédigés avec plus d'adresse que de véracité, le gouvernement était parvenu à les tromper sur les succès et sur la marche des armées de la coalition. Quelques heures avant de se briser, la machine gouvernementale fonctionnait encore avec une régularité apparente. L'avant-veille, il y avait eu grande parade dans la cour des Tuileries et sur la place du Carrousel. Le roi Joseph avait passé en revue pendant quatre heures les grenadiers et les chasseurs de la garde nationale, ainsi qu'un corps considérable de cavalerie, d'infanterie et d'artillerie, et l'impératrice et le roi de Rome, qui du haut d'une des fenêtres du château, assistaient au défilé des troupes, avaient été salués par d'unanimes acclamations. Malgré l'effroyable cataclysme dans lequel sombrait l'Empire, les théâtres n'étaient pas fermés. Le 29 mars, c'est-à-dire le jour même de la fuite de l'impératrice, l'Académie impériale de musique (l'Opéra) représentait *Iphigénie en Aulide* et *Paul et Virginie ;* le Théâtre-Français, *Manlius* et la *Revanche ;* l'Odéon (théâtre de l'Impératrice), le *Méfiant* et *J'ai perdu mon procès ;* l'Opéra-Comique, *le Forgeron de Bassora* et *Richard Cœur-de-Lion.* Les petits théâtres jouaient aussi. Le matin, les Parisiens avaient lu dans le *Moniteur* ce bulletin militaire : « Le 26 de ce mois, Sa Majesté l'empereur a battu à Saint-Dizier le général Witzingerode, lui a fait deux mille prisonniers, lui a pris des canons et beaucoup de voitures de bagages. Ce corps a été poursuivi très loin. »

A partir de ce jour, le *Moniteur* restera muet. Plus de détails sur la guerre ; rien sur le départ de l'impératrice ; rien sur le dénouement du drame. Le numéro du 3o mars sera tout à fait insignifiant. Celui du 31, purement littéraire, ne contiendra rien autre chose qu'un article de « Variétés » intitulé : « Fragment d'un voyage en prose et en vers fait en Italie. Pèlerinage à la fête du Pardon. » Et, le 2 avril, le journal officiel débutera par une déclaration de l'empereur Alexandre. Quoi de plus édifiant à lire que les numéros du *Moniteur* aux changements de règne ? En un instant, le ton du journal se modifie du tout au tout. On dirait qu'un siècle s'est écoulé entre la journée présente et la journée de la vieille On se demande ce qu'est devenu ce gouvernement, quelques jours auparavant si fier de lui-même, qui s'évanouit, se dissipe dans l'air, comme une bulle de savon. Que de réflexions philosophiques une pareille lecture n'est-elle pas faite pour suggérer ! Tous les gouvernants, dans leur période de succès et d'infatuation, devraient, de temps à autre, jeter les yeux sur une collection du *Moniteur universel*. Mais hélas ! l'expérience d'autrui ne profite jamais à personne.

XX

Au moment même où Marie-Louise s'enfuyait de la capitale, les troupes commandées par les maréchaux Marmont et Mortier accouraient en toute hâte, et passaient la Marne, sur le pont de Charenton. Dans une direction opposée, l'on voyait, des buttes de Montmartre et de Belleville, l'avant-garde des armées alliées, qui débouchait par la forêt de Bondy. « Du haut des tours de Notre-Dame, a dit Chateaubriand, témoin de cette grande douleur, on vit paraître la tête des colonnes russes, ainsi que les premières ondulations du flux de la mer sur une plage. Je sentis ce qu'avait dû éprouver un Romain, lorsque, du faîte du Capitole, il découvrit les soldats d'Alaric et la vieille cité des Latins à ses pieds, comme je découvrais les soldats russes, et à mes pieds la vieille cité des Gaulois... Paris depuis des siècles

n'avait point vu la fumée des camps de l'ennemi...
Paris était la borne dont Bonaparte était parti
pour courir la terre ; il y revenait, laissant derrière lui l'énorme incendie de ses inutiles conquêtes. »

Le 29 mars, jour de la fuite de Marie-Louise,
à trois heures de l'après-midi, les têtes de colonne de l'armée de Bohême, sous les ordres du
prince de Schwarzenberg, occupaient Rosny,
ainsi que le bas du plateau de Romainville, et
faisaient halte dans cette position, convaincues,
bien à tort, qu'il y avait devant elles des obstacles sérieux.

Les souverains de la Russie et de la Prusse
passèrent la nuit du 29 au 30 mars au château
de Bondy, tandis que les troupes de Marmont et
de Mortier, épuisées de fatigue, après des combats incessants et des marches forcées, prenaient
quelques heures de repos à Saint-Mandé et à
Charenton, avant de livrer l'héroïque et terrible
bataille du lendemain. L'incurie de l'administration était telle qu'ils ne trouvèrent pas même de
quoi manger, et qu'ils vécurent uniquement de la
bonne volonté des habitants. Le roi Joseph, qui,
en sa qualité de lieutenant général de l'empereur, était à la tête des affaires, après le départ
de l'impératrice, envoya des instructions aux
deux maréchaux. Marmont fut chargé de la défense
de la capitale depuis la Marne jusques y compris
les hauteurs de Belleville et de Ménilmontant.

Mortier eut pour mission de défendre la ligne qui va du pied de ces hauteurs jusqu'à la Seine.

Paris n'offre de défenses naturelles que sur une petite partie de sa circonférence. Mais on aurait pu les utiliser, d'autant plus qu'elles dominent les chemins par lesquels s'avançait l'ennemi. Du confluent de la Marne et de la Seine, à Charenton, jusqu'à Passy, une chaîne de hauteurs, tantôt élargies en plateau, comme à Romainville, tantôt saillantes, comme à Montmartre, entourent la capitale. On aurait dû couvrir de redoutes et d'artillerie ces hauteurs. Au lieu de cela, les préparatifs étaient nuls. Ils se bornaient à quelques pièces de canon sur les collines de Montmartre, de Saint-Chaumont, de Charonne, et à quelques palissades en avant des barrières. Avait-on, du moins, songé à faire des barricades dans l'intérieur de la ville, à donner à la population des fusils de chasse si les autres armes manquaient, à organiser de place en place, de rue en rue, la résistance patriotique ? En aucune manière. L'historien national le dit : « Il fallait défendre Paris comme le général Bourmont, quelques jours auparavant, avait défendu Nogent, comme le général Alix avait défendu Sens, comme les Espagnols avaient défendu leurs villes, comme le peuple parisien lui-même a trop souvent défendu Paris contre ses gouvernements, avec ses faubourgs barricadés, avec sa population derrière les barricades, sauf à réserver l'armée de ligne pour la jeter sur les points où l'ennemi aurait pénétré. » Mais, on est bien obligé de l'avouer, à part quelques exceptions honorables, le sentiment d'héroïsme, qui aurait été indispensable pour la défense de la capitale par elle-même, n'existait guère que chez les classes pauvres. Habitué à se fier toujours aux forces gouvernementales, on manquait d'initiative individuelle. L'instinct de la conservation l'emportait sur l'orgueil national. Après vingt-deux ans d'oubli, on se souvenait tout à coup des Bourbons, et bien des gens se demandaient à quoi avaient servi les torrents de sang versé depuis leur chute. Ce que les uns appelaient trahison, les autres l'appelaient fidélité. La France qui, pour lutter contre l'étranger, aurait eu besoin de l'union de tous ses enfants, était divisée contre elle-même. Au lieu d'un étendard unique, qui aurait pu être son salut, elle allait avoir deux drapeaux.

Sous quelle forme devait donc se produire la résistance suprême ? Sous la forme d'une bataille livrée devant les murs de Paris, ce qui, comme le remarque encore l'historien national, était la plus inepte des conceptions ; car, la bataille perdue, tout était perdu : la bataille, Paris, le gouvernement, la France. Pour livrer ce dernier combat contre les deux cent mille excellents soldats de la coalition, combien avait-on de combattants ? A peine vingt-huit ou vingt-neuf mille hommes, dont quatre mille conscrits, six mille gardes nationaux, quelques centaines d'invalides et de jeunes gens des écoles. Le sixième corps, celui que Marmont commandait, et qui soutint le principal choc, ne comptait qu'un effectif de quatre mille sept cent trente et un combattants, dont mille quatre cent vingt et un cavaliers. Ce n'étaient que des débris, des ombres de régiments, qui mouraient pour l'honneur de leur numéro. Depuis le 1er janvier, c'est-à-dire dans un espace de quatre-vingt-dix jours, c'était le soixante-septième combat que livrait ce vaillant sixième corps, et son chef, Marmont, duc de Raguse, venait de faire toute la campagne, le bras en écharpe, par suite d'une blessure reçue en Espagne; il avait deux doigts blessés à la main encore libre, de sorte qu'il ne lui restait que trois doigts de valides pour tenir son épée.

Le 3o mars, une heure avant le jour, le général Marmont partit de Charenton, pour aller prendre sa position de combat. Bientôt un soleil pur parut à l'horizon d'un ciel serein, comme pour éclairer de ses rayons ce dernier jour de gloire. A six heures du matin, un premier coup de canon russe annonçait la dernière bataille de l'Empire. Au même moment, les Parisiens lisaient dans l'intérieur de la capitale cette proclamation du roi Joseph, qui venait d'être affichée sur les murs : « Le roi Joseph, lieutenant général de l'empereur, commandant en chef la garde nationale, aux citoyens de Paris : Une colonne ennemie s'est portée sur Meaux : elle s'avance par la route d'Allemagne ; mais l'empereur la suit de près à la tête d'une armée victorieuse. Le conseil de régence a pourvu à la sûreté de l'impératrice et du roi de Rome. Armons-nous pour défendre cette ville, ses monuments, ses richesses, nos femmes, nos enfants, tout ce qui nous est cher. Que cette vaste cité devienne un camp pour quelques instants, et que l'ennemi trouve sa honte sous les murs qu'il espère franchir en triomphe ! L'empereur marche à notre secours ; secondez-le par une courte et vive résistance, et conservons l'honneur français ! » Dès six heures du matin, Joseph et son frère le roi Jérôme s'étaient rendus à cheval sur les buttes Montmartre, pour être à portée de voir les mouvements de l'ennemi.

Cependant, les troupes de Marmont, tournant Paris par Saint-Mandé et Charonne, avaient pris position sur les hauteurs de Ménilmontant et de Belleville. L'ennemi, qui était en avant de Romainville, fut attaqué avec vigueur, et, surpris de cette brusque attaque, qu'il attribuait à l'arrivée de Napoléon et de renforts, il agit avec une grande circonspection, et resta d'abord sur la défensive. La ligne française fut établie, la gauche, au moulin de Romainville, tenant tout le petit bois ; la droite, aux maisons les plus élevées de Bagnolet et au moulin de Malassise. On se battit plusieurs heures dans cette position avec un grand acharnement. Jusqu'à onze heures du matin, les choses se maintinrent dans une sorte d'équilibre. Mais, à ce moment, les alliés firent donner un si grand nombre de troupes, que, la ligne française ayant été forcée, Marmont et ses soldats, malgré leurs héroïques efforts, furent obligés de se replier à cinq cents toises en arrière, au village de Belleville, la droite à Ménil-montant, et la gauche aux prés Saint-Gervais. Les avenues de Paris se couvraient de la multitude des blessés français. De tous côtés, on criait au secours. Marmont, inébranlable, dominait encore tous les dangers.

Il était près de midi. Le roi Joseph, ayant appris qu'on avait affaire à presque toutes les armées de la coalition, et que Napoléon n'arrivait pas, crut que tout était désespéré. Les buttes Montmartre, où se trouvaient Joseph et son escorte, allaient bientôt être attaquées. Avec cinquante pièces d'artillerie, il aurait été possible de les défendre ; mais elles n'étaient armées que de sept canons, sans autres défenseurs qu'une poignée de gardes nationaux.

Craignant d'être pris comme otage, et peut-être aussi de se voir obligé de concourir à la déchéance de l'empereur, le roi Joseph, malgré sa proclamation affichée le matin même sur toutes les murailles de Paris, n'eut plus qu'une idée : fuir la capitale et aller rejoindre Marie-

Louise, avec un fantôme de gouvernement. Il écrivit donc au comte Molé, grand-juge : « Monsieur le comte, je pense que vous devez prévenir les ministres qu'il est convenable qu'ils se retirent sur les traces de l'impératrice. Prévenez les sénateurs, conseillers d'État, etc. » Et au duc de Plaisance : « Monsieur l'archi-trésorier, je pense qu'il est convenable que les grands dignitaires se retirent de Paris, sur les traces de l'impératrice, route de Chartres. Veuillez prévenir les grands dignitaires. »

Il était midi un quart quand le roi Joseph chargea son aide de camp, le général Stroltz, de porter au maréchal Marmont, puis au maréchal Mortier, une autorisation d'entrer en pourparlers avec l'ennemi, qui était ainsi conçue : « Si M. le maréchal duc de Raguse et M. le duc de Trévise ne peuvent plus tenir leurs positions, ils sont autorisés à entrer en pourparlers avec le prince Schwarzenberg et l'empereur de Russie, qui sont devant eux. Ils se retireront sur la Loire. » Quand Marmont reçut cet écrit, il chargea l'un de ses aides de camp d'aller dire à Joseph que si le reste de la ligne n'était pas en plus mauvais état que de son côté, il ne pensait pas que le moment de capituler fût venu, et qu'il avait encore l'espoir d'atteindre la nuit, qui peut-être apporterait quelque important changement dans les affaires. Bien que son vaillant corps d'armée, mutilé par six heures de combat, fût

presque anéanti, Marmont ne voulait pas céder.
« C'était, a dit le général de Ségur, l'un des plus
anciens compagnons du grand capitaine ; c'était
le dernier combat des restes de la Grande Armée,
le dernier moment d'indépendance de la capitale
de la grande nation ; il comprit que toutes ces
grandeurs ne pouvaient succomber comme tant
d'autres ; qu'il fallait là d'autres sacrifices, de
plus sanglantes funérailles, et il se dévoua. Il
fit plus, ce dévouement héroïque, il sut le faire
partager à tous les siens, car aucun ne l'aban-
donna. Et cependant au-delà de sa droite, hors
de sa portée, le prince de Wurtemberg, avec une
autre armée, tournait sa position, en même
temps que contre la gauche accourait Blücher.
Déjà même, et malgré la défense désespérée de
quelques centaines de conscrits et des élèves vé-
térinaires d'Alfort, Saint-Maur et Charenton,
pris à revers, tombaient ; Bercy était pris ; Vincennes était déjà dépassé par les Wurtember-
geois, et, devant la barrière du Trône, l'artillerie
de réserve et les polytechniciens, s'avançant in-
trépidement, étaient renversés. Vingt et un de
ces élèves venaient même de payer de leur sang
l'illustration que leur dévouement ajoutait à la
renommée de leur École. »

Mortier se défendait avec intrépidité à la Villette, et Marmont à Belleville. Six fois ses troupes
perdirent et six fois elles reprirent les postes
importants situés sur leur front de bataille, et,

entre autres, les tourelles qui flanquaient les murs du parc des Bruyères. Le vaillant maréchal combattait comme un lion. Ses vêtements étaient criblés de balles, et son cheval avait été tué sous lui. N'ayant plus à ses côtés qu'une poignée de braves, il livra dans la grande rue de Belleville un combat furieux, désespéré. Jamais troupes n'avaient montré pareil acharnement. C'était comme le délire de la vaillance. Mais lutter plus longtemps devenait chose impossible. L'ennemi, informé, par les prisonniers, du peu de monde qu'il avait devant lui, s'était enfin aperçu qu'il pouvait s'étendre sans danger. Il fit alors un développement de forces immenses. On pouvait voir des hauteurs de Belleville de nouvelles colonnes formidables se diriger sur tous les points, depuis la barrière du Trône jusqu'à la Villette, tandis que d'autres troupes passaient le canal de l'Ourcq, et se dirigeaient sur Montmartre. Il était trois heures et demie.

Marmont comprit alors que, si l'on voulait éviter à Paris les horreurs d'une ville prise d'assaut, le moment de négocier était venu. Un peu avant quatre heures, il envoya un premier parlementaire, précédé d'un trompette, pour proposer une suspension d'armes. Le colonel de La Bédoyère, chargé de cette périlleuse mission, revint bientôt après; il n'avait pu passer; son cheval et celui du trompette avaient été tués. Le combat était trop vivement engagé sur ce point

pour qu'un parlementaire eût chance d'arriver.
Alors, Marmont envoya un aide de camp au
général Compans, mieux placé pour entrer en
communication avec l'ennemi, car il était établi
au pied des buttes de la Villette, aux avant-
postes, occupant l'entrée de la grande route, et
lui prescrivit de chercher à ouvrir les négociations.

Au même moment, un cavalier arrivait au
milieu des troupes du duc de Trévise, qui continuait à défendre avec acharnement la Villette.
Ce cavalier, c'était un aide de camp de l'empereur, le général Dejean, qui venait annoncer que
Napoléon s'avançait en toute hâte vers Paris,
qu'il suffisait de tenir deux jours encore pour le
voir paraître à la tête de forces considérables ;
qu'il fallait donc s'efforcer de résister à tout
prix, et que si la prolongation de la résistance
était matériellement impossible, on devait occuper l'ennemi, au moyen de pourparlers, en
lui faisant savoir que l'empereur avait écrit à
son beau-père pour rouvrir les négociations.
Quand les troupes de Mortier aperçurent le général Dejean, elles crurent que Napoléon arrivait. Un formidable cri de : « Vive l'empereur ! »
retentit dans tous les rangs, et les soldats combattirent avec un surcroît d'élan et de fureur.
Cependant, le premier parlementaire envoyé par
le général Compans, suivant les prescriptions
de Marmont, avait été tué, et le second blessé

grièvement. Le troisième, M. de Quélen, put arriver jusqu'au prince de Schwarzenberg, qui déclara consentir à une conférence immédiate pour une suspension d'armes. Cette conférence, à laquelle prirent part Marmont et Mortier, et dans laquelle les alliés étaient représentés par MM. de Nesselrode, Orloff et Paar, s'ouvrit dans la seconde maison à gauche de la barrière de la Villette. C'était un cabaret qui avait pour enseigne : *au Petit Jardinet.*

Pendant la conférence pour la suspension d'armes, la lutte, terrible jusqu'au dernier moment, continuait. Et la vie parisienne n'était pas suspendue par de si horribles circonstances. Depuis le commencement de la bataille, les boulevards avaient été couverts d'une foule de personnes, qui, les unes debout, les autres assises, devisaient sur les événements. Le patriotisme, très ardent dans les faubourgs, était plus que refroidi dans les quartiers riches, où l'on pouvait déjà prévoir la triste attitude du lendemain. Montmartre, sans autre défense que la cavalerie du général Belliard et 240 pompiers, venait d'être assailli et enlevé par un corps d'armée de Blücher, sous les ordres d'un Français, le général Langeron. Maîtres de cette importante position, les alliés la couvrirent immédiatement de canons braqués contre la capitale. Vers quatre heures et demie, leurs obus et leurs boulets commencèrent à tomber sur les terrains où le quartier de la Chaussée-d'Antin s'élève aujourd'hui. Un bombardement général paraissait imminent.

Chateaubriand a dit de cette heure suprême : « On se précipitait au Jardin des Plantes, que jadis aurait pu protéger l'abbaye fortifiée de Saint-Victor ; le petit monde des cygnes et des bananiers, à qui notre puissance avait promis une paix éternelle, était troublé. Du sommet du labyrinthe, par-dessus le grand cèdre, par-dessus les greniers d'abondance que Bonaparte n'avait pas eu le temps d'achever, au delà de l'emplacement de la Bastille et du donjon de Vincennes (lieux qui racontaient notre successive histoire), la foule regardait les feux de l'infanterie au combat de Belleville. Montmartre est emporté ; les boulets tombent jusque sur le boulevard du Temple. Quelques compagnies de la garde nationale sortirent et perdirent trois cents hommes dans les champs autour du tombeau des *martyrs*. Jamais la France militaire ne brilla d'un plus vif éclat au milieu de ses revers ; les derniers héros furent les cent cinquante jeunes gens de l'École polytechnique, transformés en canonniers dans les redoutes de Vincennes. Environnés d'ennemis, ils refusaient de se rendre ; il fallut les arracher de leurs pièces ; le grenadier russe les saisissait noircis de poudre et couverts de blessures ; tandis qu'ils se débattaient dans ses bras, il élevait en l'air avec des cris de victoire et d'admiration ces jeunes palmes françaises, et les rendait toutes sanglantes à leurs mères. »

Hélas! hélas! c'en était fait de cette glorieuse résistance. Tout ici-bas a ses limites : même l'héroïsme. Vingt-deux ans de triomphes inouïs finissaient d'une manière à la fois chevaleresque et lugubre. Le recensement des morts et des blessés attestera la vaillance et l'opiniâtreté des défenseurs de Paris. Sur vingt-quatre mille hommes tués ou blessés, il y a eu six mille soldats français, neuf cents gardes nationaux, et plus de dix-sept mille étrangers !

Il est cinq heures du soir. La conférence tenue dans un cabaret de la Villette pour la suspension d'armes touche à son terme. A une insultante proposition de mettre bas les armes, les deux maréchaux ont répondu par un geste d'indignation et de mépris ; à celle de prendre la route de Bretagne en sortant de Paris, ils ont répondu qu'ils iraient où ils voudraient. La seule condition qu'ils acceptent, c'est que leurs troupes évacueront Paris dans la nuit, et que les barrières seront livrées le matin aux alliés. Il est convenu que des officiers se réuniront dans la soirée pour régler les détails de l'évacuation de la capitale, et, un peu après cinq heures du soir, la suspension d'armes est conclue.

Tout cependant n'est pas encore consommé. Pendant que la convention se négociait, les alliés, maîtres de Montmartre se sont avancés jusqu'à la barrière de Clichy. Mais ils y trouvent

un intrépide vétéran, un glorieux sexagénaire, le
maréchal Moncey, duc de Conégliano, major-
général de la garde nationale parisienne. Autour
de lui se sont groupés des soldats-citoyens, aussi
braves et aussi dévoués que les Spartiates de
Léonidas aux Thermopyles. Des vieillards et des
adolescents, invalides, élèves des Écoles, servent
les pièces d'artillerie braquées devant la barrière,
au mur d'octroi. L'armistice vient d'être conclu,
et cependant les alliés, qui, sans doute, ne le con-
naissent pas encore, attaquent la petite phalange.
Les gardes nationaux se défendent comme des
lions. La rue de Clichy se couvre de barricades.
On annonce alors que la suspension d'armes est
signée. Mais un mouvement des Russes ayant
paru offensif, la garde nationale recommence le
feu, et il faut que Langeron et Moncey accourent
eux-mêmes pour l'éteindre.

Vous qui admirez ce noble épilogue de tant de
gloires, allez à la barrière Clichy, et contemplez
le monument élevé pour perpétuer un grand
souvenir. Sur l'immense piédestal de pierre,
voyez se dresser majestueuse la statue de bronze
du maréchal Moncey, la tête nue, l'épée à la
main. Au-dessus de lui se tient debout la ville
de Paris représentée sous les traits d'une belle
femme, dont la tête est ornée d'une couronne
murale, qui tient à la main un étendard orné
d'un aigle, et au pied de laquelle un garde national mort pour la patrie est étendu sur un canon,

dont les roues de l'affût sont brisées. A l'une des
faces du piédestal on lit cette inscription : « Sous
le règne de Napoléon III, en mémoire de la défense de Paris par le maréchal Moncey, major-
général de la garde nationale, le 3o mars 1814,
à la barrière de Clichy, la ville de Paris a érigé
ce monument. 185g. » Sur l'autre face du piédestal est reproduit en pierre le célèbre tableau
du peintre patriote, Horace Vernet, ce tableau
saisissant, héroïque, dont la Restauration avait
peur, comme des chansons de Béranger.

XI

NAPOLÉON AUX FONTAINES DE JUVISY.

Le 30 mars 1814, vers dix heures du soir, des
chevaux de poste, galopant à fond de train, ame-
naient une modeste carriole au village de Fromenteau, situé à cinq lieues de la capitale, près
des fontaines de Juvisy. Dans cette carriole était
un homme qui, dévoré par une anxiété cruelle,
par une impatience fébrile, comptait les minutes,
les secondes, pressait le postillon de la voix et
du geste. Cet homme, c'était Napoléon, accompagné de Caulaincourt et de Berthier, Napoléon,
qui, devançant ses troupes, voyageait avec une
rapidité vertigineuse, dans l'espoir d'arriver à
temps à Paris. Pour lui, comme pour un des
personnages de Shakespeare, l'empire paraissait
être au prix de la vitesse d'un cheval. Quand il
s'arrêta, pour relever à Fromenteau, il ne savait
rien des événements de la journée ni de ceux de

la veille, rien de la fuite de sa femme et de son fils, rien de la bataille de Paris, rien de la capitulation. Tout était perdu, et il s'imaginait encore que tout pouvait être sauvé. Il attendait les nouvelles avec une curiosité pleine d'angoisses, quand soudain, au milieu des ombres de la nuit, il distingua des uniformes. Quelle surprise! Il avait devant lui le général Belliard. « Quoi! vous, Belliard! s'écria-t-il. Qu'est-ce que cela? Comment, vous ici, avec votre cavalerie? Où donc est l'ennemi? — Aux portes de Paris, sire. — Et l'armée? — Elle me suit. — Et qui garde la capitale? — La garde nationale, sire. — Et mon fils, ma femme, mon gouvernement, où sont-ils? — Sur la Loire. — Sur la Loire!... Qui a pu prendre une résolution pareille? — Mais, sire, on dit que c'est par vos ordres. — Et Joseph, Clarke, Marmont, Mortier, que sont-ils devenus? qu'ont-ils fait? »

Alors le général Belliard raconte en détails ce qui s'est passé la veille et le jour même, le départ de Marie-Louise et du roi de Rome, celui de Joseph et des ministres, la sanglante bataille de Paris, l'opiniâtre résistance d'une poignée de héros, la lutte terrible de la Villette et de Belleville, la suspension d'armes conclue depuis cinq heures du soir, la capitulation dont Marmont, à ce moment même, est en train de préciser les clauses. Napoléon sait maintenant pourquoi le général Belliard se trouve aux fontaines de Juvisy. Belliard est le commandant de la cavalerie du corps d'armée de Mortier. Toute la journée, il a combattu comme un lion. Après la signature de l'armistice, Marmont et Mortier ont décidé que leurs troupes, obligées d'évacuer, prendront la direction de Fontainebleau. Depuis la partie de la campagne où les deux maréchaux combinaient leurs mouvements, Marmont avait toujours eu l'avant-garde en marchant à l'ennemi, et l'arrière-garde en se retirant. C'est ainsi que les choses se sont passées à la suite de la suspension d'armes. Le corps d'armée de Mortier s'est mis en marche le premier sur la route de Fontainebleau, tandis que celui de Marmont qui bivouaque, la nuit, aux Champs-Élysées, ne partira que le lendemain matin, à sept heures. Napoléon comprend enfin toute l'étendue de la catastrophe. Le général Belliard fait ressortir, par ses explications, la belle conduite des troupes, la ténacité vraiment héroïque avec laquelle elles ont défendu les collines qui dominent Paris. Il ajoute qu'on a même défendu Montmartre, où il n'y avait que sa cavalerie, quelques sapeurs-pompiers et sept canons, et que l'ennemi a poussé une colonne le long du chemin de la Révolte, pour tourner Montmartre, s'exposant ainsi à être précipité dans la Seine. « Ah! sire, s'écrie-t-il, si nous avions eu seulement une réserve de dix mille hommes, si vous aviez été là, nous jetions les alliés dans la Seine, nous sauvions Paris, nous vengions l'honneur

10

de nos armes ! — Sans doute, si j'avais été là, mais je ne puis être partout !... Mes deux cents bouches à feu de Vincennes, qu'en a-t-on fait ? Et mes braves Parisiens, pourquoi ne s'est-on pas servi d'eux ? — Nous ne savons rien, sire. Nous étions seuls, et nous avons fait de notre mieux. L'ennemi a perdu douze mille hommes au moins. — Je devais m'y attendre : Joseph m'a perdu l'Espagne, et il me perd la France !... Mais c'est assez se plaindre : il faut réparer le mal : il en est temps encore. Caulaincourt, ma voiture ! »

La voiture ne vient point. Napoléon, à pied, est au comble de l'agitation. Il marche à grands pas, suivi du général Belliard. « Eh bien, dit-il, vous l'entendez. Je veux aller à Paris. — Mais, sire, vous n'y trouverez plus un soldat français. — C'est égal, j'y trouverai la garde nationale. Demain, après-demain, l'armée me rejoindra, je rétablirai les affaires. — Et, de plus en plus agité, le malheureux empereur continue sa marche convulsive. Belliard essaie de lui faire comprendre que le retour à Paris est une chimère. Napoléon est acculé à une difficulté insurmontable. Son armée n'est pas arrivée. Celle qui a défendu Paris est tenue par la convention conclue depuis cinq heures du soir à ne pas laisser un seul soldat dans les murs de la capitale. Napoléon sera donc seul. « Qu'importe, dit-il avec colère, je veux aller à Paris, je le veux ! Ma voiture, qu'on

fasse avancer ma voiture ! » Belliard fait observer respectueusement que, sorti de Paris, par
suite d'une convention, il ne peut y rentrer sans
l'enfreindre. D'ailleurs, l'empereur trouverait des
troupes ennemies aux portes de la capitale. On
l'empêcherait de passer. L'arrivée de l'empereur
serait le signal d'un bombardement. « Partons,
reprend le souverain exaspéré, partons ! Je veux
aller à Paris. Partout où je ne suis pas, on ne fait
que des sottises. »

Napoléon, ne se contenant plus, redemande
avec impatience sa voiture. Il continue à marcher
à pas précipités, et se livre à des doléances, à des
récriminations de plus en plus amères. Pourquoi
n'a-t-on pas soulevé Paris ? Pourquoi n'a-t-on
pas élevé des palissades, des fortifications, des ouvrages en terre, qu'on aurait hérissés d'artillerie,
et confiés à la garde nationale ? Elle les aurait
bien défendus. Elle est bonne, elle est brave. Et
pendant ce temps-là, les troupes de ligne auraient combattu en avant, sur les hauteurs et
dans la plaine. Comment ! Il n'y avait aux barrières que quelques misérables palissades ! Comment ! Sept canons seulement à Montmartre !
Qu'a-t-on donc fait de l'artillerie ? Il devait y
avoir des munitions pour un mois dans Paris,
et plus de deux cents pièces à mettre en batterie
pour le défendre ! Belliard dit à l'empereur qu'au
lieu de cela, l'on n'a vu que de l'artillerie de
campagne, et si mal approvisionnée qu'à deux

heures de l'après-midi il a fallu économiser les
eux pour les faire durer. Alors Napoléon, indigné, lève les yeux au ciel, et prononce contre son
frère des paroles cruelles.

Hélas ! l'empereur n'a-t-il pas aussi à se faire
des reproches à lui-même ? Ne pourrait-on pas
lui répondre : — Ces travaux qui étaient si nécessaires à la défense de Paris, pourquoi ne les
avez-vous pas fait exécuter vous-même, sous vos
yeux, au début de l'invasion ? Pourquoi n'avez-
vous pas alors voulu admettre que la capitale pût
être un jour attaquée par l'ennemi ? Pourquoi y
avez-vous laissé une garde nationale si peu
nombreuse ? Pourquoi n'avez-vous point eu cinquante mille fusils à donner aux Parisiens ?
Pourquoi avez-vous augmenté le péril, en voulant le dissimuler ? Vous aviez cru Paris impre-
nable, eh bien ! maintenant, Paris est pris !

Mais voici une tête de colonne qui s'avance.
Cette fois, ce n'est plus de la cavalerie ; c'est de
l'infanterie, l'infanterie du corps d'armée de
Mortier. L'empereur, qui marche toujours à
pied sur la route, en attendant sa voiture, reconnaît le général Curial, puis lui adresse de nombreuses questions. Le général confirme tout ce
qu'avait dit Belliard. Le maréchal Mortier, de
même que Marmont, est encore à Paris, et son
infanterie, pas plus que la cavalerie de Belliard,
n'a le droit d'y rentrer. Napoléon se trouve donc
dans la même situation que s'il n'avait point

auprès de lui un seul soldat ; cette cavalerie, cette
infanterie sont inutiles. Vaincu par l'évidence,
il s'arrête aux deux fontaines qui s'élèvent près
de Juvisy, s'assied, et demeure quelques instants
la tête dans ses mains, pensif et silencieux.
« Quel est l'abri le plus voisin ? » dit-il ensuite.
On lui répond que c'est la maison de poste de
Fromenteau, la maison où sa voiture avait dû
relayer. Il y retourne, il y entre, et, à la lueur
d'une mauvaise lumière, il étale ses cartes, les
examine, puis s'écrie : « Si j'avais ici l'armée,
tout serait réparé. Alexandre va se montrer aux
Parisiens. Il n'est pas méchant, il ne veut pas
brûler Paris. Il passera demain une revue, il
aura une partie de ses soldats à droite de la
Seine, une autre à gauche ; il en aura une portion dans Paris, une autre dehors, et, dans cette
position, si j'avais mon armée, je les écraserais
tous ! » On lui fait observer que cette armée
arrivera dans quatre jours. « Quatre jours, re-
prend-il avec vivacité ! Ah ! deux jours seulement, et dans Paris, que de défections ! L'impératrice elle-même !... Oui, j'ai voulu son départ,
car Dieu sait à quoi l'on aurait pu entraîner son
inexpérience ! » Puis, il se remet à étudier ses
cartes, et, après quelques instants de méditation,
il lève fièrement la tête ; sa figure s'illumine ;
comme saisi par une inspiration soudaine, il
s'écrie : « Je les tiens ! je les tiens ! Dieu me les
livre ! Mais il me faut quatre jours ! Caulain-

court, ces quatre jours-là, vous pouvez me les gagner en pourparlers. Vous allez trouver l'empereur Alexandre. — Sire, répond Caulaincourt, ne serait-ce pas le cas de négocier sérieusement, de vous soumettre aux événements, si ce n'est pas aux hommes, et d'accepter les bases de Châtillon, au moins les principales ? — Non, non, répond l'empereur, plus d'humiliations ! Point de paix honteuse ! C'est de la grandeur de la France, c'est de son honneur qu'il s'agit ici ! L'épée seule, dans une dernière lutte, en doit décider. Je ne veux que quatre jours ! Vous seul pouvez me les gagner sur l'empereur Alexandre, et contre les intrigues qui vont l'obséder. Partez donc vite. Quant à moi, je vais à Fontainebleau vous attendre, attendre l'armée, et tout préparer pour venger la France de l'humiliation momentanée qu'elle subit. »

Caulaincourt part de Fromenteau pour Paris, porteur de l'écrit suivant, signé de Napoléon : « Nous ordonnons au duc de Vicence, notre grand-écuyer et notre ministre des relations extérieures, de se rendre près des souverains alliés et du général en chef de leurs armées, pour leur recommander nos fidèles sujets de la capitale. Nous l'investissons, par la présente, de tout pouvoir pour négocier et conclure la paix, promettant de ratifier tout ce qu'il fera pour le bien de notre service. Au besoin, nous l'inves-

tissons aussi de pouvoirs militaires, pour être
l'administrateur et le commissaire de cette bonne
ville près du général en chef des alliés. Ordonnons, en conséquence, à toute autorité de reconnaître le duc de Vicence en ladite qualité, et de
le seconder en tout ce qu'il fera pour le bien de
notre service et de notre peuple. » En même
temps, Napoléon envoie un courrier à l'impératrice. Puis, succombant à la fatigue, — il a fait
sans s'arrêter soixante lieues tantôt à cheval,
tantôt en voiture, — il s'endort dans un mauvais fauteuil. Il ne sera réveillé que vers quatre
heures du matin, par un courrier venant de
Paris, qui lui annoncera que deux heures auparavant Marmont a réglé définitivement la capitulation. La convention a été signée par quatre
colonels : le colonel Orloff, aide de camp de
l'empereur de Russie; le colonel Parr, aide de
camp du prince de Schwarzenberg; le colonel
Fabvier, attaché à l'état-major du duc de Raguse,
et le colonel Denys, premier aide de camp de ce
maréchal. Il en résulte que les troupes françaises
évacueront Paris à sept heures du matin ; que
les hostilités ne pourront recommencer que deux
heures après l'évacuation de la capitale, c'est-à-
dire le 31 mars, à 9 heures du matin; que la garde
nationale sera conservée, désarmée ou licenciée,
selon les dispositions des cours alliées; que les
blessés et maraudeurs restés après sept heures
du matin à Paris seront prisonniers de guerre;

enfin que la ville est recommandée à la générosité des puissances.

Les illusions ne sont plus possibles. L'empereur comprend qu'il lui est inutile de songer à partir en ce moment pour Paris. Descendus des hauteurs de Vincennes, les alliés ont forcé le pont de Charenton, et se sont répandus dans la plaine de Villeneuve-Saint-Georges; leurs bivouacs jettent des lueurs d'incendie sur les collines de la rive droite, tandis que l'obscurité la plus profonde protège la rive opposée, où se trouve Napoléon. Il se décide donc à partir et monte en voiture à quatre heures du matin, se dirigeant, non sur Paris, mais sur Fontainebleau.

XII

LA RÉGENCE EN FUITE

Qu'était devenue Marie-Louise pendant que
Napoléon passait, près des fontaines de Juvisy,
puis sur la route de Fontainebleau, la nuit cruelle
dont nous venons de retracer les péripéties ?
L'impératrice-régente, ayant à ses côtés une
ombre de gouvernement, ressemblait à une fugitive plus qu'à une souveraine. Où s'arrèterait-
elle ? A Blois, à Orléans, à Tours ? Elle ne le savait pas elle-même. Tout était, dans sa destinée,
inquiétude et incertitude. Après avoir quitté Paris le 29 mars, à onze heures du matin, elle était
arrivée dans la journée au château de Rambouillet, où elle avait couché. Un témoin oculaire, le
baron de Bausset, qui, en sa qualité de préfet du
palais, suivait l'impératrice, a dit dans ses Mémoires : « Assurément, rien ne ressemblait moins
à un voyage de cour que cette tumultueuse re-

traite de personnes et de bagages de toute nature. Cependant, une fois réunis au palais de
Rambouillet, chacun s'empressa de refouler au
fond de son cœur les tristes pensées qu'inspirait une position si critique et si capable d'alté-
rer la considération, l'état et la fortune des individus qui composaient le gouvernement et la
cour. Cette fuite eut un caractère fort remarquable. Chacun était à son poste, en uniforme de
sa charge, et ne cédait rien de ses attributions.
Les règlements minutieux et les exigences de l'é-
tiquette étaient observés avec une attention d'autant plus ombrageuse qu'on espérait en retarder la dissolution. La chose dont on parlait le
moins, c'était de l'événement du jour et de celui
qui aurait lieu le lendemain. Rien, à cet égard,
ne trahissait les pensées et les sentiments secrets
dont on était affecté. » Ce passage n'est-il pas
curieux ? Ne croit-on pas les voir, les entendre,
ces courtisans qui, dans les mauvais jours comme
dans les temps prospères, regardent comme un
devoir professionnel l'obligation de cacher aux
princes la vérité ?

« Il y avait cependant un beau côté dans cette
physionomie des mœurs de la cour, ajoute
M. de Bausset : c'était le soin qu'on prenait
d'épargner à l'impératrice les nouvelles affligean-
tes qui n'auraient appris que des affaiblissements,
des défections, les funestes suites du parti que
l'on avait pris de quitter Paris, et les pertes

successives qui devaient nécessairement influer sur l'avenir du trône impérial. Les rangs se serraient, et formaient autour de l'impératrice et de son fils une réunion de personnes animées du dévouement le plus honorable et le plus désintéressé. » Si désintéressé que puisse, en effet, paraître ce dévouement, on ne peut pourtant pas oublier que le 29 mars 1814 la cause de Marie-Louise et du roi de Rome ne semblait pas encore absolument perdue. Rien n'était moins certain alors que la restauration des Bourbons, et bien des gens, qui regardaient Napoléon comme devenu impossible. envisageaient comme une éventualité admissible, sinon probable, l'avènement de son fils, sous la régence de Marie-Louise. Cette dernière illusion s'ajoutait peut-être à un sentiment chevalesque pour inspirer pendant quelques jours encore un zèle obséquieux à bon nombre des courtisans de la souveraine fugitive.

Le 30 mars, l'impératrice quitta Rambouillet, et alla coucher à Chartres, n'ayant encore aucune nouvelle ni de la bataille de Paris, ni de l'empereur. Le roi Joseph, qui, dans la journée, à quatre heures de l'après-midi, avait quitté la capitale, un peu avant le moment où la bataille finissait, arriva à Chartres dans la nuit du 30 au 31 mars, et reçut, le 31, une lettre que Napoléon lui avait adressée au moment de quitter Fontainebleau. C'est de Chartres que, le même jour, à cinq heures du soir, Joseph écrivait à son frère : « Sire, je vous ai écrit ce matin un billet par un courrier déguisé. Je reçois ce soir la lettre de Votre Majesté de ce matin. J'envoie à l'impératrice celle qui lui est destinée. Je partirai cette nuit pour suivre l'impératrice. Elle avait dû d'abord se rendre à Tours. D'après ce que Votre Majesté me mande, elle se rendra, avec tout ce qui concerne le gouvernement, à Blois. C'est aussi l'opinion des ministres qui sont ici, et qui partent ce soir. L'impératrice et le roi de Rome sont bien portants ; je les ai vus ce matin ; ce soir, ils seront à Châteaudun. Les ministres de la guerre, de l'administration de la guerre, des finances, du trésor, de l'intérieur, de la marine, sont ici. Votre Majesté doit connaître tout ce qui s'est passé par les rapport des maréchaux, par ce que j'en ai dit à M. Dejean, aide-de-camp de Votre Majesté. L'armée ennemie était très nombreuse. Il était impossible aux corps des ducs de Trévise et de Raguse de lui tenir tête. »

Le 31 mars, Marie-Louise couchait à Châteaudun, et le 1er avril à Vendôme. Le lendemain matin, elle quittait cette ville, en se dirigeant sur Blois. C'est de Vendôme, le 2 avril, à onze heures du matin, que Joseph écrivait à Napoléon : « Sire, l'impératrice vient de partir pour Blois. où elle désire pouvoir séjourner demain, pour laisser reposer les escortes et les attelages. Elle montre un courage et un calme au-dessus de son sexe et de son âge. J'attends, pour repartir, l'arrivée des chevaux et de ma famille. Les ministres de l'intérieur et de la guerre écrivent à Votre Majesté. L'état des départements est tel, que je ne doute pas que Votre Majesté ne fasse l'impossible pour traiter. Les ministres et les personnes de la cour que je vois montrent de la fermeté et du dévouement. Je n'ai reçu que deux lettres chiffrées. M. Campi n'étant pas encore arrivé, non plus que M. d'Hauterive, il m'a été impossible jusqu'ici de les lire. L'archi-chancelier est parti peu avant l'impératrice. Depuis votre lettre du 21, je n'en avais reçu aucune avant celle du 31 mars. L'archi-chancelier a reçu une lettre de M. de Bassano, en vertu de laquelle il compte réunir les ministres. Il l'a communiquée à l'impératrice, ainsi qu'à moi. Tous les ministres seront à peine réunis à Blois demain dans la soirée. Il n'y a jusqu'ici d'arrivés que ceux de la guerre et de l'intérieur; ni les uns, ni les autres ne paraissent avoir d'opinion faite ; ils manquent de données, et il paraît qu'ils désirent plutôt que Votre Majesté désigne dans sa sagesse le lieu de résidence le plus convenable, ce qui ne peut être fixé que par l'état des affaires militaires. Ci-joint un paquet du ministre de l'intérieur, avec des dépêches du prince vice-roi.»

Le même jour, 2 avril, le roi Joseph écrivait, également de Vendôme, au maréchal Berthier, qui se trouvait alors à Fontainebleau avec Napoléon : « Je reçois votre lettre du 31 mars de Fontainebleau. Nous serons ce soir à Blois. Les ministres de l'Intérieur et de la guerre répondent à Votre Altesse. La difficulté des armes est toujours insurmontable. Les autres ministres n'arriveront que demain à Blois. L'impératrice est partie pour y être rendue ce soir. Elle désire s'y reposer demain. J'espère recevoir à Blois des nouvelles de Votre Altesse, et la décision positive de l'empereur sur le lieu sur lequel il faut diriger la cour et le gouvernement. Je prie Votre Altesse d'agréer mon ancienne et constante amitié. En deux mots, tout respire ici le besoin de repos. S'il est possible de traiter, il faut le faire à tout prix. Le parti royaliste lève la tête ; la paix, quelle qu'elle soit, abat un parti que la continuation de la guerre va rendre plus que menaçant. »

De Vendôme jusqu'à Blois, Marie-Louise fit un trajet pénible. Il pleuvait à torrents. Les routes étaient mauvaises, et les voitures détériorées. A Blois, le samedi 2 avril, dès le matin, on vit arriver les premiers détachements de cavalerie. Ils furent bientôt suivis de beaucoup de bagages, et notamment de quinze fourgons contenant le Trésor. Vers trois heures de l'après-midi, le préfet du département partit pour aller au-devant de l'impératrice et du roi de Rome. La garde nationale et la garnison étaient sous les armes, formant une double haie. A cinq heures, Marie-Louise et son fils firent leur entrée dans la ville, au milieu d'une foule immense, qui ne poussa aucun cri. Les principaux habitants et fonctionnaires, surtout les plus voisins de la préfecture, où logèrent l'impératrice et le roi de Rome, avaient été invités à préparer des logements pour Madame mère, pour les rois Joseph Louis, Jérôme, pour l'archichancelier, les ministres, les chefs d'administration, et enfin pour dix-huit cents hommes de troupes. La ville de Blois s'élève en amphithéâtre sur la rive gauche de la Loire. L'hôtel de la préfecture couronne l'une des extrémités de cet amphithéâtre, et l'on ne peut y arriver que par des rues très escarpées, ou même par de vrais escaliers de plus de cent marches. Les ministres, logés au bas de la ville, avaient ces escaliers à monter. Cambacérès, qui demeurait à mi-côte, se servait d'une chaise à porteur pour se rendre à la préfecture.

Marie-Louise se vit bientôt entourée de ses trois beaux-frères, des femmes de Joseph et de Jérôme, des ministres, de tout un gouvernement, ou, pour mieux dire, de tout un simulacre de gouvernement. L'archichancelier Cambacérès, fidèle à ses habitudes, avait transporté avec lui l'étiquette de son hôtel de Paris. Revêtu, dès le matin, de son uniforme chamarré, et décoré de ses ordres, il donnait gravement des audiences. « L'impératrice, nous dit le baron de Bausset, présidait des conseils de régence avec une exactitude d'autant plus méritoire qu'ils ne servaient de rien ; l'espoir du salut n'était plus là. Le palais ressemblait à une espèce de quartier général ; les ministres, bottés et éperonnés, s'y rendaient en petit uniforme, sans portefeuille, disposés, comme s'ils n'attendaient qu'un avis pour monter à cheval, prêts à exécuter les ordres qui leur seraient donnés. Cependant, comme les formes diplomatiques sont toujours de rigueur, même dans les positions les plus fâcheuses, rien ne transpira des discussions qui avaient lieu ; probablement aussi parce qu'en pareille circonstance il n'y avait rien à dire. »

Le 2 avril, Napoléon adressa, de Fontainebleau, cette lettre à Joseph : « Je vous ai fait écrire par le grand-maréchal sur la nécessité de ne pas encombrer Blois. Que le roi de Westphalie aille en Bretagne ou du côté de Bourges. Je pense que Madame ferait bien d'aller retrouver sa fille à Nice, et la reine Julie et ses enfants de se rapprocher de Marseille. La princesse de Neufchâtel et les femmes des maréchaux doivent aller dans leurs terres. Il est naturel que le roi Louis, qui a toujours cherché à habiter les pays chauds, aille à Montpellier. Il est nécessaire d'avoir le moins de monde possible sur la Loire, et que chacun se case sans exciter de rumeur. Toute colonie en grand en occasionne toujours chez les habitants. La route de Provence est libre, et peut ne l'être pas un jour. Dans la note

des ministres, vous ne me parlez pas de celui
de la police. Est-il arrivé ? Je ne sais pas si le
ministre de la guerre a son chiffre. Je n'en ai
pas avec vous ; ainsi je ne puis vous écrire des
choses importantes faute de chiffre. Recommandez
à tous la plus stricte économie. »

Le 3 avril, Joseph répondit ainsi à son frère :
« Sire, je reçois votrs lettre du 2. Maman et
Louis sont prêts à remplir vos vues. La première aura besoin d'argent ; il lui est dû six
mois de sa pension. Jérôme n'a pas non plus d'argent. Ma femme n'a plus personne à Marseille.
Ce qui augmente tant le convoi, ce sont les voitures de luxe de la cour. Je n'ai reçu aucune
lettre du grand-maréchal sur cet objet, ni sur
aucun autre. Le ministre de la police est arrivé
ici, de retour de son voyage de Tours. Le conseil d'aujourd'hui a été unanime dans son opinion et dans ses vœux. Nous attendons la décision de Votre Majesté sur le lieu de résidence.
Puissent les craintes répandues par la nouvelle
du duc de Vicence ne pas se réaliser ! Le ministre de la guerre n'a pas de chiffre avec Votre
Majesté, ni moi non plus. Ceux du Trésor et
des finances ne savent plus comment faire leur
service. M. de la Bouillerie demande des ordres
pour la sûreté de son convoi. Il est arrivé à
Orléans un de ses fourgons contenant deux
millions, qui avait été laissé à Paris lors du
départ de l'impératrice. Jérôme ne pourrait-il

pas être envoyé au commandement de l'armée de Lyon ? »

Quant au roi Louis, il se tenait tout à fait à l'écart et paraissait uniquement occupé des devoirs religieux à remplir dans la semaine sainte, qui commençait. Le dimanche 3 avril, jour des Rameaux, Marie-Louise assista pieusement à la messe, qui fut dite par l'abbé Gallois, curé de la paroisse de Saint-Louis, car ni aumônier, ni chapelain, ni clercs de la chapelle impériale, ne se trouvaient parmi les personnes de la suite de l'impératrice. Pauvre femme ! Elle avait bien besoin de prier pour pouvoir supporter, avec la résignation d'une chrétienne, les malheurs qui fondaient sur elle, et dont ses derniers courtisans essayaient en vain de lui cacher l'immensité.

XIII

NAPOLÉON A FONTAINEBLEAU

La première fois qu'on visite un palais célèbre,
on a pour impression, au début, l'admiration
et la surprise. On est comme fasciné. Si le
temps est beau, si le soleil brille, s'il illumine
les chapiteaux, les dorures et les fresques, on
est tenté de se dire : — Heureux ceux qui habi-
taient ces merveilleux séjours ! — Mais revenez
plusieurs fois dans le même palais, non seulement vous vous familiarisez avec toutes ces
magnificences, au point de n'y plus prêter
qu'une attention distraite ; non seulement il y a
quelque chose qui vous dit que rien de cela ne
contribue sérieusement au bonheur, mais un
sentiment de tristesse invincible vous envahit
l'âme. Que le jour s'assombrisse un peu, qu'il
tombe dans les jardins quelques gouttes de
pluie, aussitôt viennent les noires pensées, aus-

sitôt l'on croit voir, comme autant de fantômes, sinistres ou sanglants, les fameux personnages qui parcouraient jadis ces salles et ces galeries. On s'apitoie sur leurs souffrances, et l'on croit entendre le lointain écho de leurs gémissements. C'est ainsi que Fontainebleau, la plus fastueuse de toutes les résidences royales ou impériales, Fontainebleau, où l'art exquis du seizième siècle a créé ses plus purs chefs-d'œuvre, Fontainebleau, l'idéal du goût, du luxe, de l'élégance, inspire vite un profond sentiment de mélancolie. On est d'abord ébloui, on est ensuite rêveur. Au lieu de développer la passion des grandeurs humaines, la vue de ce château féerique ne tarde pas à en faire comprendre l'inanité, le néant. Par les leçons philosophiques et chrétiennes qu'ils nous donnent, les palais ne sont-ils pas des sanctuaires ? On s'y recueille, on y médite, et on y prie, comme dans des églises. On y écoute une voix majestueuse, austère, édifiante entre toutes, une voix à laquelle les grands et les petits devraient toujours prêter l'oreille avec un religieux respect : la voix imposante de l'histoire.

Toutes les fois que nous entreprenons un travail historique, nous avons l'habitude de commencer par étudier sur place les monuments où se sont accomplis les faits que nous avons à raconter, et de rechercher, pour ainsi dire, la trace des pas des personnages qui ont joué un rôle dont la postérité se préoccupe. Avant de faire le récit de l'abdication et des adieux de Fontainebleau, nous avons voulu revoir le palais où le souvenir de Napoléon a laissé une si durable empreinte. Nous y sommes allé, l'an dernier, le 14 juillet. Des salves d'artillerie retentissaient. Les troupes dont on passait la revue faisaient songer, par leur allure martiale, aux soldats du premier Empire. Le temps était une alternative de ciel bleu et de ciel noir; tantôt pas un nuage, tantôt des coups de tonnerre; mélange de lumière et de ténèbres, comme la destinée des hôtes du château. En voyant la devise actuelle — les deux lettres R. F. — inscrite sur des poteaux à côté de la salamandre, devise de François Ier, nous remarquions cette ironie du sort qui faisait célébrer l'anniversaire d'une insurrection dans la ville des empereurs et des rois. Le soir, la cour du Cheval-Blanc, décorée de drapeaux, en signe de fête, resplendissait de lumières, et des lampions, posés de marche en marche, faisaient rayonner les contours de l'escalier du Fer-à-Cheval d'où l'empereur descendit pour presser sur son cœur l'aigle de l'étendard, et dire un mémorable adieu aux fidèles grenadiers de sa garde.

Curieux prestige de la légende ! Cette cour du Cheval-Blanc n'est certainement pas la plus belle du château. Au point de vue de l'architecture, elle est loin d'avoir l'élégance de la cour de la Fontaine ou de la cour Ovale. Sa façade, composée de cinq pavillons à toits aigus et à trois étages, manque de majesté. Le grand escalier de pierre, désigné, à cause de sa forme, sous le nom de l'escalier du Fer-à-Cheval, est une masse un peu lourde par rapport au maigre pavillon sur lequel il s'appuie. Les deux ailes, dont l'une a quatre étages et l'autre n'en a qu'un, ne se ressemblent pas : et celle de droite, construite par les architectes de Louis XV, sans aucun sentiment de l'art, a l'aspect d'une caserne plutôt que d'un palais. Pourquoi donc, dès qu'on est devant la grille du château, cette cour du Cheval-Blanc produit-elle une si grande impression ? Pourquoi pense-t-on à l'empereur, au lieu de penser aux rois de France ? C'est que le tableau d'Horace Vernet se présente à l'esprit ; c'est qu'on s'imagine voir, au bas de l'escalier du fer-à-cheval, Napoléon pressant le général Petit dans ses bras, donnant à l'aigle du drapeau un baiser, et prononçant l'allocution dont l'écho retentira d'âge en âge.

Que nos lecteurs nous permettent un conseil. Quand ils feront une excursion à Fontainebleau, et visiteront le palais le plus intéressant, le plus pittoresque du monde entier, nous les engageons à examiner tout spécialement les pièces où se passa ce drame pathétique entre tous, qui a pour scènes principales l'abdication, la tentative de suicide, les adieux. Vous franchissez la grille.

Vous pénétrez dans la vaste cour du Cheval-Blanc, appelée de ce nom à cause d'un cheval de plâtre, qui avait été moulé pour Catherine de Médicis, d'après celui de la statue de Marc-Aurèle à Rome, et qui jusqu'en 1626 resta placé au milieu de cette cour. A votre droite, vous avez l'aile neuve, celle que Louis XV fit construire ; à votre gauche est l'aile des ministres. Au fond de la cour immense — elle a cent cinquante-deux mètres de longueur sur cent douze de largeur — la façade avec ses cinq pavillons apparaît, et devant le pavillon du milieu se dresse l'escalier du Fer-à-Cheval, construit sous le règne de Louis XIII. Vous passez sous la voûte de cet escalier. Vous entrez dans un vestibule du rez-de-chaussée qui donne à gauche sur la chapelle de la Sainte-Trinité, bâtie par François Ier, là où était jadis l'oratoire de Saint-Louis. Vous pénétrez dans cette chapelle. Il est bon de commencer ainsi la visite du palais. Ce ne sont pas seulement les rois et les empereurs qui passent, ce sont les royautés et les empires ; mais les couronnes se brisent, la croix reste.

Après vous être arrêté un moment dans la chapelle, vous retournez au vestibule d'où vous prenez un escalier qui vous conduit du rez-de-chaussée au premier étage. De là vous entrez dans les appartements de Napoléon Ier, dont toutes les pièces donnent sur le jardin de Diane. Voici d'abord l'antichambre des huissiers, qui a trois fenêtres ; puis le cabinet des secrétaires de l'empereur, qui en a deux ; puis une petite pièce et une salle de bains, avec une fenêtre chacune ; puis un salon à deux fenêtres, orné de tentures rouges, qui s'appelle le cabinet de l'abdication. Regardez au milieu de ce salon un mesquin guéridon d'acajou. C'est le meuble le plus célèbre du palais. Si vous faites basculer la table de ce guéridon, vous apercevez une petite plaque de cuivre où est gravée cette inscription, rédigée, dit-on, par le roi Louis XVIII : — Le cinq avril mil huit cent quatorze, Napoléon Bonaparte signa son abdication sur cette table, dans le cabinet de travail du roi, le deuxième après la chambre à coucher, à Fontainebleau.

Louis XVIII se plaisait ainsi à constater que la pièce où l'homme qu'il n'avait jamais regardé que comme un usurpateur, avait signé l'abdication, était son cabinet de travail à lui, le roi. Dans la même pièce, Louis-Philippe avait fait placer sur une console un *fac-simile* de l'acte d'abdication. Ce *fac-simile*, enlevé sous le second Empire, se retrouve maintenant dans une vitrine, à l'extrémité de la galerie de Diane. Après le cabinet de l'Abdication, vous traversez une autre pièce à deux fenêtres, qui était le cabinet de travail de l'empereur, et d'où un très étroit escalier conduisait à sa bibliothèque particulière, située au rez-de-chaussée. Puis vous entrez dans sa chambre à coucher.

Cette chambre, à deux fenêtres, avec sa cheminée de l'époque Louis XVI, ses meubles recouverts de velours de Lyon, où se trouvent des N en or, ses candélabres représentant des victoires ailées, ses grisailles où sont peints des amours, ses portes aux encadrements dorés et sculptés, sa pendule de marbre, ornée de camées antiques, don du pape Pie VII, cette chambre a quelque chose de saisissant. En regardant le lit à baldaquin où le grand homme, trahi par la fortune, passa de telles heures d'angoisse et eut de si cruelles insomnies, où il éprouva des tortures, des humiliations proportionnées à ses anciens triomphes, où il faillit mourir dans des spasmes terribles, après avoir voulu s'empoisonner, on est saisi d'une émotion semblable à celle qui s'empare de vous, lorsqu'à Versailles on a devant soi le lit où Louis XIV médita si douloureusement sur les désastres de la guerre de la succession d'Espagne, et où il rendit le dernier soupir.

La chambre de Napoléon Ier donne sur le jardin de Diane, appelé aussi jardin de l'Orangerie, qui, sans horizon, sans perspective, est enfermé entre les bâtiments du palais et un mur élevé, qui en interdit la vue du côté de la ville. On l'a désigné sous le nom de jardin de Diane, à cause de la statue en bronze de cette déesse, statue qui se dresse au-dessus d'une fontaine ornée de têtes de cerfs en bronze, d'où l'eau s'échappe et tombe dans un bassin de marbre blanc. La fontaine fut construite sous le premier empire. Henri IV en avait déjà fait creuser le bassin de marbre. Ce jardin étroit a quelque chose de triste et d'oppressé. Il est longé à droite par la chapelle de la Sainte-Trinité; à gauche, par cette antique galerie des Cerfs, dont l'aspect est lugubre, et qui semble hantée par le spectre de l'infortuné marquis Monaldeschi, que la reine Christine de Suède y fit assassiner d'une manière si tragique.

Les appartements de Napoléon Ier, depuis l'antichambre des huissiers jusqu'à la chambre à coucher inclusivement, donnent tous sur le jardin de Diane. De l'autre côté, ils sont adossés à la galerie de François Ier, avec laquelle ils communiquent. Cette magnifique galerie, qui forme le fond et occupe toute la largeur de la cour de la Fontaine, est au palais de Fontainebleau ce que la galerie des Glaces est au château de Versailles. C'est là que, dans les vingt premiers jours du mois d'avril de l'année 1814, se tenaient, tout près de celui qui était encore leur maître, les officiers fidèles, les derniers courtisans du malheur. C'est la galerie que Napoléon Ier traversa, avant de descendre l'escalier du Fer-à-Cheval, au bas duquel il fit ses adieux à sa garde. Elle donne sur une terrasse à huit fenêtres, où il se promena plusieurs fois, d'où il apercevait, à sa droite, les appartements du vicaire du Christ, naguère encore son prisonnier, et où il prononça des paroles que nous reproduirons. De là, il pouvait voir quelque chose de moins triste que le jardin de Diane : la pièce d'eau qui est au bout de la cour de la Fontaine, et que bornent d'un côté l'allée de Madame de Maintenon, et, de l'autre, le jardin anglais.

Mais revenons sur nos pas. Sortons de la galerie de François Ier. Rentrons dans la chambre à coucher de l'empereur. Puis passons dans la salle du Conseil avec ses trois grandes fenêtres, son style Louis XV, ses élégantes peintures de Boucher et de Vanloo. Après la salle du Conseil, voici la salle du Trône, l'ancienne chambre à coucher des rois, avec son magnifique lustre en cristal de roche, son trône impérial en velours rouge, où conduisent trois gradins, et que surmonte un dais avec des piliers d'or. Plus loin, c'est le boudoir de Marie-Antoinette, avec son beau plafond qui représente l'Aurore, ses dessus de portes qui figurent les muses, son parquet d'acajou massif où est incrusté le chiffre de la reine martyre; puis un chef-d'œuvre de luxe et d'élégance, la chambre à coucher de la Reine, — cette chambre qu'on a nommée la chambre des Cinq-Marie, parce qu'elle a été habitée par Marie de Médicis, Marie-Thérèse, femme de Louis XIV ; Marie-Antoinette, Marie-Louise et Marie-Amélie (elle fut aussi la chambre de l'impératrice Eugénie); puis le salon de Musique, qui était, au temps de Marie-Antoinette, le salon de Jeu de la Reine; enfin la galerie de Diane, qui est située au-dessus de la galerie des Cerfs. Toutes ces pièces, de même que les appartements de Napoléon Ier, donnent sur le jardin de Diane, et, quand on est dans ce jardin, il est intéressant d'en compter toutes les fenêtres. Au rez-de-chaussée, qui est au-dessous des appartements de l'empereur, se trouvent des chambres affectées sous son règne au logement de sa mère et de sa sœur la princesse Pauline, et une pièce qui contenait sa bibliothèque particulière. Ainsi que nous l'avons déjà dit, un étroit escalier, dans lequel ne peut s'engager qu'une personne à la fois, fait communiquer cette pièce avec le cabinet de travail qui est situé au premier étage, entre le cabinet de l'Abdication et la chambre à coucher. C'est dans cette bibliothèque, toute remplie de livres d'histoire, que Napoléon, après avoir abdiqué, passait la plus grande partie de ses journées, cherchant si dans les annales des nations, il trouverait des infortunes égales aux siennes.

Pendant ce douloureux et funeste séjour à Fontainebleau, que de souvenirs assaillaient l'esprit du malheureux empereur! Dans sa chambre à coucher, il n'était séparé que par la salle du Conseil et par la salle du Trône des appartements de Marie-Antoinette, la plus infortunée de toutes les reines. Si, après avoir gravi les marches de l'escalier du Fer-à-Cheval, qui conduit de la Cour du Cheval-Blanc au premier étage du château, il entrait, à cet étage, dans le vestibule de l'escalier, il trouvait en face de lui deux portes conduisant, l'une à ses appartements, l'autre à la galerie de François Ier, dont l'éclat contrastait avec la tristesse de son âme ; et, à sa gauche, une troisième porte donnant sur la tribune de la chapelle de la Sainte-Trinité, où il pouvait penser « à celui qui règne dans les cieux, et de qui relèvent tous les empires ; à qui seul appartient la gloire, la majesté et l'indépendance ; le seul qui se glorifie de faire la loi aux rois, et de leur donner, quand il lui plaît, de grandes et terribles leçons. » A sa droite, il trouvait une quatrième porte, qui conduisait à des appartements qu'il n'aurait pas pu parcourir sans faire des réflexions sur les décrets de la Providence. Ces appartements-là, c'étaient ceux qui avaient été affectés au logement du pape Pie VII pendant sa captivité de Fontainebleau, et d'où l'auguste vieillard n'était sorti que trois mois auparavant, le 23 janvier 1814.

Nous ne parlerons pas ici des pièces fastueuses qui entourent la cour ovale : grands appartements de réception des derniers Valois, merveilleuse galerie de Henri II, décorée par le Primatice. Ces pièces splendides n'ont rien à faire avec le drame de l'abdication et des adieux. Le temps n'était plus aux fêtes éblouissantes, aux repas de gala, aux bals et aux concerts. C'en était fait des plaisirs de cette cour, naguère la plus magnifique de l'Europe. Napoléon songeait sans doute à cette époque d'apothéose, si loin de lui, à ces courtisans qui alors ressemblaient aux prêtres d'un dieu, et qui, maintenant, n'avaient plus ni adulations ni encens pour leur idole renversée. Il se remémorait le pompeux séjour qu'il avait fait dans ce même palais de Fontainebleau, en revenant de la foudroyante campagne de Wagram, alors que, d'après une expression de l'archichancelier Cambacérès, il avait l'air de se promener dans sa gloire. Et, maintenant, il pouvait se dire, en se retrouvant dans ce château, après une si cruelle série de catastrophes : « Ici, j'ai fait souffrir ma compagne dévouée, la bonne et tendre Joséphine ; ici, j'ai fait souffrir le pape, ce pontife vénérable qui était venu de Rome jusqu'à Paris pour me sacrer. Je suis puni de mes fautes. Je reconnais la main de Dieu qui me frappe et me châtie. Si je n'avais pas répudié Joséphine, qui reçut elle-même les premières ouvertures relatives au divorce, elle serait maintenant à mes côtés. J'ai eu tort d'emprisonner le pape. Il est libre maintenant, et qui sait si moi-même je ne vais pas être prisonnier ? »

Napoléon ne se fit peut-être point tout d'abord ces dures et amères réflexions. Arrivé à Fontainebleau le 31 mars 1814, à six heures du matin, il se promena dans les beaux jardins du palais. L'air pur qu'il respirait le faisait renaître à l'espérance. Dans les moments de grande crise, la nature, par son calme et sa sérénité, a parfois je ne sais quel charme d'apaisement qui nous fait un instant l'illusion que nos douleurs ne sont qu'un rêve. En voyant le même soleil se lever, en écoutant les oiseaux chanter leurs mêmes chansons, en retrouvant les mêmes paysages, les mêmes arbres, le même horizon, le même ciel, il nous arrive de croire pendant quelques secondes que rien n'est changé dans notre destinée, que nos chagrins passeront comme un nuage, que notre malheur est un cauchemar dont nous allons nous réveiller. Il y a, d'ailleurs, dans les catastrophes de la vie, des premières heures d'étourdissement qui empêchent de se rendre compte du mal dont on est accablé. On n'a pas encore la conscience de sa situation. Comme si l'on était le jouet d'une hallucination momentanée, on se dit en se frappant le front : — Est-ce bien vrai ?

L'empereur n'avait pas encore pu sonder la profondeur de l'abîme où l'inconstante fortune venait de le précipiter. Il était depuis plusieurs semaines dans une telle fièvre d'action, dans une telle agitation matérielle, dans une telle surexcitation morale, qu'il n'avait pas eu le temps de mesurer toute l'étendue de son malheur. Le loisir lui manquait pour regarder le passé, ou pour interroger l'avenir. Non, non, il ne se

doutait pas lui-même de ce qu'il y avait d'amertume au fond du calice que Dieu le condamnait
à boire jusqu'à la lie! Il ne s'arrêtait pas un
instant à l'idée que ses meilleurs serviteurs,
Berthier lui-même, l'abandonneraient ; que
Marie-Louise ne serait plus qu'une Autrichienne ; qu'il ne reverrait jamais ni sa femme
ni son fils ; qu'il serait, avant la fin du mois,
obligé de se déguiser, de revêtir l'uniforme autrichien pour n'être pas massacré par ses propres
sujets ! Les humiliations devaient aller bien au
delà de son attente, et le moment approchait où,
cherchant dans le suicide un refuge à son désespoir, il pourrait s'écrier comme Oreste :

Grâce aux dieux, mon malheur passe mon espérance !
Oui, je te loue, ô ciel, de ta persévérance.
Appliqué sans relâche au soin de me punir,
Au comble des douleurs tu m'as fait parvenir ;
Ta haine a pris plaisir à former ma misère ;
J'étais né pour servir d'exemple à ta colère,
Pour être du malheur un modèle accompli.
Hé bien ! je meurs content, et mon sort est rempli.

Depuis l'arrivée de Napoléon à Fontainebleau
jusqu'à ses adieux à sa garde, c'est-à-dire depuis
le matin du 31 mars 1814 jusqu'à l'après-midi
du 20 avril, il y a une gradation d'angoisses
qu'un Shakespeare serait seul capable de retracer. D'heure en heure le tableau s'assombrit, et
d'heure en heure les sacrifices deviennent plus
douloureux. D'abord, loin de songer à abdiquer,
l'empereur espère gagner une suprême victoire

et chasser de Paris l'étranger. Ensuite ses maréchaux, qui, pour la première fois, lui tiennent tête, et refusent de lui obéir, le forcent d'abdiquer. Mais il croit cependant sauver sa dynastie; il abdique en faveur de son fils. Illusion! Il est contraint d'abdiquer de nouveau, et cette fois non seulement pour lui-même, mais pour ses successeurs. C'est lui, c'est lui, l'empereur, qui, de sa propre main, signe la déchéance du roi de Rome. Il a du moins une consolation, c'est de n'avoir point apposé sa signature à des clauses qu'il regarderait comme ignominieuses. « J'abdique, s'écriera-t-il lui-même, j'abdique, mais je ne cède rien. » Hélas! cette consolation-là ne lui sera pas même laissée. On lui demandera de signer un traité lamentable, un traité stipulant pour lui, pour sa famille, de misérables avantages pécuniaires, un traité où les Bonaparte reçoivent l'aumône de leurs vainqueurs. Mais cette fois la mesure sera comble. Le Titan foudroyé ne voudra pas supporter cette humiliation suprême. L'infatigable lutteur n'essaiera plus de lutter. Pour échapper à son destin, il voudra se tuer par le poison. Mais là encore il sera trompé dans son attente. La mort ne veut pas de lui, de lui qui a fait mourir tant de monde. La mort a encore besoin de l'homme qui a été si longtemps son pourvoyeur, et, comme si le glaive du géant des batailles n'était point assez ensanglanté, elle lui demande encore une dernière hécatombe : Waterloo ! Napoléon ne réussit pas à se tuer. La colossale tragédie, qui, après tant de cataclysmes, semblait enfin achevée, aura encore des scènes terribles !

Revenons au jour de l'arrivée de l'empereur à Fontainebleau, c'est-à-dire au 31 mars. Quand il aperçut le palais de son bonheur, de ses chasses et de ses fêtes ; quand il s'y retrouva, toujours obéi, toujours respecté ; quand il sut que son armée allait le rejoindre, il crut très sincèrement à un retour de la fortune. Encore dans l'ardeur de l'action, et l'ivresse de la lutte, il ressemblait à ces joueurs qui, après une grande partie qu'ils viennent de perdre, ont l'illusion qu'ils tiennent toujours les cartes dans les mains et qu'ils jouent encore. Dans la soirée du même jour et la matinée du lendemain 1er avril, on vit arriver par la route de Sens la tête des colonnes qui venaient de la Champagne, et par la route d'Essonnes l'avant-garde des troupes qui sortaient de Paris. Ces glorieux débris se groupaient autour de Fontainebleau, devenu le quartier général impérial.

Pendant toute la route, les soldats ne s'étaient préoccupés que de l'empereur. Les visages hâlés, les lèvres crispées, les yeux sanglants, les bras en écharpe, les souliers troués pas les marches, on entendait le long du chemin les héroïques défenseurs de la capitale qui se disaient entre eux : « Nous nous sommes battus pour lui jusqu'à la nuit. Qu'il se montre ! S'il vit, qu'il nous dise ce qu'il veut, nous sommes prêts à nous battre encore. Qu'il nous ramène à Paris ! S'il est mort, qu'on nous le dise encore, nous le vengerons ! » Moncey, qui commandait la garde nationale parisienne ; Lefebvre, qui, malgré ses soixante ans, vient de faire la campagne ; Ney, Macdonald, Oudinot, Berthier, qui arrivent de Troyes ; Marmont et Mortier, qui sortent de Paris, rejoignent successivement le quartier général de l'empereur. A mesure que les troupes défilent, on leur fait prendre position derrière la rivière d'Essonnes. C'est à Essonnes que Marmont place son quartier général ; à Mennecy que Mortier place le sien. Ce qui vient de Paris est rallié derrière cette ligne, ce qui arrive de la Champagne prend une position intermédiaire du côté de Fontainebleau. Les bagages et le grand parc d'artillerie sont dirigés du côté d'Orléans.

Dès le 1er avril au soir, Napoléon avait déjà, sur ces différents points, vingt-cinq à trente mille hommes. Si ses maréchaux, ses généraux, vieillis sous le harnais, éprouvaient un sentiment de lassitude, le simples soldats, les sous-officiers, les officiers, étaient encore remplis d'ardeur : vieux, ils donnaient l'exemple de l'intrépidité ; jeunes, ils ne rêvaient, comme leurs aînés, que bataille et gloire. A leurs chefs supérieurs, gâtés par la fortune et par le luxe, ils étaient tentés de dire : — Vous êtes fatigués ; mais nous, nous ne le sommes pas.

Si, parmi ses compagnons d'armes, il y avait tant de braves qui gardaient l'espérance, Napoléon aurait-il pu désespérer ? Se retrouvant à la tête de semblables soldats, il ne pouvait s'habituer à la pensée qu'il n'était plus l'arbitre de l'Europe, qu'il n'était plus le maître de la France. L'idée que sa femme et son fils fuyaient, que sa capitale était aux mains de l'étranger, que les Bourbons allaient y régner à sa place, lui traversait l'esprit comme un cauchemar. Mais il demeurait convaincu qu'il rentrerait bientôt victorieux aux Tuileries, et, jetant un regard de confiance sur ses fidèles grenadiers, types du dévouement et de l'honneur, il se disait : — Avec de pareils hommes, je sens que rien ne m'est impossible. Je suis malheureux aujourd'hui, demain je prendrai ma revanche.

Il s'était emparé de ses cartes et de ses états de troupes, et, animé de la même ardeur qu'aux plus beaux temps de sa jeunesse, il se disait : « Pendant que je suis ici, l'ennemi est fatigué, fatigué plus que moi. Ses généraux, qui se reposent dans la sécurité du succès, sont dispersés dans nos hôtels. Ses soldats s'égarent dans le dédale des carrefours de Paris. Un coup de main sur la capitale peut avoir le plus grand résultat. Pourquoi ne le tenterais-je point ? Je suis dans une de ces situations où, quand il en est temps encore, les minutes bien ou mal employées peuvent ou conserver ou perdre les couronnes. A Paris, on ourdit des trames contre moi. Ma manière d'y répondre, c'est de frapper un grand coup militaire, un coup de foudre. Les alliés ont perdu, en morts ou en blessés, sous les murs de Paris, environ douze mille hommes. Ils comptent encore, je le sais, plus de cent quatre-vingt mille combattants. Mais moi, je vais avoir bientôt ici à mes côtés une masse de soixante-dix mille hommes. Avec une telle armée, une armée qui m'acclame, qui agite en mon honneur ses fusils et ses sabres, qui pousse le cri de « Vive l'empereur ! » dans la frénésie et le délire de l'enthousiasme, que ne puis-je pas faire ? Elle s'écrie : « En avant ! » Et moi, est-ce que je reculerais ? Ah ! la chance me revient. Les alliés ont fait des fautes qu'ils paieront cher. Ils ont eu l'imprudence de se partager en trois masses, une de quatre-vingt mille hommes sur la gauche de la Seine, entre l'Essonnes et Paris, une autre dans l'intérieur même de la capitale, une troisième en dehors, sur la droite de la Seine. Leur situation est mortelle pour eux, oui, mortelle, si je sais en profiter, et je le saurai. Je battrai leurs trois corps, chacun à son tour. Je vais franchir brusquement l'Essonnes, refouler les quatre-vingt mille hommes de Schwartzenberg jusque dans les faubourgs de Paris, faire un appel suprême au patriotisme héroïque des habitants de ma bonne ville. Et le drapeau tricolore flottera triomphant aux Tuileries, sur le sommet du pavillon de l'Horloge. Et les traîtres rentreront sous terre. Et les paysans de la Bourgogne, de la Champagne et de la Lorraine, achevant mon œuvre, ramèneront la coalition jusqu'au Rhin.

Tels étaient les projets que Napoléon, à Fontainebleau, développait dans sa tête puissante. N'étaient-ce que de pures illusions, impossibles à réaliser ? L'historien national ne le croit pas. « La disproportion des forces était énorme, dit-il, mais la passion de l'armée (nous parlons de la passion qui régnait dans les rangs inférieurs), le génie de Napoléon, les circonstances locales, pouvaient compenser cette infériorité numérique, et tout faisait présager une immense catastrophe pour la capitale ou pour la coalition. Quand on songe au prix du succès, si on avait triomphé, à la France rétablie dans sa grandeur (il s'agit ici de sa grandeur désirable, et non de sa grandeur folle, de la ligne du Rhin, et non de celle de l'Elbe), nous n'hésitons pas à dire que le gain possible justifiait l'enjeu, toutes les splendeurs de Paris eussent-elles succombé dans une journée sanglante. La frontière du Rhin valait bien tout ce qui aurait pu périr dans la capitale, et nous ne saurions approuver ceux qui, ayant suivi Napoléon jusqu'à Moscou, ne l'auraient pas suivi cette fois jusqu'à Paris. » Et le grand historien ajoute : « S'il se trompait, il nous semble, quant à nous, qu'il valait mieux se tromper avec lui ce jour-là, que s'être trompé avec lui à Wilna, en 1812;

à Dresde, en 1813. Du reste, s'inquiétant peu des dangers de Paris, il raisonnait à l'égard de cette capitale comme les Russes à l'égard de Moscou, et il pensait qu'on ne pouvait payer d'un prix trop élevé l'extermination de l'ennemi qui avait pénétré au cœur de la France. »

Cependant le temps pressait. La parade avait lieu devant la cour du Cheval-Blanc, le 1ᵉʳ avril et le 2. Mais Napoléon ne marchait pas en avant. Il attendait des renforts, et il ne voulait prendre aucun parti définitif, avant d'avoir vu le duc de Vicence qui, envoyé par lui à Paris pour y essayer de traiter avec les alliés, devait lui apporter des nouvelles à Fontainebleau. Caulaincourt y arriva dans la nuit du 2 au 3 avril. Il y était attendu avec impatience. Il annonça de funestes nouvelles. Le 31 mars, à midi, l'empereur et le roi de Prusse avaient fait leur entrée dans Paris. Des cris en faveur des Bourbons s'étaient fait entendre sur leur passage. Des cocardes blan—ches avaient été arborées. Le czar avait été loger rue Saint-Florentin, dans l'hôtel du prince de Talleyrand, centre principal des complots roya-listes. Le Sénat s'était assemblé, le 1ᵉʳ avril, sous la présidence de ce personnage et avait nommé un gouvernement provisoire, composé de MM. de Talleyrand, de Beurnonville, de Jaucourt, de Dalberg et de l'abbé de Montesquiou. Caulain-court ne croyait point toutefois que, si Napoléon consentait à abdiquer sans retard, la cause du roi de Rome fût entièrement perdue. L'empereur Alexandre, par lequel il avait été reçu avec autant de courtoisie qu'au temps où il représentait à la cour de Russie le vainqueur d'Austerlitz et de Friedland, lui avait laissé, à cet égard, quelque lueur d'espérance. La question relative aux Bourbons n'était pas entiècement résolue. « Partez, avait dit le czar, amenez votre maître à une résignation nécessaire, et nous verrons. Tout ce qui sera convenable et honorable sera fait. Je n'ai pas oublié ce qui est dû à un homme si grand et si malheureux. »

Dès que le duc de Vicence fut arrivé à Fontainebleau, il raconta tout cela à l'empereur, et le supplia d'abdiquer en faveur du roi de Rome. « Ne croyez pas, lui répondit Napoléon, que la fortune ait prononcé définitivement. Si j'avais mon armée, j'aurais déjà attaqué, et tout aurait été fini en deux heures, car l'ennemi est dans une position à tout perdre. Quelle gloire si nous les chassions ! Quelle gloire pour les Parisiens d'expulser les Cosaques, et de les livrer aux paysans de la Bourgogne et de la Lorraine, qui les achèveraient ! Mais ce n'est qu'un retard. Après-demain, j'aurai les corps de Macdonald, d'Oudinot, de Gérard, et, si on me suit, je changerai la face des choses. Les chefs de l'armée sont fatigués, mais la masse marchera. Mes vieilles moustaches de la garde donneront l'exemple, et il n'y aura pas un soldat qui hésite à les suivre. En quelques heures, mon cher Caulaincourt, tout peut changer. » Et il ajouta : « Non, tout n'est pas fini. On cherche à m'écarter, parce qu'on sent que seul je puis relever notre fortune. Je ne tiens pas au trône, croyez-le. Je puis redevenir citoyen. Vous connaissez mes goûts. Que me faut-il ? Un peu de pain, si je vis; six pieds de terre, si je meurs. Il est vrai, j'ai aimé et j'aime encore la gloire. Mais la mienne est à l'abri de la main des hommes. Si je désire commander quelques jours encore, c'est pour relever nos armes, c'est pour arracher la France à ses implacables ennemis. » L'entretien, qui avait lieu dans la chambre à coucher de l'empereur, se prolongeait longtemps, et la nuit s'avançait. Napoléon finit par envoyer le duc de Vicence se reposer, et lui-même s'endormit profondément.

Le 3 avril au matin, il n'eut, à son réveil, que des idées guerrières. Au lieu de penser à abdiquer, il voulut entretenir, par une allocution martiale, l'ardeur belliqueuse de ses troupes. Dans la journée du 3 avril, il réunit sa vieille garde dans la cour du Cheval-Blanc, et lui adressa cette harangue : « Officiers, sous-officiers et soldats de la vieille garde, l'ennemi nous a dérobé trois marches. Il est entré dans Paris. J'ai fait offrir à l'empereur Alexandre une paix achetée par de grands sacrifices : la France avec ses anciennes limites, en renonçant à nos conquêtes, en perdant tout ce que nous avons gagné depuis la Révolution. Non seulement il a refusé, il a fait plus encore : par les suggestions perfides de ces émigrés auxquels j'ai accordé la vie, et que j'ai comblés de mes bienfaits, il les autorise à porter la cocarde blanche, et bientôt il voudra la substituer à notre cocarde nationale. Dans peu de jours, j'irai l'attaquer à Paris. Je compte sur vous. »

Ici, l'empereur, qui était écouté avec un religieux silence, s'arrêta un instant. Puis, reprenant la parole, toujours au milieu du silence, il dit : « Ai-je raison ? » Alors, il entendit retentir comme un tonnerre une explosion de cris d'enthousiasme : « Vive l'empereur ! vive l'empereur ! A Paris ! à Paris ! » Electrisé par cette ardeur de ses fidèles soldats, Napoléon continua plus énergiquement encore sa harangue : « Nous irons leur prouver, dit-il, que la nation française sait être maîtresse chez elle ; que, si nous avons été longtemps maîtres chez les autres, nous le serons toujours chez nous, et qu'enfin nous sommes capables de défendre notre cocarde, notre indépendance et l'intégrité de notre territoire. Communiquez ces sentiments aux soldats.» Quand l'empereur eut fini de parler, des acclamations frénétiques le saluèrent. Les fantassins agitaient leurs fusils, les cavaliers brandissaient leurs sabres. Des pleurs de rage et d'héroïsme jaillissaient de tous les yeux. Ce n'était plus seulement de l'enthousiasme, c'était de la fureur, du délire. Une joie patriotique transfigurait Napoléon. Son visage, d'abord sombre, était devenu resplendissant. Et, cependant, le lendemain, il allait abdiquer !

XIV

Les soldats de Napoléon étaient encore pleins d'ardeur, comme lui-même. Les troupes qu'il avait passées en revue dans la cour du Cheval-Blanc, le 3 avril, défilaient devant lui au pas de charge, en criant avec plus d'énergie que jamais : « Vive l'empereur ! » Un témoin oculaire a ainsi décrit la marche de ces vaillants soldats à travers la forêt de Fontainebleau, après la parade qui avait eu lieu dans la cour du palais : « La nuit venue, leur colonne, serrée et silencieuse, s'ébranla sur Paris, et traversa, d'un pas ferme et résolu, la forêt impériale. Ces chênes séculaires, ces arbres gigantesques, au milieu desquels s'écoulaient ces vétérans, dévoués à une mort presque certaine, le clair de lune qui grandissait tous les objets, ajoutaient à cette marche guerrière je ne sais quoi de majestueux et de solennel. Une taciturnité farouche et menaçante régnait dans ces colonnes. On n'entendait que le sourd roulement des canons, le bruit régulier des pas, et le cliquetis des sabres et des baïonnettes. D'austères réflexions préoccupaient ces guerriers, échappés à tant de batailles. On voyait leurs regards, sombres et sévères, se fixer, par intervalles, sur plusieurs batteries d'obusiers qui marchaient au milieu d'eux. Il était évident que, l'esprit frappé et le cœur plein du terrible serment qu'ils venaient de prêter, ils s'apprêtaient, dans un recueillement héroïque, à périr, ou à venger l'empereur et l'empire, et à terminer leur carrière devant les murs ou sous les décombres sanglants de la capitale. »

Si les simples soldats, les sous-officiers et les officiers subalternes témoignaient un tel héroïsme, il n'en était pas de même des principaux chefs de l'armée. Ceux-ci ne se donnaient plus même la peine de cacher leurs aspirations pacifiques. Tout près de la chambre de l'empereur, dans la galerie de François Ier, ils faisaient entendre leurs murmures et leurs doléances. Où l'empereur prétend-il nous conduire ? se disaient-ils entre eux : Qu'espère-t-il désormais ? Il y a des bornes à tout. Les forces humaines ne sont pas inépuisables. C'en est trop ! Il faut la paix ! N'y a-t-il pas eu assez de sacrifices ? Faut-il encore détruire Paris, l'incendier comme Moscou?

Ah ! c'en est assez ! c'en est trop ! Il faut avoir le courage de dire à l'empereur la vérité. Il faut le décider à abdiquer en faveur de son fils.

Que se passa-t-il alors ? Et comment parvint-on à arracher à l'infortuné souverain son abdication, au moment même où il s'imaginait être sur le point de ressaisir sa fortune, où il voulait ordonner que le quartier impérial fût transféré entre Ponthiéry et Essonnes, où il venait de passer en revue ses fidèles soldats et de leur adresser l'allocution la plus belliqueuse ; où il ne rêvait que de prendre une revanche terrible ; d'écraser les alliés sous les murs de Paris, de les précipiter dans la Seine, de les rejeter au delà du Rhin ?

M. Thiers et le général de Ségur ne sont pas d'accord sur les détails de la scène à la suite de laquelle l'empereur crut devoir prendre la résolution d'abdiquer. M. Thiers la mentionne comme ayant eu lieu dans la matinée du 4 avril. D'après le général, au contraire, elle se passa dans la soirée du 3. Nous inclinons à penser que des deux récits, le plus exact est celui du général de Ségur, qui a dit dans ses Mémoires : « Ces faits, que je tiens des témoins eux-mêmes, expliquent pourquoi l'empereur, après sa proclamation et le départ de sa garde, changea si subitement et si complétement de résolution. Mais ils sont si graves, qu'après les avoir consignés, je les ai relus plusieurs fois à ces témoins, pour m'assurer de leur entière et complète exactitude. J'aurais voulu pouvoir les taire, mais ç'eût été trahir non seulement la vérité, mais aussi Napoléon. Ç'eût été laisser ajouter à son malheur l'injuste accusation d'un trop prompt abandon de lui-même et de notre cause, découragement que l'histoire privée de ces révélations pourrait juger défavorablement, et dont sa mémoire subirait à tort le blâme. » Et le général fait, en note, cette observation : « Entre autres témoins des faits, je citerai Saint-Aignan, Fain et le maréchal Moncey, qui, maintes fois, m'a certifié l'exacte vérité de toutes les paroles que renferme ce récit, assertion que les autres témoins m'ont confirmée. Quant à la part que prit à cette abdication le maréchal Macdonald, c'est sous sa propre dictée que j'ai écrit toutes les particularités, dictée que je lui ai relue, et qu'il m'a déclaré être de la plus scrupuleuse exactitude. » Reportons-nous donc à la relation du général de Ségur, elle nous paraît offrir le caractère d'une parfaite authenticité.

Le 3 avril, vers six heures du soir, dans le palais de Fontainebleau, à côté des appartements de l'empereur, les officiers viennent de se livrer à l'explosion de leurs plaintes et de leurs colères. Excité par tous ces propos véhéments, qui ressemblent au début d'une de ces séditions militaires dont l'histoire de l'empire romain fournit de si odieux exemples, l'ardeur et irascible maréchal Ney se fait fort d'arracher à l'empereur son abdication. Il entre précipitamment dans l'appartement du souverain, qui n'a plus que peu d'heures à régner. « Sire, dit-il brusquement, il est temps d'en finir. Votre situation est celle d'un malade désespéré. Il faut faire votre testament, et abdiquer pour le roi de Rome. — Mais nous pouvons combattre encore. Nous pouvons ressaisir la fortune. — Non ! non ! c'est impossible. L'armée ne vous suivrait plus. Vous avez perdu sa confiance. — L'armée obéira assez pour vous punir de votre révolte. — Eh ! si vous en aviez le pouvoir, serais-je encore ici dans cet instant ? » Le maréchal, en parlant ainsi, s'est animé. Dans sa voix, dans son geste, il y a de la menace. Comprenant qu'il a été trop loin, il s'arrête, il se radoucit, puis il ajoute : « Ne craignez rien, nous ne venons pas vous faire ici une scène de Pétersbourg. » Et, au bout de quelques instants, il se retire, dans une attitude qui n'a plus rien que de respectueux.

Napoléon se sent perdu. Comment ! un de ses lieutenants, un maréchal, a osé lui tenir un pareil langage, à lui, à *lui,* l'empereur ! Pour que ces hommes hier si humbles, si dociles, se soient enhardis à ce point, il faut que tout s'écroule, que la dernière lueur d'espoir soit éteinte. Plus d'illusion. Napoléon regarde sa destinée en face. Il comprend que le lendemain il sera obligé d'abdiquer. Alors il écrit au baron de Méneval une lettre où il lui prescrit d'engager Marie-Louise à s'aider de son père et de Metternich pour assurer ses droits à la régence, et où il ajoute, — sinistre prophétie, — que cela mêm pourrait manquer ; que, dans ce cas, tout, jusqu'à sa mort, deviendrait possible, et qu'il ne resterait plus à l'impératrice que d'aller, avec son fils, se jeter dans les bras de l'empereur d'Autriche.

Le lendemain 4 avril, vers onze heures du matin, Ney, Berthier, Caulaincourt, Moncey, Lefebvre et le duc de Bassano sont réunis dans la salle à manger de l'empereur. Ils l'y attendent. Napoléon paraît. « Restez ! » leur dit-il ; et, sans proférer une parole de plus, il déjeune en toute hâte, puis retourne dans son salon, en s'y faisant suivre par eux. On se range autour de lui, debout, silencieusement. Après quelques minutes de méditation, il regarde Caulaincourt, et s'écrie : « Eh ! bien, oui, puisqu'ils ne veulent pas traiter avec moi, puisque ma résistance serait cause d'une guerre civile, je saurai me sacrifier au bonheur de la France, j'abdiquerai. » A ces mots, le maréchal Moncey saisit la main de l'empereur, et, la baisant respectueusement : « Sire, dit-il, vous sauvez la France. Recevez mon tribut d'admiration et de gratitude. » Puis, comme Napoléon le regarde avec une certaine surprise : « Ne vous y méprenez pas, c'est mon sentiment, sire ; mais ordonnez, et partout où vous le voudrez, je n'en suis pas moins prêt à vous suivre. » Alors, l'empereur appelle son secrétaire, le baron Fain, et lui demande d'apporter le projet d'abdication. Sur les observations de Caulaincourt, il y fait lui-même, à deux reprises différentes, des changements. « Tenez, dit-il enfin à Caulaincourt, le voici, et pour cette fois tel qu'il restera, je n'y changerai plus rien. »

Caulaincourt donne lecture de l'acte à haute voix ; il est ainsi conçu : « Les puissances alliées ayant proclamé que l'empereur Napoléon était le seul obstacle au rétablissement de la paix en Europe, l'empereur Napoléon, fidèle à son serment, déclare qu'il est prêt à descendre du trône, à quitter la France, et même la vie, pour le bien de la patrie, inséparable des droits de son fils, de ceux de la régence de l'impératrice et du maintien des lois de l'empire. Fait à Fontainebleau le 4 avril 1814. »

Cette lecture est à peine achevée, qu'on annonce le maréchal Oudinot, duc de Reggio, et le maréchal Macdonald, duc de Tarente. Ils arrivent de Champagne, précédant de quelques heures leurs troupes, qui ont fait la campagne avec l'empereur, qui l'ont suivi dans la marche vers l'Est, puis ont rétrogradé dans la direction de Paris, et malgré leurs efforts, malgré la vitesse de leur course, n'ont pu rejoindre Napoléon assez tôt pour sauver la capitale. Les voilà donc, ces trois corps d'armée d'Oudinot, de Macdonald, de Gérard ; les voilà qui sont tout près de Fontainebleau, ces trois corps d'armée que le malheureux empereur attendait avec tant d'impatience, quand il arriva seul près des fontaines de Juvisy, dans la nuit du 30 au 31 mars, au moment même où l'on allait signer la capitulation de Paris ! Les voilà qui approchent, et s'ils sont favorablement disposés, s'ils partagent les nobles sentiments des troupes que l'empereur a passées en revue, la veille, dans la cour du Cheval-Blanc, peut-être cette lamentable abdication, dont Caulaincourt vient de donner lecture, ne sera-t-elle pas définitive, car ce n'est encore qu'un projet.

En apercevant Macdonald, Napoléon lui demande comment il se porte. « Bien, sire, répond le maréchal, mais cruellement affecté, mais bien malheureux que le sort des armes nous ait refusé le dernier honneur de combattre devant Paris et de nous faire tuer en défendant contre une si grande infortune notre capitale. — Où sont les trois corps d'armée ? — Ils arrivent, sire, mais bien résolus à ne point marcher contre Paris. Je viens en leur nom, vous le dire ; je viens vous déclarer, quel que soit le parti que la capitale ait pu prendre, que nul de nous ne tirera son épée contre elle ; que pas un de nous ne la rougira du sang de ses compatriotes. — Mais telle n'a jamais été ma pensée. Comment me supposer un projet si cruel ? — Sire, c'est le bruit général, et l'armée en est révoltée. On y dit que c'est assez de malheurs. On s'y refuse de faire de Paris une seconde Moscou. — Mais quelle supposition odieuse, quelle absurdité ! Oubliez-vous donc mes soins, mon amour constants pour ma capitale ? Oubliez-vous tout ce que j'ai fait pour elle ? — Mais, sire, Votre Majesté sait-elle bien tout ce qui s'y passe ? — Oui, je sais que les alliés disent qu'ils ne veulent plus traiter avec ma personne. — Ce n'est pas tout, malheureusement cette lettre vous en apprendra davantage. »

Alors le maréchal montre à l'empereur une lettre qu'il a reçue de Beurnonville, l'un des membres du gouvernement provisoire. Cette lettre, au lieu de porter l'adresse : « A M. le maréchal Macdonald, duc de Tarente », portait cette adresse erronée : « A M. le maréchal Macdonald duc de Raguse. » On avait donné à Macdonald le titre qui appartenait à Marmont. Mais peut-être l'erreur n'avait-elle pas été involontaire. Peut-être l'auteur de la lettre avait-il voulu que la lettre fût lue tour à tour par les deux maréchaux. Ce fut, en effet, ce qui arriva. Marmont reçut d'abord la lettre, il l'ouvrit, puis il la renvoya à son collègue. Elle annonçait la déchéance de l'empereur et de sa famille, le rappel des Bourbons, l'espoir de la Constitution anglaise pour la France, la confirmation dans leurs grades de tous les officiers de l'armée française.

L'empereur prend la lettre, la parcourt avec le plus grand calme, puis, la passant au duc de Bassano, lui ordonne de la lire tout haut. La lecture terminée, Napoléon s'écria : « J'ai voulu la gloire et le bonheur de la France. Je n'ai point réussi. J'abdique et je me retire. — Ah! Sire, répondit le maréchal Macdonald, quelle catastrophe ! C'est la paix que j'étais venu demander, ce n'est pas l'abdication. — Oui, reprend l'empereur, je me décide à abdiquer. Mais vous tous, consentez-vous à reconnaître mon fils pour mon successeur et à accepter la régence de l'impératrice ? » Tous répondent affirmativement de la voix et du geste.

Quels seront les plénipotentiaires qui porteront aux alliés l'acte d'abdication, et tenteront un suprême effort pour sauver, sinon Napoléon, du moins sa dynastie ? Mais laissons la parole au baron Fain, le secrétaire de l'empereur : « Le duc de Vicence, dit-il, se dispose à porter l'acte à Paris. Napoléon lui adjoint le prince de la Moskowa. Il voudrait aussi lui adjoindre le duc de Raguse, c'est le plus ancien des compagnons d'armes qui lui restent ; et, dans une circonstance aussi grave, où les derniers intérêts de sa famille vont être décidés, il croit avoir besoin de s'appuyer sur le dévouement de son vieil aide de camp. On allait donc dresser les pouvoirs du duc de Raguse, lorsque quelqu'un représente à Napoléon que dans cette négociation, où l'armée doit intervenir et être représentée, il serait utile d'employer un homme comme le duc de Tarente, qui apporterait d'autant plus d'influence qu'il est connu pour avoir vécu moins près de la personne de Napoléon, et pour être entré moins avant dans ses affections. Le duc de Bassano, interrogé à ce sujet par Napoléon, pense que, quelles que puissent être les opinions du maréchal Macdonald, il est trop homme d'honneur pour ne pas répondre religieusement à un témoignage de confiance de cette nature. Napoléon nomme aussitôt le duc de Tarente pour son troisième plénipotentiaire. Mais il veut encore qu'en traversant Essonnes les plénipotentiaires communiquent au duc de Raguse ce qui vient de se passer, qu'on le laisse maître de voir s'il ne sera pas plus utile en restant à la tête de son corps d'armée; et s'il tient à remplir la mission que la confiance particulière de Napoléon lui destinait, on lui enverra à l'instant des pouvoirs.

Macdonald, se disposant à partir pour Paris avec Ney, Caulaincourt, et avec MM. de Rayneval et de Rumigny, qui les accompagnaient comme secrétaires, venait de prendre congé de l'empereur; il avait la main sur la porte déjà entr'ouverte, quand Napoléon s'écria : « Ah! croyez-moi, marchons demain matin, et nous les battrons encore. » Le maréchal feignit de n'avoir pas entendu, et descendit précipitamment l'escalier du Fer-à-Cheval, au bas duquel il trouva ses compagnons de voyage, et monta en voiture avec eux, pour aller aborder à Paris la négociation si difficile qui était le dernier, l'unique espoir de la dynastie des Bonaparte.

XV

Ney, Macdonald et Caulaincourt, investis des
pleins pouvoirs que leur avait donnés l'empereur, étaient partis de Fontainebleau dans la
journée du 14 avril 1814, pour se rendre à Paris, où ils allaient plaider la cause de Marie-
Louise et du roi de Rome. Le même jour ils
durent s'arrêter en route à Essonnes, pour y
voir le maréchal Marmont, et faire demander au
prince de Wurtemberg, commandant l'avant-
garde des alliés, le sauf-conduit qui leur était indispensable, s'ils voulaient traverser les lignes
ennemies et entrer dans la capitale.

Essonnes, village du département de (Seine-et-
Oise), situé à sept kilomètres de Corbeil, était
le quartier général du maréchal Marmont, duc
de Raguse, et du sixième corps, placé sous ses
ordres depuis le commencement de la campagne

de France. La rivière qui sort de la forêt d'Orléans, et tombe dans la Seine, à Corbeil, porte le même nom que le village ; elle se nomme l'Essonnes. Cette rivière coulait entre les troupes de Marmont et celles des alliés, et le prince de Schwarzenberg avait son quartier général au château de Petit-Bourg, hameau situé à quatre kilomètres de Corbeil.

Les trois plénipotentaires de l'empereur, arrivés à Essonnes vers cinq heures du soir, se réjouissaient à l'avance de la pensée d'y voir Marmont, Marmont qui s'était couvert de gloire pendant toute la campagne de France, et surtout lors de la bataille héroïque de Paris, Marmont, le camarade d'enfance, le condisciple de Napoléon, l'ami de sa jeunesse, le témoin de ses premiers exploits, Marmont, qui paraissait devoir être le partisan le plus convaincu, le défenseur le plus ardent et le plus chevaleresque de la femme et du fils de son bienfaiteur. Quelle ne fut donc pas la surprise de Ney, de Macdonald, de Caulaincourt, quand ils virent le visage troublé et l'attitude embarrassée du maréchal ! Quel était ce mystère ? Que s'était-il passé ? On comprend que Marmont ait hésité quelques instants à faire l'aveu de la vérité. Il s'était passé la chose qui allait être la ruine de la dynastie impériale. Hélas ! il faut prononcer le mot. Marmont avait trahi l'empire.

C'est le duc de Raguse lui-même qui a raconté, dans ses Mémoires, par suite de quelles circonstances fatales il se laissa entraîner à un acte si peu en rapport avec son caractère et ses glorieux antécédents. Un entretien, qui fut peut-être le premier germe de sa résolution, avait eu lieu à Paris, dans son hôtel de la rue de Paradis-Poissonnière, quand, le soir du 3o mars 1814, quelques heures après la bataille, il allait régler en détail les clauses de la capitulation imposée à la capitale. « Je dois rendre compte, dit-il, d'une conversation qui eut lieu chez moi, pendant la soirée, et qui est une peinture fidèle de l'opinion de l'époque. Un grand nombre de mes amis s'étaient réunis chez moi. On parla avec abandon de la situation des choses et du remède à y apporter. En général, tout le monde semblait d'accord sur ce point, que la chute de Napoléon était le seul moyen de salut. On parlait des Bourbons. La voix la plus énergique en leur faveur, celle qui me fit le plus d'impression, fut celle de M. Laffitte. Il se déclarait hautement leur partisan, et quand je renouvelai les arguments adressés quelque temps avant à mon beau-frère, il me répondit : « — Eh ! monsieur le maréchal, avec des garanties écrites, avec un ordre politique qui fondera nos droits, qu'y a-t-il à redouter ? » Quand je vis un homme de la bourgeoisie, un simple banquier, exprimer une pareille opinion, je crus entendre la voix de la ville de Paris tout entière. »

Les membres du gouvernement provisoire
avaient tout de suite deviné qu'ils pouvaient faire
quelque chose du duc de Raguse. « Et pourtant,
a dit M. Thiers, Marmont n'avait pas l'âme d'un
traître, loin de là ! Mais il était vain, ambitieux
et faible, et malheureusement il suffit de ces dé-
fauts dans des circonstances graves, pour aboutir
quelquefois à des actes que la postérité frappe
de réprobation. » Il avait eu, pendant plusieurs
années, pour aide de camp un M. de Montessuy,
qui avait quitté le service militaire pour l'indus-
trie et la finance, et qui venait de se prononcer
avec ardeur pour les Bourbons. Les membres
du gouvernement provisoire jugèrent que M. de
Montessu y serait un excellent émissaire, capable
plus qu'aucun autre de séduire le maréchal, et
ils l'envoyèrent à Essonnes, où il arriva, le 3 avril,
vers cinq heures du soir. Il était porteur d'une
lettre du prince de Schwarzenberg ainsi conçue :
« Monsieur le maréchal, j'ai l'honneur de faire
passer à Votre Excellence, par une personne
sûre, tous les papiers et documents nécessaires
pour mettre Votre Excellence au courant des
événements qui se sont passés depuis que vous
avez quitté la capitale, ainsi qu'une invitation des
membres du gouvernement provisoire à vous
ranger sous les drapeaux de la bonne cause française. Je vous engage, au nom de votre patrie et
de l'humanité, à écouter des propositions qui
devront mettre un terme à l'effusion du sang

précieux des braves que vous commandez. »

Quelles furent les réflexions de Marmont, quand il reçut des mains de son aide de camp, avec le message du prince de Schwarzenberg, le décret du Sénat prononçant la déchéance de l'empereur et plusieurs lettres de personnages importants qui lui demandaient de s'y conformer ? « Il serait difficile, a-t-il dit lui-même dans ses Mémoires, d'exprimer ici la foule des sensations que ces nouvelles me firent éprouver, et les réflexions qu'elles occasionnèrent. Cette agitation profonde était le signe précurseur des sensations que le souvenir de ces grands événements ne cessera de faire naître en moi pendant toute ma vie. Attaché à Napoléon depuis si longtemps, les malheurs qui l'accablaient réveillaient en moi cette vive et ancienne affection qui, autrefois, dépassait tous mes autres sentiments ; et cependant, dévoué à mon pays, et pouvant influer sur son état et sa destinée, je sentais le besoin de le sauver d'une ruine complète. Il est facile à un homme d'honneur de remplir son devoir quand il est tout tracé ; mais qu'il est cruel de vivre dans des temps où l'on peut et où l'on doit se demander : où est le devoir ? Et ces temps-là, je les ai vus, ce sont ceux de mon époque ! Trois fois dans ma vie, j'ai été mis en présence de cette difficulté ! Heureux ceux qui vivent sous l'empire d'un gouvernement régulier, et qui, placés dans une situation obscure, ont échappé à cette cruelle épreuve ! Qu'ils s'abstiennent de blâmer ; ils ne peuvent être juges d'un état de choses inconnu pour eux. »

L'infortuné maréchal ajoute : « Quelque profond que fût mon intérêt pour Napoléon, je ne pouvais me refuser à reconnaître ses torts envers la France. Lui seul avait creusé l'abîme qui nous engloutissait. Que d'efforts n'avions-nous pas prodigués, et moi plus que tout autre, pour l'empêcher d'y tomber ! Le sentiment intime d'avoir dépassé l'accomplissement de mes devoirs pendant cette campagne était d'accord avec l'opinion. Plus qu'aucun de mes camarades, j'avais payé de ma personne dans ces cruelles circonstances, et montré une constance et une persévérance soutenues. Ces efforts inouïs, renouvelés tant qu'ils pouvaient amener un résultat utile, ne m'avaient-ils pas acquitté envers Napoléon, et n'avais-je pas rempli largement ma tâche et mes devoirs envers lui ? Le pays ne devait-il donc pas avoir son tour ? »

Quand M. de Montessuy fut parti, le maréchal ne dissimula point à son sous-chef d'état-major, le colonel Fabvier, le message que l'envoyé du gouvernement provisoire avait apporté, et demanda au colonel quelle réponse il jugeait convenable de faire à de telles propositions. Fabvier qui, en ce moment, se trouvait à côté d'un grand arbre exotique, répondit, en montrant du doigt la plus forte des branches de l'arbre :

« Mais il me semble que, dans d'autres circonstances, la réponse aurait dû être là. Pourtant, au moins, faudrait-il avertir l'empereur d'une si fâcheuse tentative. — C'est ce que je ferai, répliqua Marmont. » Puis on se mit à table.

Dans la soirée, le maréchal prépara sa réponse à la communication du prince de Schwarzenberg. Elle était ainsi conçue : « Monsieur le maréchal, j'ai reçu la lettre que Votre Altesse m'a fait l'honneur de m'écrire, ainsi que tous les papiers qu'elle renfermait. L'opinion publique a toujours été la règle de ma conduite. L'armée et le peuple, se trouvant déliés du serment de fidélité envers l'empereur Napoléon par le décret du Sénat, je suis disposé à concourir à un rapprochement entre le peuple et l'armée, qui doit prévenir toute chance de guerre civile et éviter l'effusion du sang français. En conséquence, je suis prêt à quitter, avec mes troupes, l'armée de l'empereur Napoléon aux conditions suivantes, dont je vous demande la garantie par écrit :

« Article premier. — Moi, prince de Schwarzenberg, maréchal et commandant en chef des armées alliées, je garantis à toutes les troupes françaises qui, par suite du décret du Sénat du 2 avril, quitteront les drapeaux de Napoléon Bonaparte, qu'elles pourront se retirer librement en Normandie, avec armes, bagages, munitions, et avec les mêmes égards et les mêmes honneurs militaires que se doivent les troupes alliées.

« Article 2. — Que si, par suite de ce mouvement, les événements de la guerre faisaient tomber dans les mains des puissances alliées la personne de Napoléon Bonaparte, sa vie et sa liberté lui seraient garanties dans un espace de terrain et dans un pays circonscrit, au choix des puissances alliées et du gouvernement français. »

Le lendemain, 4 avril, Marmont, dès le point du jour, fit appeler près de lui, dans sa chambre, tous ses généraux, à l'exception du général Chastel. Il leur fit un exposé de la situation en rapport avec son projet. Il leur dit que l'empereur, après avoir commis faute sur faute, et avoir, par ses fausses manœuvres, laissé entrer les alliés dans Paris, avait maintenant l'idée folle de les attaquer dans Paris même, avec cinquante mille hommes contre deux cent mille, et d'exposer ainsi le peu de soldats qui lui restaient à être tués tous, jusqu'au dernier, ensevelis sous les ruines de la capitale et de la France. Il les décida ensuite à donner leur adhésion au gouvernement provisoire. Puis il leur lut sa réponse à la communication du prince de Schwarzenberg. Ils en approuvèrent le fond et la forme, et, sans plus tarder, Marmont l'envoya au généralissime.

Quelques instants après, il songea à s'excuser auprès de l'empereur, car sa conscience commençait à le troubler. Dans la même journée, 4 avril, il lui écrivit cette lettre, qu'il ne devait pas lui envoyer; car avant la fin du jour il allait reconnaître sa faute et renoncer, mais trop tard, à sa résolution funeste : « Essonnes, 4 avril 1814. Sire, je vous ai servi avec dévouement depuis vingt ans, et mon zèle a redoublé avec vos malheurs ; les travaux de cette campagne le prouvent assez. Soutenu par l'opinion de mon pays, mes efforts n'auraient point eu de terme, car l'adversité n'a jamais su m'effrayer. Mais, sire, c'est contre l'opinion de la France, et tout à l'heure contre les Français mêmes, que nous portons les armes. L'exaltation des esprits à Paris, à Lyon, à Bordeaux, à Marseille, l'universalité des sentiments exprimés d'une manière si véhémente, le décret du Sénat, décèlent assez la véritable opinion publique, et celle-là doit faire la règle d'un bon Français, d'un citoyen. D'ailleurs, sire, dans quelle horrible situation sommes-nous placés ? Ou la fortune couronnera momentanément vos efforts, et alors la dévastation de Paris et la fuite de ses habitants en sont la suite ; ou elle vous est contraire, et alors, sire, avec votre perte immédiate nous entraînons la perte du reste d'une milice, peut-être trop tôt nécessaire au salut de la patrie, et qui, combattant pour elle, alors soutenue par l'opinion, saura la sauver. C'est donc, sire, pour la France que je me dévoue en faisant une action que mon cœur condamne, mais qui m'est commandée par le salut de mon pays. Je dois m'éloigner de vos rangs le jour où la nation vous réprouve ; mais, après avoir sauvé

la patrie, je suis prêt à vous rapporter ma tête,
si vous la réclamez ! Jé n'ai séduit ni les généraux, ni les troupes dont vous m'avez confié le
commandement. Tous sentent, comme moi, que
la volonté de la nation doit être leur règle, et que
rien ne la rend douteuse aujourd'hui. »

Marmont était déjà troublé. C'est lui-même
qui en fait l'aveu dans sa lettre. La résolution
qu'il avait prise, son cœur la condamnait. La
grande figure de Napoléon lui revenait sans
cesse à l'esprit, et le tourmentait, comme un
remords. Cette obsession, qui, jusqu'à la fin de
sa vie, devait être la torture secrète de son âme,
commençait déjà à l'inquiéter, à le poursuivre
Quatre jours auparavant, il avait été voir l'empereur à Fontainebleau, et l'empereur lui avait
fait le meilleur accueil. « La belle défense que
nous avions faite reçut ses éloges, dit-il lui-même.
Il m'ordonna de lui soumettre, pour mon corps
d'armée, un travail de récompenses en faveur
de ces braves soldats, qui, jusqu'au dernier moment, avaient soutenu avec tant de dévouement
et de courage une lutte devenue si prodigieuse-
ment inégale. » Et maintenant, quatre jours
après cet entretien si cordial avec son maître,
son compagnon d'armes, son ami, son bienfaiteur, son souverain, Marmont l'abandonnait,
Marmont le livrait aux ennemis !

Cependant, le prince de Schwarzenberg s'était
empressé d'envoyer sa réponse à Essonnes.

« Monsieur le maréchal, disait-il dans sa lettre, je ne saurais assez vous exprimer la satisfaction que j'éprouve en apprenant l'empressement avec lequel vous vous rendez à l'invitation du gouvernement provisoire de vous ranger, conformément au décret de ce mois, sous les bannières de la cause française. Les services distingués que vous avez rendus à votre pays sont reconnus généralement ; mais vous y mettez le comble en rendant à leur patrie le peu de braves échappés à l'ambition d'un seul homme. Je vous prie de croire que j'ai surtout apprécié la délicatesse de l'article que vous demandez, et que j'accepte relativement à la personne de Napoléon. Rien ne caractérise mieux cette belle générosité naturelle aux Français, et qui distingue particulièrement Votre Excellence. »

Les choses en étaient là, lorsque le 4 avril, vers cinq heures du soir, Marmont se trouva en présence de Ney, de Macdonald et de Caulaincourt. Aussitôt qu'ils lui eurent appris l'abdication de l'empereur et la mission dont ils étaient chargés, ses yeux se dessillèrent ; il comprit l'énormité de sa faute. « Cet événement, a-t-il dit lui-même en parlant de l'arrivée des trois plénipotentiaires à Essonnes, changeait la face des choses. Isolé, je n'avais pu consulter, sur les cas présents, les autres chefs de l'armée. J'avais fait au salut de la patrie le sacrifice de mes affections ; mais un sacrifice plus grand que le mien, celui de Napoléon, venait de le sanctionner. Dès lors mon but était rempli, et je devais cesser de m'immoler. Mes devoirs me commandaient Impérieusement de me réunir à mes camarades. Je serais devenu coupable en continuant à agir seul. En conséquence, j'appris aux plénipotentiaires de l'empereur mes pourparlers avec Schwarzenberg, en ajoutant que je rompais à l'instant toute négociation personnelle, et que je ne me séparerais jamais d'eux. Ces messieurs me demandèrent de les accompagner à Paris. Réfléchissant que, d'après ce qui s'était passé, mon union avec eux pourrait être d'un grand poids, j'y consentis avec empressement. Avant de partir d'Essonnes, j'expliquai aux généraux auxquels je laissais le commandement, et entre autres au général Souham, le plus ancien, et aux généraux Campons et Bordessoulle les motifs de mon absence. Je leur annonçai mon prochain retour. Je leur donnai l'ordre, en présence des plénipotentiaires de l'empereur, de ne pas faire, quoi qu'il arrivât, le moindre mouvement avant mon retour. »

La nuit était venue, quand les trois plénipotentiaires, accompagnés de Marmont, arrivèrent au château de Petit-Bourg, quartier général du prince de Schwarzenberg, pour y demander le sauf-conduit nécessaire à la continuation de leur voyage. A ce moment, Marmont se sentit profondément gêné. Il se demandait comment il fe-

rait pour expliquer sa conduite à l'homme avec
lequel il s'était engagé le matin. Ses compagnons
en eurent pitié. Après être descendus de voiture, ils y laissèrent le malheureux maréchal, et,
à sa prière, ils le couvrirent de leurs manteaux,
pour le cacher à tous les regards. Puis, ils entrèrent au château de Petit-Bourg. Ils y trouvèrent d'abord le prince de Wurtemberg, qui
parla de Napoléon en termes remplis d'amertume. Ney avait eu autrefois sous ses ordres le
prince allemand, et ne l'avait jamais ménagé.
« S'il y a, lui dit-il, une maison en Europe
qui n'ait pas le droit d'accuser l'ambition de l'empereur Napoléon, assurément c'est la maison de
Wurtemberg. » En effet, c'était à l'empereur que
le souverain de ce pays devait son titre de roi,
et c'était au frère de Napoléon qu'il avait donné
sa fille en mariage. Le prince de Schwarzenberg
parut alors, et, tout en traitant les trois plénipotentiaires avec courtoisie, il ne témoigna pas de
sentiments favorables à une régence de Marie-
Louise. Apprenant que le maréchal Marmont
était dans la voiture, à la porte du château, il
voulut avoir une conversation particulière avec
lui. Dans mon entretien, a écrit le maréchal, je
me dégageai des négociations commencées. J'expliquai mes motifs au prince de Schwarzenberg.
Le changement survenu dans la position générale devait en apporter un dans ma conduite. Mes
démarches n'ayant eu d'autre but que de sauver

mon pays, et une mesure prise en commun avec mes camarades, et de concert avec Napoléon promettant d'atteindre ce but, je ne pouvais m'en isoler. Il me comprit parfaitement, et donna son assentiment le plus complet à ma résolution. »

Marmont se joignit donc à ses collègues. Munis du sauf-conduit nécessaire, ils poursuivirent leur route, et arrivèrent le 5 avril, vers deux heures du matin, à Paris, où ils se rendirent tout de suite rue Saint-Florentin, à l'hôtel de M. Talleyrand, où logeait l'empereur Alexandre. Tous les quatre, Ney, Macdonald, Caulaincourt et Marmont, furent admis immédiatement devant le tzar. Il leur fit le plus courtois accueil, en disant qu'il avait besoin de leur déclarer l'estime, l'admiration qu'il portait à la bravoure de l'armée française et à l'habileté de ses chefs. Il protesta de ses dispositions toutes favorables à la France. « J'en veux le bonheur, ajoute-t-il, le bonheur et la sécurité. Il faut qu'elle soit puissante, il faut qu'elle reste grande. »

Les plénipotentiaires plaidèrent ensuite avec conviction, éloquence, énergie, la cause de Marie-Louise et du roi de Rome. Marmont, qui, royaliste la veille, redevenait bonapartiste, unissait ses efforts aux leurs. « Je ne fus pas, dit-il, dans ses Mémoires, un des moins ardents à défendre les droits du fils de Napoléon et de la Régente. » La discussion fut longue et vive. L'empereur Alexandre la termina, en disant qu'il ne lui était pas possible de se prononcer seul sur cette importante question. Il devait en référer à ses alliés, et il ne pourrait point donner de réponse avant la matinée. Les plénipotentiaires prirent congé du souverain russe, en gardant un certain espoir, et les royalistes, qui ne redoutaient rien tant que le maintien de la dynastie impériale, ne cachaient pas leurs appréhensions.

Un fatal événement, conséquence de la conduite de Marmont, mais dont il n'est qu'indirectement responsable, venait de détruire les dernières chances du roi de Rome et de rendre inévitable la restauration des Bourbons. Marmont n'avait que projeté la défection d'Essonnes. Ses généraux la consommèrent.

Marmont avait à peine quitté Essonnes, pour suivre Ney, Macdonald et Caulaincourt, qu'un aide de camp de l'empereur, le colonel Gourgaud, y était arrivé en toute hâte. Cet officier, qui venait de Fontainebleau, était chargé par Napoléon d'aller d'abord au quartier général du duc de Raguse, à Essonnes ; ensuite au quartier général du duc de Trévise, à Mennecy pour annoncer aux deux maréchaux que l'empereur leur donnait l'ordre de se rendre tous deux auprès de lui à Fontainebleau, où ils avaient des instructions à recevoir. Sans doute, Napoléon, qui n'avait abdiqué que conditionnellement, c'est-à-dire pour le cas où les souverains alliés reconnaîtraient les droits de son fils, et qui, d'autre part, n'ignorait point que ceux-ci, par un acte du 31 mars, avaient déclaré ne vouloir traiter ni avec lui ni avec sa famille, Napoléon n'attachait qu'une médiocre importance à la mission dont il avait chargé le prince de la Moskowa et les ducs de Tarente et de Vicence. Il croyait que cette mission n'offrait que très peu de chances de succès ; et si elle échouait, ce qui lui paraissait fort probable, il n'avait pas renoncé à marcher sur Paris avec sa garde, et avec les corps d'armée des ducs de Raguse et de Trévise, pour tenter une dernière fois le sort des armes. Son idée, quand il manda près de lui les deux maréchaux, était probablement de préparer avec eux cette combinaison. Prévoyant toutefois que Marmont aurait pu suivre les trois plénipotentiaires à Paris, il avait prescrit que, si ce maréchal ne se trouvait plus à Essonnes, ce serait le plus ancien des généraux du sixième corps, c'est-à-dire le général Souham, qui se rendrait à sa place à Fontainebleau.

Quand le colonel Gourgaud, porteur de l'ordre de l'empereur, arriva à Essonnes, il témoigna non sans vivacité sa surprise de n'y pas rencontrer Marmont. Le général Souham se crut alors perdu. Il s'imagina que l'empereur était au courant des pourparlers qui avaient eu lieu le matin même entre le maréchal et l'ennemi. Il se rappela son adhésion chaleureuse au projet de défection, et se persuada que Napoléon l'appelait pour le punir, peut-être pour le faire fusiller. Ancien officier de l'armée du Rhin et ami de Moreau, le général Souham n'avait jamais aimé l'empereur, mais il le craignait outre mesure. Ce fut cette crainte, — chimérique, car Napoléon, ignorant ce qui s'était passé le matin, n'en voulait nullement au général, — ce fut cette crainte qui devint la cause de la défection d'Essonnes et du renversement de l'Empire.

Que fit le général Souham, lorsque le colonel Gourgaud l'eut quitté, pour aller chercher à Mennecy le maréchal Mortier ? Au lieu de se rendre à Fontainebleau, comme il en avait l'ordre, il communiqua ses alarmes aux autres généraux, les leur fit partager, et les décida à ne pas attendre le retour du maréchal Marmont pour exécuter la convention conclue avec le prince de Schwarzenberg, franchir l'Essonnes, et aller se mettre aux ordres du gouvernement provisoire, eux et leurs troupes. En vain le colonel Fabvier supplia le général Souham de ne pas prendre une telle résolution. Celui-ci se contenta de répondre : « Il vaut mieux tuer le diable que de se laisser tuer par lui. » Les généraux mirent immédiatement les troupes sur pied, et informèrent l'ennemi de leur décision, pour ne pas être attaqués par lui dans leur route. Leurs malheureux soldats ne savaient nullement la cause du mouvement qui allait commencer. On leur avait caché soigneusement les pourparlers relatifs à la défection. Ils croyaient tous leurs généraux et le maréchal lui-même fidèles à l'empereur, et, quand vers le milieu de la nuit, dans une obscurité profonde, ils sortirent d'Essonnes, franchirent la rivière, et se dirigèrent du côté de Paris, ils s'imaginèrent qu'ils formaient l'avant-garde de l'armée impériale, et qu'ils allaient combattre encore. Le colonel Fabvier n'était plus avec eux. Indigné de la conduite de ses chefs, qu'il avait inutilement essayé de rappeler à leurs devoirs, il venait de partir, au grand galop, à bride abattue, pour rejoindre le maréchal Marmont, et lui apprendre ce qui se passait.

Cependant, les soldats eurent vite un vague instinct du rôle qu'on leur faisait jouer malgré eux. Leurs soupçons s'accrurent à chaque pas. En voyant que les troupes alliées bordaient paisiblement la route, et les laissaient passer sans faire feu, ils eurent presque la certitude de quelque trahison. Les éclaireurs, qui étaient Polonais, s'écrièrent : « On nous trompe, on nous livre à l'ennemi. Nous ne voulons pas trahir l'empereur. » Et ils refusèrent de continuer leur marche en avant. L'arrière-garde, commandée par le général Chastel, n'était pas encore engagée dans les lignes ennemies au moment du lever du soleil. Elle rétrograda vivement à leur vue, retourna à Essonnes, et mit le pont en état de défense. Quant à la division du général Lucotte, qui occupait Corbeil, et qui avait reçu l'ordre de suivre le mouvement du sixième corps, elle ne bougea pas ; le général annonça dans un ordre du jour que, chargé d'occuper Corbeil, il restait fidèle à son poste avec ses soldats. Ce furent, avec l'arrière-garde commandée par le général Chastel, les seules troupes du sixième corps qui conservèrent leur position.

Le funeste mouvement continuait. Quelques officiers, complices de la défection, inventaient une foule de prétextes pour donner le change aux soldats et pour détourner les soupçons. Mais les murmures éclataient dans toute la colonne. Le mot de trahison était déjà sur toutes les lèvres. Arrivées à la Belle-Épine, les troupes quittèrent la route de Paris, pour prendre celle de Versailles. Il était évident qu'elles allaient bientôt se révolter contre les chefs coupables.

Que faisait le maréchal Marmont, pendant que ses soldats étaient ainsi le jouet de leurs généraux ? Après avoir quitté, vers le milieu de la nuit, l'hôtel du prince de Talleyrand, rue Saint-Florentin, il s'était rendu dans son propre hôtel, rue du Paradis-Poissonnière, pour s'y reposer quelques instants, avant de rejoindre le matin ses collègues, chez le prince de la Moskowa, et de retourner avec eux auprès de l'empereur Alexandre, devant qui tous quatre devraient plaider une fois encore la cause de Marie-Louise et du roi de Rome. Sa conscience était en ce moment soulagée d'un grand poids. La défection d'Essonnes, se disait-il à lui-même, n'avait été qu'un projet non exécuté, et lui, Marmont, faisait son devoir jusqu'au bout, en s'unissant avec loyauté à Ney, à Macdonald, à Caulaincourt, pour sauver, sinon Napoléon, du moins la dynastie impériale. Le calme était donc rentré à peu près dans son âme. Il méditait, assis devant son feu, une glace en face de lui, les coudes sur ses genoux, la tête entre ses mains, quand une porte s'ouvrit brusquement. Alors, levant la tête, il aperçut dans la glace le visage du colonel Fabvier? qui venait d'entrer dans la chambre. Eh quoi ! vous, Fabvier s'écria le maréchal. Ah ! je suis perdu ! — Et déshonoré aussi ! répondit le colonel. — Que faire ? reprit le duc de Raguse. — Courir à vos divisions, et en arrêter la défection. Vous en avez peut-être le temps encore. — Oui, oui ; mais avant j'ai promis de retourner avec mes collègues chez l'empereur Alexandre ; venez dans une heure avec mes chevaux m'attendre là. J'en sortirai promptement, nous partirons ensemble. »

Marmont se rendit ensuite à l'hôtel du maréchal Ney ; il y trouva ses collègues près de partir pour l'hôtel de Talleyrand, où le tsar leur avait fait dire qu'il les recevrait à neuf heures du matin. Le duc de Raguse leur apprit alors ce qu'avaient fait ses généraux. « Ah ! dit-il, je donnerais mon bras pour que la nouvelle ne fût point vraie. — Dites votre tête, s'écria le maréchal Ney, dites votre tête, et ce ne serait point encore assez ! »

Arrivés à l'hôtel du prince de Talleyrand, Marmont et ses collègues y furent témoins de l'exaltation de la joie des royalistes. La défection du sixième corps était pour eux le signal certain de la restauration des Bourbons. Ils savaient que cette défection tant désirée détruisait les derniers scrupules de l'empereur Alexandre, et que cette fois la cause du roi de Rome était bien définitivement et irrévocablement perdue. Ils accueillaient Marmont comme un sauveur ; ils le comblaient d'éloges. Ils lui juraient que Louis XVIII lui témoignerait sa gratitude par des récompenses magnifiques. Ils étaient rayonnants de bonheur. Mais tout à coup cette grande joie fut troublée. On apprit qu'à Versailles le sixième corps, convaincu de la trahison de ses chefs, se révoltait contre eux. Les royalistes furent consternés. L'empereur Alexandre, médiocrement disposé par les Bourbons, allait peut-être dire que l'armée restait fidèle à Napoléon. Le navire royal, au moment d'entrer dans le port, allait peut-être échouer. Alors on entoura Marmont. Prières, flatteries, promesses, on employa tous les moyens pour le décider à apaiser lui-même cette sédition militaire, qui inspirait une telle frayeur, et, qui pouvait tout remettre en question. Marmont se laissa séduire ; il partit pour Versailles. Au moment où il sortait de l'hôtel de Talleyrand, il vit le colonel Fabvier, qui, depuis plus d'une heure, l'attendait à la porte. Le maréchal, déjà tourmenté par le remords, avait la figure bouleversée, et s'efforçait en vain de composer sa contenance. Un pénible sourire contracta ses lèvres. « Je vous remercie, dit-il au colonel, en balbutiant, je n'ai pas besoin de vous, tout est arrangé ; il n'y a plus rien à faire. »

Pendant ce temps, les troupes du sixième corps étaient, depuis leur arrivée à Versailles, en pleine insurrection. Leurs généraux, qualifiés de traîtres, étaient obligés de fuir. Ils craignaient d'être massacrés. Les colonels, après avoir délibéré entre eux, s'étaient associés aux sentiments des soldats, et avaient résolu de conduire les troupes à Rambouillet, et de là à Fontainebleau, pour les replacer sous les ordres de Napoléon.

« Je me rendis à Versailles, a dit Marmont dans ses Mémoires, pour y passer la revue de mes troupes, et leur expliquer les nouvelles circonstances dans lesquelles elles se trouvaient ; mais, à peine en route, je reçus la nouvelle qu'une insurrection venait d'éclater. Les soldats criaient à la trahison. Les généraux étaient en fuite, et les troupes se mettaient en marche pour rejoindre Napoléon. Elles n'eussent pas fait deux lieues sans avoir sur les bras des forces qui les auraient détruites. Je pensai que c'était à moi de les ramener à la discipline, à l'obéissance, et enfin à les sauver. Je hâtai ma marche. A chaque quart de lieue, je trouvais des messages plus alarmants. Enfin j'atteignis la Barrière de Versailles, et j'y trouvai tous les généraux réunis, mais le corps d'armée était en marche dans la direction de Rambouillet. Lorsque j'eus fait connaître aux généraux mon intention de rejoindre les troupes, ils m'engagèrent fort à ne pas exécuter ce projet. Le général Compans me dit : « — Gardez-vous en bien, monsieur le maréchal, les soldats vous tireront des coups de fusil. — Libre à vous, messieurs, de rester, leur dis-je, si cela vous convient. Quant à moi, mon parti est pris. Dans une heure je n'existerai plus, ou bien j'aurai fait reconnaître mon autorité. » Là-dessus, je me mis à suivre la queue de la colonne, à une certaine distance. Il y avait beaucoup de soldats ivres. Il fallait leur donner le temps de retrouver leur raison. »

Alors le maréchal envoya un aide de camp pour examiner la contenance des troupes. L'aide de camp revint, et dit qu'elles ne vociféraient plus, qu'elles marchaient en silence. Un nouvel officier fut envoyé, et annonça la prochaine arrivée du maréchal. Les troupes eurent une fausse joie. Elles croyaient Marmont fidèle à l'empereur ; en le voyant accourir, elles s'imaginaient qu'il venait à leur secours, pour les tirer du mauvais pas où les généraux les avaient engagées. Elles étaient persuadées que l'homme qui s'avançait à leur rencontre, c'était l'ami de Napoléon.

Un troisième aide de camp apporta, de la part

du maréchal, l'ordre aux soldats de faire halte, et aux officiers de se réunir par brigade à la gauche de leurs corps. «L'ordre s'exécuta, dit Marmont, et j'arrivai. Je mis pied à terre, et je fis former le cercle au premier groupe d'officiers que je rencontrai. Je leur demandai depuis quand ils étaient autorisés à se défier de moi. Je leur demandai si, dans les privations, ils ne m'avaient pas vu le premier à souffrir, et, dans les dangers et les périls, le premier à m'exposer. Je leur rappelai tout ce que j'avais fait pour eux et les preuves d'attachement que je leur avais données. Je parlais avec émotion, avec chaleur, avec entraînement. On avait voulu les livrer, disait-on, pour les désarmer. Mais leur honneur et leur conservation ne m'étaient-ils pas aussi chers que mon honneur et ma vie ? N'étaient-ils pas tous ma famille, et ma famille chérie ? Les cœurs de ces vieux compagnons s'abandonnèrent à un mouvement de sensibilité, et je vis plusieurs de ces figures, basanées et marquées de cicatrices, se couvrir de larmes. Je fus moi-même profondément attendri. »

Dans ses Mémoires, Marmont considère cet incident comme un grand triomphe personnel. Il y dit avec enthousiasme : « Oh ! qu'un chef digne de ses soldats, après avoir vécu avec eux dans les chances variées de la guerre, a de la puissance sur leurs esprits, et qu'il est malhabile s'il la laisse échapper ! Je recommençai les mêmes discours aux divers cercles d'officiers, et je les envoyai reporter mes paroles à leurs soldats. Le corps d'armée prit les armes, et défila en criant : « Vive le maréchal ! Vive le duc de Raguse ! » et se mit en marche pour aller prendre les cantonnements que je lui avais assignés du côté de Mantes. Je peux difficilement exprimer ma satisfaction d'avoir obtenu un succès aussi complet. C'était bien mon ouvrage, le prix d'un ascendant, mérité d'avance, sur des troupes dont je partageais depuis si longtemps les travaux. »

Ces pauvres gens, ces braves soldats, on les avait trompés jusqu'au bout. Ils étaient persuadés que la paix était faite, qu'ils n'avaient plus le droit de verser leur sang pour l'empereur. D'ailleurs, cela leur était désormais interdit. Les alliés venaient de placer entre le sixième corps et Fontainebleau une barrière impossible à franchir. Maintenant tout était consommé.

Les éloges que dans cette circonstance le duc de Raguse s'est donnés à lui-même, la postérité ne les a pas ratifiés. L'historien national a dit : « On ne peut oublier que Marmont était revêtu de la confiance personnelle de Napoléon ; qu'il était sous les armes et qu'il occupait sur l'Essonnes un poste d'une importance capitale. Or, quitter cette position avec tout son corps d'armée, par suite d'une convention secrète avec le prince de Schwarzenberg, ce n'était pas opter comme un citoyen libre de ses volontés entre un gouvernement et un autre ; c'était tenir la conduite du soldat qui déserte à l'ennemi. Cet acte malheureux, Marmont a prétendu depuis n'en avoir qu'une part, et il est vrai qu'après en avoir voulu et accompli lui-même le commencement, il s'arrêta au milieu, effrayé de ce qu'il avait fait. Ses généraux divisionnaires, égarés par une fausse terreur, reprirent l'acte interrompu et l'achevèrent pour leur compte ; mais Marmont, en venant s'en approprier la fin par sa conduite, consentit à l'assumer tout entier sur sa tête et à en porter le fardeau aux yeux de la postérité. »

Le général de Ségur s'exprime ainsi dans ses Mémoires au sujet de cette défection d'Essonnes : « Déplorable fin d'un guerrier justement illustre ! Car Marmont avait tout pour lui : complexion martiale, noblesse d'âme, de manières et de figure ; instruction variée, que faisaient valoir un esprit piquant et une imagination ardente. Constamment épris de la gloire, tous les biens qu'elle donne, il les exposait héroïquement après les avoir conquis, méprisant le péril, comme vingt-deux ans plus tôt, quand il avait tout à conquérir. Mais, plus glorieux que sa gloire, l'orgueil le perdit. Sa chute fut d'autant plus grande qu'il tomba, le lendemain de l'action la plus héroïque de toute sa vie, et peut-être même de toute la guerre. »

Quand, après avoir apaisé la patriotique insurrection de ses troupes il fut de retour à l'hôtel du prince de Talleyrand, Marmont put s'apercevoir de ce qu'il venait de faire rien qu'en regardant quelles personnes le félicitaient. Ces personnes-là, c'étaient les adversaires les plus acharnés, les ennemis personnels de l'empereur. Bourrienne raconte ainsi l'ovation qui accueillit le maréchal. « Quinze ans se sont passés, dit-il, et il me semble encore assister à cette scène. Tout le monde avait fini de dîner ; il se mit seul à table devant un petit guéridon placé au milieu de la salle et sur lequel on servit. Chacun de nous allait causer avec lui et le complimenter ; il fut le héros de cette journée. »

Hélas ! Il lui en coûtera bien cher d'avoir été le héros de l'hôtel de Talleyrand. Ces événements, comme il le dit lui-même, seront pour lui « la source de cuisants chagrins ». Toute sa vie, le malheureux maréchal sera poursuivi par le remords. En vain la Restauration le comblera d'honneurs de toute sorte. Il sera, au dernier moment, le mauvais génie des Bourbons, comme il avait été, en 1814, le mauvais génie de l'empereur. Les journées de Juillet ne seront pas moins lamentables que la défection d'Essonnes. Il reverra, le 28 juillet 1830, ce banquier Laffitte, dont les insinuations lui avaient été si funestes, dans la nuit du 30 au 31 mars 1814. Et Laffitte. sous prétexte d'arrêter l'effusion du sang, viendra débaucher les soldats ! Et lui, Marmont, si brave, lui, si brillant au feu, il aura perdu la monarchie légitime comme il avait perdu l'Empire ! Vaincu par l'insurrection parisienne, il arrivera éperdu à Saint-Cloud, et dira à l'infortuné Charles X : « Sire, c'est une bataille perdue. Une balle dirigée contre moi a tué, à mes côtés, le cheval d'un de mes officiers. Je regrette qu'elle ne m'ait pas traversé la tête. La mort serait préférable pour moi au triste spectacle dont je viens d'être témoin. » Et il recevra du duc d'Angoulême des reproches plus amers que de Napoléon. Puis il terminera dans l'exil son orageuse carrière, et, au château de Schœnbrunn, il donnera des leçons de stratégie à un autre exilé, à un jeune homme aussi mélancolique et aussi triste que lui, un jeune homme qui s'était appelé le roi de Rome, et qui ne se nommait plus que le duc de Reichstadt !

XVI

LA SECONDE ABDICATION

Revenons maintenant à Fontainebleau. Nous
y avons laissé Napoléon, le 4 avril 1814, au moment où Ney, Macdonald et Caulaincourt par-
taient pour aller porter à Paris son abdication
conditionnelle. L'empereur semblait alors accablé et découragé. Mais le repos qu'il prit dans
la nuit du 4 au 5 avril le ranima. A son réveil,
il était encore loin de croire sa carrière terminée.
Il espérait, ou que ses trois plénipotentiaires feraient accepter par les alliés le règne de son fils,
sous la régence de Marie-Louise, ce qui serait
pour lui une consolation, ou que les alliés, en
refusant cette combinaison, rendraient par cela
même son abdication nulle et non avenue. Dans
cette seconde hypothèse, qui était peut-être celle
qu'il préférait, il pensait bien pouvoir recommencer la lutte. Se croyant couvert par la ligne

de l'Essonnes et par les corps d'armée de Marmont et de Mortier, comptant encore sur le dévouement de ceux de Macdonald, d'Oudinot et de Gérard, il espérait avoir le temps de recevoir d'utiles renforts que pourraient lui amener les armées de Lyon, d'Italie et d'Espagne.

C'était dans ces dispositions d'esprit que, le matin du 5 avril, il préparait encore des projets de revanche. On comprend donc quelle fut sa douleur, sa surprise, quand il reçut la nouvelle de la défection du sixième corps. Tous ses plans se trouvaient ainsi renversés. Le général Chastel, en se repliant sur le pont d'Essonnes, lui avait envoyé un officier pour lui annoncer la funeste résolution que les autres généraux du corps de Marmont avaient prise. Napoléon reçut presque en même temps une copie de la convention que ce maréchal avait conclue avec le prince de Schwarzenberg, et que les alliés s'étaient empressés de publier. L'empereur ne voulut d'abord pas y croire. Marmont, son camarade d'enfance, son condisciple, son aide de camp lors de la première campagne d'Italie, était l'homme qui aurait dû le dernier rester fidèle à son souverain, à son ami. Forcé de se rendre à l'évidence, Napoléon ne prononça que ces mots : « L'ingrat, il sera plus malheureux que moi ! »

Une clause de la convention conclue par Marmont et par Schwarzenberg portait que « si les événements de la guerre faisaient tomber dans les mains des puissances alliées la personne de Napoléon Bonaparte, sa vie et sa liberté lui seraient garanties dans un espace de terrain et dans un pays circonscrit aux choix des puissances alliées et du gouvernement français. » Une pareille garantie, stipulée par l'auteur de la défection d'Essonnes, froissa l'empereur dans sa double dignité de chef militaire et de souverain. Accepter un service quelconque de l'homme qui le trahissait lui semblait la plus grande des humiliations. Cette dernière goutte faisait déborder la coupe d'amertume.

Napoléon venait de lire les actes du gouvernement provisoire et du Sénat. Il n'ignorait rien du déluge d'invectives, de l'avalanche d'anathèmes qui déshonoraient les insulteurs, et non pas l'insulté. Alors, son cœur, oppressé par des sentiments trop pénibles, eut besoin de s'épancher. Trahi par la fortune, le vainqueur de tant de batailles se recueillit, et, dans un ordre du jour adressé à l'armée, comme à la confidente de ses douleurs, il exhala les plaintes de son âme.

Ce document, si majestueux dans sa tristesse, commence ainsi, par une allusion calme et digne à la conduite de Marmont : « Fontainebleau, le 5 avril 1814. L'empereur remercie l'armée pour l'attachement qu'elle lui témoigne, et principalement parce qu'elle reconnaît que la France est en lui, et non pas dans le peuple de la capitale.

Le soldat suit la fortune et l'infortune de son général ; son honneur est sa religion. Le duc de
Raguse n'a point inspiré ce sentiment à ses compagnons d'armes ; il a passé aux alliés. L'empereur ne peut approuver la condition sous laquelle
il a fait cette démarche ; il ne peut accepter la
vie et la liberté de la merci d'un sujet. »

Napoléon continue, en parlant du Sénat qui
venait de voter la déchéance. Chateaubriand lui-
même, le plus éloquent des royalistes, s'est
montré indigné de tant de palinodies et de cy-
nisme. « Se représente-t-on, dit-il, dans ses *Mémoires d'outre-tombe*, l'empereur lisant le document
officiel à Fontainebleau ? Que devait-il penser de
ce qu'il avait fait et des hommes qu'il avait appelés à la complicité de son oppression de nos li-
bertés ? Quand je publiai ma brochure de *Bonaparte et des Bourbons*, pouvais-je m'attendre à la voir
amplifiée et convertie en décret de déchéance
par le Sénat ? Qui empêcha ces législateurs,
aux jours de la prospérité, de découvrir les maux
dont ils reprochaient à Bonaparte d'être l'auteur,
de s'apercevoir que la Constitution avait été violée ? Quel zèle saisissait tout à coup ces muets
pour *la liberté de la presse* ? Ceux qui avaient accablé Napoléon d'adulations au retour de chacune de ses guerres, comment trouvaient-ils
maintenant qu'il ne les avait entreprises que *dans
l'intérêt de son ambition démesurée* ? Ceux qui lui
avaient jeté tant de conscrits à dévorer, comment

s'attendrissaient-ils soudain sur des soldats blessés, *sans secours, sans pansements, sans subsistances ?*... Lorsque je demande ce que Napoléon à Fontainebleau pensait des actes du Sénat, sa réponse était faite. » Cette réponse, elle se trouve dans l'ordre du jour du 5 avril 1814, dont nous venons de citer le commencement.

« Le Sénat, dit Napoléon, s'est permis de disposer du gouvernement français ; il a oublié qu'il doit à l'empereur le pouvoir dont il abuse maintenant ; que c'est l'empereur qui a sauvé une partie de ses membres des orages de la Révolution, tiré de l'obscurité et protégé l'autre contre la haine de la nation. Le Sénat se fonde sur les articles de la Constitution pour la renverser ; il ne rougit pas de faire des reproches à l'empereur, sans remarquer que, comme premier corps de l'État, il a pris part à tous les événements. Il est allé si loin qu'il a osé accuser l'empereur d'avoir changé les actes dans leur publication. Le monde entier sait qu'il n'avait pas besoin de tels artifices. Un signe était un ordre pour le Sénat, qui toujours faisait plus qu'on ne désirait de lui. L'empereur a toujours été accessible aux remontrances de ses ministres, et il attendait d'eux, dans cette circonstance, la justification la plus indéfinie des mesures qu'il avait prises. Si l'enthousiasme s'est mêlé dans les adresses et les discours publics, alors l'empereur a été trompé. Mais ceux qui ont tenu ce langage doivent s'attribuer à eux-mêmes les suites de leurs flatteries. Le Sénat ne rougit pas de parler des libelles publiés contre les gouvernements étrangers, il oublie qu'ils furent rédigés dans son sein! Si longtemps que la fortune s'est montrée fidèle à leur souverain, ces hommes sont restés fidèles, et nulle plainte n'a été entendue sur les abus du pouvoir. »

Après ces mots calmes et fiers adressés au Sénat, Napoléon termine ainsi son ordre du jour : « Si l'empereur avait méprisé les hommes, comme on le lui a reproché, alors le monde reconnaîtrait qu'il a eu des raisons qui motivaient son mépris. Il tenait sa dignité de Dieu et de la nation, eux seuls pouvaient l'en priver; il l'a toujours considérée comme un fardeau, et lorsqu'il l'accepta, ce fut dans la conviction que lui seul était à même de la porter dignement. Le bonheur de la France paraissait être dans la destinée de l'empereur; aujourd'hui que la fortune s'est déclarée contre lui, la volonté de la nation seule pourrait le persuader de rester plus longtemps sur le trône. S'il se doit considérer comme le seul obstacle à la paix, il fait volontiers ce dernier sacrifice à la France. Il a, en conséquence, envoyé le prince de la Moskowa et les ducs de Vicence et de Tarente à Paris pour entamer la négociation. L'armée peut être certaine que l'honneur de l'empereur ne sera jamais en contradiction avec le bonheur de la France. »

Cependant les efforts des trois plénipotentiaires avaient échoué. Depuis la défection d'Essonnes, les souverains alliés ne se croyaient plus obligés de ménager Napoléon. Tant qu'on l'avait vu à la tête de cinquante mille hommes d'élite postés à une marche de Paris, les considérations militaires l'avaient emporté sur bien des intrigues. Maintenant que Fontainebleau cessait d'être une position militaire, par suite de la conduite de Marmont, la question changeait de face; le temps des ménagements était passé; l'abdication en faveur de la régente et de ses fils ne suffisait plus à un ennemi rassuré; on déclarait aux plénipotentiaires que Napoléon devait renoncer entièrement au trône, non seulement pour lui même, mais encore pour sa dynastie.

Alexandre avait entouré cette déclaration de paroles nobles et courtoises. Comme les plénipotentiaires de l'empereur lui disaient que leurs instructions leur enjoignaient de ne traiter que des intérêts de la France, et non de ceux de la personne de Napoléon, il s'était écrié : « Je l'en estime plus encore. » Puis il avait dit que tous ses griefs étaient oubliés; que son ancienne amitié renaissait à l'aspect de tant d'infortune, qu'il déplorait la nécessité de sacrifier au repos de l'Europe un pareil héroïsme, et d'être forcé de rabaisser tant de grandeur à une position désormais inoffensive. Il avait promis que Napoléon conserverait le titre d'empereur et les honneurs dus à son rang. Il avait prononcé le nom de l'île d'Elbe, en laissant entrevoir que peut-être Napoléon obtiendrait la souveraineté de cette île. Mais c'en était fait du règne de Napoléon II et de la régence de Marie-Louise. Les plénipotentiaires devaient donc aller chercher à Fontainebleau de nouveaux pouvoirs. Et il fallait se hâter, car d'heure en heure la situation de Napoléon perdait ce que gagnait celle des Bourbons, et les dédommagements qu'on était encore disposé à lui accorder allaient devenir de plus en plus difficiles à obtenir.

Cependant, les symptômes d'abandon commencent à se manifester de toutes parts. Laissons la parole à l'un des meilleurs serviteurs de l'empereur, au baron Fain, son secrétaire. « La lutte a été trop longue, dit-il dans son *Manuscrit de* 1814 : l'énergie est épuisée ; on le dit ouvertement : on en a assez. On ne pense plus qu'à mettre à l'abri des hasards ce qui reste de tant de peines, de tant de prospérités, de tant de naufrages... Non seulement la lassitude a dompté les esprits, mais chacun des chefs qui en valent la peine a déjà reçu de Paris des paroles de conciliation et des promesses pour sa paix particulière. On se plaît à envisager la révolution nouvelle comme une grande transaction entre tous les intérêts, français dans laquelle il n'y aura de sacré qu'un seul intérêt, celui de Napoléon. C'est à qui trouvera donc un prétexte pour se rendre à Paris, où le nouveau gouvernement accueille tout ce qui abandonne l'ancien. On ne voudrait pas pourtant être des premiers à quitter Napoléon. Mais pourquoi tarde-t-il si longtemps à rendre chacun libre de ses actions ? On murmure hautement de ses délais, de ses indécisions et des projets désespérés qu'il conserve.

« Depuis que Napoléon est malheureux, continue le baron Fain, on ne le croit plus capable que de faire des fautes, et déjà plusieurs tacticiens de fraîche date s'étonnent de l'avoir si longtemps reconnu pour leur maître. Enfin, petit à petit, chacun a pris son parti. L'un va à Paris parce qu'il y est appelé, l'autre parce qu'il y est envoyé, celui-ci parce qu'il faut se dévouer aux intérêts de son arme ou de son corps, celui-là pour aller chercher des fonds, cet autre parce que sa femme est malade ; que sais-je encore ? Les bonnes raisons ne manquent pas, et chaque homme un peu marquant qui ne peut aller lui-même à Paris y a du moins son plénipotentiaire. » Encore un peu de temps, et le palais de Fontainebleau ne sera plus qu'une vaste solitude. Le soleil couchant est à Fontainebleau. Le soleil levant est à Paris.

Lorsque, dans la soirée du 5 avril, Ney, Macdonal et Caulaincourt viennent exposer à l'empereur l'insuccès de leur mission, ils le trouvent calme et digne, ne récriminant ni contre les hommes ni contre les choses, et n'avouant pas encore qu'il désespère de la fortune. Comme ils lui disent que la conduite des généraux du sixième corps est la principale cause du mal, il répond tranquillement : « C'est moi, sans doute, qui les aurai décidés ; j'ai fait appeler Marmont, ils se sont crus découverts, et, dans leur remords, l'effroi aura fait le reste. » Apprenant que les souverains alliés semblent disposés à lui offrir la Corse ou *autre chose*, il s'écrie : « Ah! la Corse, sans doute. Ils auront craint le sobriquet, ils n'auront osé prononcer ce nom, dont ils m'ont fait une injure. » La conversation n'est pas longue. L'empereur demande s'il trouvera dans l'île d'Elbe une maison qu'il puisse habiter. Il ordonne qu'on recherche les officiers capables de le renseigner sur cette île. Puis il congédie les deux maréchaux, en leur disant que le lendemain matin il leur fera connaître sa décision.

Il est onze heures et demie du soir. Le maréchal Ney, qui vient de quitter l'empereur, n'a rien de plus pressé que d'écrire à Talleyrand cette lettre, que le *Moniteur* publiera : « Fontainebleau, 5 avril 1814, à onze heures et demie du soir. Monseigneur, je me suis rendu hier à Paris avec M. le maréchal duc de Tarente et de M. le duc de Vicence, comme chargé de pleins pouvoirs pour défendre près de S. M. l'empereur les intérêts de la dynastie de l'empereur Napoléon. Un événement imprévu ayant tout à coup arrêté les négociations qui semblaient promettre

les plus heureux résultats, je vis dès lors que,
pour éviter à notre chère patrie les maux affreux
d'une guerre civile, il ne restait plus aux Français
qu'à embrasser entièrement la cause de nos anciens rois, et c'est pénétré de ce sentiment que
je me suis rendu ce soir près de Napoléon pour
lui manifester le vœu de la nation. L'empereur,
convaincu de la position critique où il a placé la
France, et de l'impossibilité où il se trouve de la
sauver, a paru se résigner, et consentir à l'abdication entière et sans aucune restriction. C'est
demain matin que j'espère qu'il m'en remettra
lui-même l'acte formel et authentique. Aussitôt
après, j'aurai l'honneur d'aller voir Votre Altesse
Sérénissime. »

Napoléon passe la nuit du 5 au 6 à réfléchir.
Il calcule, au point de vue militaire, les dernières
chances qui pourraient lui rester encore. Il songe
aux cinquante mille soldats du maréchal Soult,
qui sont sous les murs de Toulouse, aux quinze
mille que le maréchal Suchet ramène de Cata-
logne, aux trente mille du prince Eugène, aux
quinze mille de l'armée d'Augereau, que la perte
de Lyon vient de rejeter sur les Cévennes, aux
nombreuses garnisons des places frontières, à
l'armée du général Maison. Il énumère ce qui lui
reste de troupes autour de Fontainebleau, les
corps d'armée de Mortier, d'Oudinot, de Macdonal, de Gérard, et sa garde, sa fidèle, son admirable garde impériale, sublime de dévouement.

d'héroïsme et de grandeur d'âme. Ah ! si tous les maréchaux, si tous les généraux, tous les officiers avaient les sentiments de la garde, tout pourrait encore être sauvé. Mais maintenant n'y a-t-il point partout des germes de défection ? Et puis les alliés n'ont-ils pas établi autour de Fontainebleau une sorte de blocus qui se resserre d'heure en heure ? Ils ont accumulé des troupes sur toutes les avenues. Une armée russe est entre Essonnes et Paris ; une autre s'est portée sur la rive droite de la Seine, depuis Melun jusqu'à Montereau. D'autres corps ont marché par les routes de Chartres et d'Orléans. D'autres, venus par celles de la Champagne et de la Bourgogne, se sont répandus entre l'Yonne et la Loire. Peut-être parviendrait-on encore à se retirer sur les bords de ce fleuve, et à y organiser une grande ligne de défense. Mais ne serait-ce pas le signal d'une guerre civile ? La France n'aurait-elle pas alors deux camps et deux drapeaux ? L'empereur, le grand empereur, n'en arriverait-il pas à en être réduit au rôle d'un chef de partisans ? Malgré tant d'objections, s'il n'écoutait que son sentiment personnel, que l'inspiration de son ardeur guerrière, il poursuivrait encore la lutte. Mais serait-il suivi ?

Toutes ces réflexions se sont cruellement imposées à l'esprit de Napoléon pendant la nuit. Le matin, il mande les maréchaux. Il essaie en vain de faire passer dans leur âme l'énergie qui le soutient encore. Il parle de se retirer sur la Loire. On lui objecte que ce serait la guerre civile. « Eh bien ! dit-il, puisqu'il faut renoncer à défendre plus longtemps la France, l'Italie ne m'offre-t-elle pas encore une retraite digne de moi ? Veut-on m'y suivre encore une fois ? Marchons vers les Alpes ! » Cette proposition n'est accueillie que par un profond silence. Mais écoutons le baron Fain, témoin de cette scène mémorable : « Ah ! s'écrie-t-il, si dans ce moment Napoléon indigné fût passé brusquement de son salon dans la salle des officiers secondaires, il y aurait trouvé une jeunesse empressée à lui répondre ! Quelques pas encore, et il aurait été salué au bas de ses escaliers, par les acclamations de tous ses soldats ! Leur enthousiasme aurait ranimé son âme ! Mais Napoléon succombe sous les habitudes de son règne ; il croirait déchoir en marchant désormais sans les grands officiers que la couronne lui a donnés ; il lui semble que le général Bonaparte lui-même ne saurait recommencer sa carrière sans le cortège obligé de ses anciens lieutenants ; et il vient d'entendre leur silence. »

Arrêtez-vous, au palais de Fontainebleau, dans le cabinet de l'Abdication, cette pièce à deux fenêtres qui donne sur le jardin mélancolique de Diane. Regardez ce petit guéridon d'acajou, qui attire plus l'attention que les plus magnifiques bahuts du seizième siècle et que les plus éblouissants meubles de Boule. Figurez-vous Napoléon assis devant ce guéridon, et ne pouvant se décider à signer le papier fatal qu'en faisant sur lui-même un suprême effort qui lui déchire le cœur. Comment! d'un seul trait de plume, anéantir un si colossal édifice de puissance et de majesté, mettre à néant les résultats de tant de sacrifices héroïques! Comment! finir ainsi une si magnifique épopée! Comment! plus d'aigles, plus de drapeau tricolore, plus d'Empire, plus d'impératrice, plus de roi de Rome! Rien, absolument rien! On comprend que l'écriture soit tremblée, que la main, en traçant les lignes néfastes, ait été comme paralysée. Napoléon n'écrira lui-même que le brouillon. Le baron Fain le recopiera, et l'empereur signera la copie. L'original du brouillon existe; il est à peine lisible. On dirait je ne sais quels caractères cabalistiques. Il y a deux surcharges : l'une contient ces mots : « *pour lui et ses enfants,* » ces mots qui coûtaient tant à l'infortuné père; l'autre, ceux-ci : « *fidèle à son serment.* »

Voici la teneur exacte du document : « Les puissances alliées ayant proclamé que l'empereur était le seul obstacle au rétablissement de la paix en Europe, l'empereur, fidèle à son serment, déclare qu'il renonce pour lui et ses enfants aux trônes de France et d'Italie, et qu'il n'est aucun sacrifice, même celui de la vie, qu'il ne soit prêt à faire aux intérêts de la France. »

Quel supplice ! Se trouver au milieu de ces hommes dont la vue était pour le malheureux souverain un muet reproche, de cet honnête Caulaincourt, dont il n'avait pas eu la sagesse de suivre les excellents conseils, de ces maréchaux, qui continueraient à commander les corps d'armée français, tandis que lui, lui l'empereur, n'aurait peut-être plus sous ses ordres un seul bataillon ! Obéir à des sommations réitérées, presque insolentes, lui dont naguère encore les moindres volontés semblaient être les arrêts irrévocables du destin ! Signer lui-même un pareil acte, un acte d'abdication, de déchéance, dans le palais des splendeurs et des apothéoses, à deux pas de la salle du trône ! Napoléon, debout, jeta un dernier regard sur ses lieutenants. « Vous voulez du repos, leur dit-il, ayez-en donc ! Hélas ! Vous ne savez pas combien de chagrins et de dangers vous attendent sur vos lits de duvet. Quelques années de cette paix que vous allez payer si cher en moissonneront un plus grand nombre de vous que n'aurait fait la guerre la plus désespérée. » Puis, se rasseyant, il prit la plume, et il signa.

XVII

LES ANGOISSES DE L'IMPÉRATRICE.

Pendant que Napoléon abdiquait à Fontainebleau, que devenait la régence à Blois ? Marie-
Louise était dans cette ville depuis le 2 avril, et
le gouvernement qu'elle y avait établi auprès
d'elle n'était plus qu'un fantôme de pouvoir. Le
dimanche 3 avril, jour des Rameaux, l'impératrice, après avoir entendu la messe, reçut les
autorités de la ville, sans discours de leur part, à
cause des circonstances ; puis, accompagnée du
roi de Rome, passa au milieu de ces autorités,
en adressant à chacune d'elles quelques paroles,
et en commençant par le clergé. Une tristesse
profonde était peinte sur son visage. Et cependant, comme le remarque une de ses dames, la
veuve du général Durand, elle ignorait encore
tout ce qui s'était passé à Paris : les arrêtés du
gouvernement provisoire, les décrets du Sénat

lui étaient inconnus; on éloigna d'elle tous les journaux; jamais on ne prononça devant elle le nom des Bourbons; elle ne prévoyait donc encore d'autres malheurs que la nécessité où serait Napoléon de faire la paix à telles conditions qu'on voudrait lui imposer; elle était bien loin de croire, d'ailleurs, que l'empereur d'Autriche voulût détrôner son propre gendre et priver son petit-fils d'une couronne qui semblait devoir lui appartenir un jour.

Le lendemain, lundi saint, 4 avril 1814, l'impératrice eut les plus sombres pressentiments.

Nous avons dit que, dans la soirée du 3 avril, Napoléon, après l'espèce d'altercation qu'il avait eue avec le maréchal Ney, et qui fut l'une des causes de son abdication du lendemain, avait chargé le baron de Méneval, par une lettre chiffrée, de préparer Marie-Louise à s'aider de son père et de Metternich pour assurer ses droits à la régence, ajoutant que cela même pouvait manquer; qu'alors tout, jusqu'à sa mort, deviendrait possible, et qu'il ne resterait plus à l'impératrice que d'aller avec son fils se jeter dans les bras de l'empereur d'Autriche.

La lettre de l'empereur au baron de Méneval causa la plus vive inquiétude à ce fidèle serviteur. L'allusion que Napoléon y faisait la possibilité de sa mort prochaine semblait être l'annonce d'un suicide, et il fallait que les choses fussent dans un état bien lamentable pour qu'un homme de fer comme l'empereur pût tenir un pareil langage. M. de Méneval, sans faire connaître à Marie-Louise toute l'étendue de ses craintes, l'engagea à écrire une lettre suppliante à son père, et l'impératrice s'empressa de déférer à ce conseil. M. de Helfert a publié cette lettre en allemand, dans son excellent ouvrage sur l'impératrice Marie-Louise. Elle était ainsi conçue :

« Blois, 4 avril 1814. Mon cher père, je vous envoie le duc de Cadore pour vous peindre notre triste situation. Je vous demande en grâce de le recevoir vous-même. Il a toute ma confiance. Il vous dira mieux de vive voix ce que je pourrais vous écrire. Notre situation est si triste et si effrayante que mon fils et moi n'avons de refuge qu'auprès de vous. Je suis sûre qu'en ce moment vous seul pouvez nous venir en aide. Je suis persuadée que vous écouterez ma prière et que vous ne sacrifierez pas à l'Angleterre et à la Russie mon repos et les intérêts de votre petit-fils. Je sais que le duc de Vicence est allé à Paris afin de négocier, et que l'empereur Alexandre n'a pas voulu le recevoir. » (Ici l'impératrice se trompait, car le tsar n'avait jamais refusé de recevoir le duc de Vicence.)

Marie-Louise continuait ainsi cette lettre à son père : « Je suis sûre que l'empereur, dans cette situation critique, ferait tous les sacrifices pour rendre la paix et le repos à son peuple. On aurait mieux défendu Paris, si l'on n'avait pas pensé qu'il était attaqué par vous, et que vous m'abandonneriez point votre fille et votre petit-fils. C'est donc entre vos mains que je me remets, cher père ; je suis persuadée que vous nous sauverez de cette affreuse situation. Je vous envoie le duc de Cadore de l'endroit où je suis réfugiée. Ma santé souffre de tous ces malheurs. Tous les jours elle devient plus mauvaise, et je suis sûre que vous ne me souhaitez pas de vivre longtemps dans cette cruelle anxiété. Encore une fois, ayez pitié de moi. Je vous confie le salut de ce que j'ai de plus cher au monde, un fils trop jeune encore pour connaître le malheur et le chagrin. J'espère avoir bientôt à vous remercier du bonheur et du repos que nous vous devrons. Je vous baise la main, et je suis votre obéissante fille. »

Le duc de Cadore partit de Blois avec cette lettre, le 4 avril, et, en son absence, les fonctions de secrétaire de la régence furent confiées au comte de Montalivet. Le duc de Cadore, ancien ambassadeur de France à Vienne, y avait été traité avec une grande bienveillance par l'empereur François, qui avait voulu être parrain d'un de ses enfants, et Marie-Louise pensait que personne ne pourrait mieux plaider la cause du roi de Rome.

La malheureuse impératrice était en proie à de véritables angoisses. Témoin de sa douleur, le baron de Méneval nous montre ainsi l'état de son âme : « Marie-Louise, nous dit-il, exprimait quelquefois le regret d'avoir quitté Paris, et parlait de son désir de se réunir à l'empereur. Les obstacles qui s'opposaient à l'accomplissement de ce désir, le conflit des opinions contradictoires de son entourage, lui faisaient différer de tenter cette réunion, qui était alors dans sa pensée. Son anxiété était au comble ; les émotions violentes qu'elle avait éprouvées, les pleurs qu'elle répandait continuellement, ses douloureuses insomnies lui avaient causé un état nerveux et presque convulsif. Elle ne pouvait se faire une idée des passions qui agitaient la France. Les assurances qu'elle avait reçues de son père lui revenaient sans cesse à la mémoire ; elle ne pouvait se persuader que l'empereur d'Autriche la sacrifiât avec son époux et son fils. Cependant les événements qui se pressaient à Paris devaient lui laisser peu d'illusions ; elle était consternée ; mais, comme un naufragé qui se noie, elle s'attachait opiniâtrement à l'affection paternelle, qui lui paraissait son seul moyen de salut. Apprenant que l'empereur d'Autriche n'était point à Paris, elle espérait qu'il ne consentirait pas à ce qui avait été fait pendant son absence et que sa voix serait écoutée. »

L'attitude de l'impératrice était alors irréprochable. Le duc de Rovigo, ministre de la police, qui était en ce moment à Blois, auprès d'elle, lui rend, dans ses Mémoires, un hommage sans réserve. « L'impératrice, dit-il, était livrée aux plus vives inquiétudes. Pendant les huit jours qu'elle passa à Blois, son visage fut continuellement baigné de larmes ; elle s'était formé une tout autre idée des Français. La méchanceté de ceux qui la faisaient descendre du trône a imputé à son manque de caractère une partie des malheurs qui arrivèrent, et pourtant il n'y avait point de sa faute. Si l'impératrice, au lieu d'être une jeune femme de moins de vingt-deux ans, avait été dans l'âge où l'expérience donne de l'assurance, et permet de s'entourer des conseils de ceux dans lesquels elle a confiance, les événements auraient probablement pris une autre direction ; mais elle n'était pas dans ce cas ; l'empereur avait composé son entourage, elle donna l'exemple de la soumission. Dans son intérieur comme en public, elle ne manqua jamais aux rigoureuses bienséances qui étaient imposées à sa jeunesse, lesquelles n'admettaient pas de conversations particulières avec qui que ce fût, hors ceux qui lui avaient été désignés comme ses conseils. J'eus l'honneur de la voir plusieurs fois pendant ces pénibles moments, et je pus me convaincre de tout le dévouement qu'elle avait pour l'empereur. Elle me disait un jour : « Ceux qui étaient d'opinion que je restasse à Paris avaient bien raison ; les soldats de mon père ne m'auraient peut-être pas chassée. Que dois-je penser en voyant qu'il souffre tout cela ? »

Le 4 avril, sur les trois heures du matin, on

vit le roi Joseph et le roi Jérôme, accompagnés du duc de Feltre, ministre de la guerre, partir de Blois et prendre la route d'Orléans. Le but de leur voyage était de s'assurer s'il ne convenait pas d'établir la régence dans cette dernière ville, afin de rendre plus faciles les communications avec l'empereur. Le roi Joseph avait aussi l'intention de se rendre lui-même à Fontainebleau, pour y recevoir directement les instructions de son frère. Mais la crainte d'être arrêté en route par les troupes alliées le fit renoncer à ce projet. Un employé supérieur de l'intendance, ayant voulu rejoindre Napoléon, en avait été empêché par l'arrivée d'un corps de troupes ennemies. Obligé de rétrograder, il vint loger à Orléans, à l'hôtel où se trouvait le ministre de la guerre. Ce dernier le fit prier de passer chez lui, et, en présence d'une personne qui n'était autre que le roi Joseph, il lui adressa les questions les plus minutieuses pour savoir s'il y avait possibilité de tenter le passage sur Fontainebleau. L'évidence du danger fit renoncer Joseph à son projet. Il retourna donc à Blois avec son frère Jérôme, et adressa cette lettre à l'empereur : « Blois, 6 avril 1814. Sire, je m'étais rendu avant-hier à Orléans, pour me rendre pendant quelques instants auprès de Votre Majesté. Il m'a été impossible de passer plus avant par l'arrivée d'un corps ennemi, qui occupait la communication. M. de Cadore a continué son voyage... Nous n'avons pas de lettre depuis celle du 3. Un courrier répand la nouvelle d'une suspension d'armes. Je fais des vœux pour qu'elle soit suivie de la paix. »

Joseph et Jérôme ne semblaient pas encore tout à fait découragés. Ils s'étaient fait précéder à Blois par les bureaux du ministère de la guerre et par quarante commis qui avaient reçu l'ordre de travailler jour et nuit au recrutement de l'armée. Il restait plusieurs divisions militaires avec lesquelles les communications étaient libres. On parlait d'y faire de nouvelles levées et d'organiser des corps francs dans les départements occupés par les troupes alliées. La régence avait adressé aux préfets une circulaire où les derniers événements étaient représentés ainsi : « L'empereur, qui avait porté son quartier général à Troyes, le 29 mars, s'est dirigé à marches forcées, par Sens, sur sa capitale. Sa Majesté était le 31 mars à Fontainebleau. Elle a appris que l'ennemi, arrivé vingt-quatre heures avant l'armée française, occupait Paris, après avoir éprouvé une forte résistance, qui lui a coûté beaucoup de monde. Les corps des ducs de Trévise, de Raguse, et celui du général Campans, qui ont concouru à la défense de la capitale, se sont réunis entre Essonnes et Paris, là où Sa Majesté a pris position avec toute l'armée qui arrive de Troyes. L'occupation de la capitale par l'ennemi est un malheur qui afflige profondément le cœur de Sa Majesté, mais dont il ne faut pas concevoir d'alarmes ; la présence de l'empe-

reur avec son armée aux portes de Paris empê-
chera l'ennemi de se porter à ses excès accoutu-
més, dans une ville si populeuse, qu'il ne saurait
garder sans rendre sa position très dangereuse. »

Cette proclamation optimiste ne fut pas publiée
à Blois ; on jugea sans doute qu'une ville si voisine du théâtre des évènements ne l'accueillerait
pas avec faveur. Elle fut réservée aux départements plus éloignés, et les préfets auxquels on
l'adressa furent chargés, en la publiant, de l'accompagner des commentaires qu'ils jugeraient le
plus convenables, suivant les circonstances. Ce
fut ainsi, par exemple, que le préfet du département de Maine-et-Loire crut devoir la commenter.
« L'empereur se porte bien, et veille pour le salut
de tous. S. M. l'impératrice et le roi de Rome sont
en sûreté. Les rois, frères de l'empereur, les grands-
dignitaires, les ministres, le Sénat et le conseil
d'Etat, se sont portés sur les rives de la Loire,
où le centre du gouvernement s'établit provisoi-
rement. Ainsi l'action du gouvernement ne sera
point paralysée ; les bons citoyens, les vrais
Français, peuvent être affligés de l'occupation de
la capitale ; mais ils n'en doivent pas concevoir
de trop vives alarmes ; qu'ils se reposent sur
l'activité de l'empereur et sur son génie du soin
de notre délivrance ! Mais qu'ils sentent bien que
c'est dans ces grandes circonstances que l'honneur
national et nos intérêts bien entendus nous commandent de nous rallier autour de notre souve-

rain ! Secondons ses efforts, et ne regrettons aucun sacrifice pour terminer enfin cette lutte terrible contre des ennemis qui, non contents de combattre nos armées, viennent encore frapper chaque citoyen dans ce qu'il a de plus cher et ravager ce beau pays dont la gloire et la prospérité furent, dans tous les temps, l'objet de leur haine jalouse. Malgré les succès que l'armée coalisée vient d'obtenir, et dont elle ne s'enorgueillira pas longtemps, le théâtre de la guerre est encore loin de vous ; mais si quelques coureurs, attirés par l'espoir du pillage, osaient se répandre dans vos campagnes, ils vous trouveraient armés pour défendre vos femmes, vos enfants, vos propriétés. »

A Blois, ce patriotique langage aurait produit peu d'impression, parce que presque tout le monde y était découragé. Le mercredi 6 avril, on y vit arriver l'École Polytechnique, l'École de Saint-Cyr, celle de Charenton, et les pages. On lit dans une brochure qui parut en 1814, sous ce titre : *La régence à Blois ou les derniers moments du gouvernement impérial* : « La ville de Blois était déjà pleine ; il n'y avait pas un habitant qui n'eût partagé sa maison, sa chambre, ou même cédé son lit à tant de nouveaux hôtes. Ceux-là étaient polis, mais on en craignait de fâcheux, car il était question de former deux camps aux environs de Blois, et cette nouvelle tenait les esprits partagés entre le spectacle du présent et la crainte de l'avenir, entre l'étonnement qu'excitait le tableau vivant de l'instabilité des choses humaines, si bien marqué dans cette cour errante, et la crainte d'une armée qui pouvait être appelée pour la défense de Blois, et payer l'hospitalité donnée de tous les maux de la guerre. »

Cependant, Marie-Louise, encore entourée d'une ombre du gouvernement, eut jusqu'au 7 avril un restant d'espérance. On lui avait fait signer une proclamation qui, le matin de ce jour, fut affichée sur les murs de Blois, et qui était ainsi conçue : « Français, les événements de la guerre ont mis la capitale au pouvoir de l'étranger. L'empereur, accouru pour la défendre, est à la tête de ses armées si souvent victorieuses. Elles sont en présence de l'ennemi sous les murs de Paris. C'est de la résidence que j'ai choisie et des ministres de l'empereur qu'émaneront les seuls ordres que vous puissiez reconnaître. Toute ville au pouvoir de l'ennemi cesse d'être libre ; toute direction qui émane est le langage de l'étranger, ou celui qu'il convient à ses vues de propager. Vous serez fidèles à vos serments ; vous écouterez la voix d'une princesse qui fut remise à votre foi, qui fait sa gloire d'être Française, d'être associée aux destinées du souverain que vous avez librement choisi. Mon fils était moins sûr de vos cœurs au temps de nos prospérités. Ses droits et sa personne sont sous votre sauvegarde. Signé : Marie-Louise. Contre-signé : Montalivet, faisant fonctions de secrétaire de la Régence. »

Ainsi que le baron de Méneval le remarque, cette proclamation, qui fut envoyée dans tous les départements où elle put parvenir, et qui était le dernier acte de la régence, passa presque inaperçue. Comme personne ne pouvait prévoir ce qui arriverait le jour ou le lendemain, les ministres venaient au palais en costume de voyage.

Dans la journée du 7 avril, Marie-Louise, à qui son entourage cachait, soit par pitié, soit par un reste de flatterie la plupart des mauvaises nouvelles, ne savait pas encore ce qui s'était passé à Paris depuis qu'elle avait quitté la capitale. Une de ses dames, la veuve du général Durand, qui y était restée, se procura un passeport, partit le 6 avril, et arriva le 7 à Blois. Elle remit à l'impératrice non seulement des papiers qui lui avaient été confiés, mais les arrêtés du gouvernement provisoire et tous les journaux. « L'impératrice, nous dit-elle elle-même dans ses Mémoires, avait été tenue dans une telle ignorance de tous les événements qu'à peine en croyait-elle ce qu'elle lisait.... On la pressait, on la suppliait de rentrer à Paris avant l'arrivée d'un prince de la maison de Bourbon ; on lui assurait la régence pour elle et le trône pour son fils si elle prenait ce parti ; chose d'autant plus facile que la dame chargée des dépêches était venue seule dans une chaise de poste, n'ayant qu'un seul domestique, et sans avoir une seule fois eu besoin de faire usage de son passeport. » Marie-Louise eut un instant l'idée de suivre le conseil que Mme Durand lui donnait. Mais son entourage la détourna d'une résolution que l'empereur n'avait pas ordonnée, et qui aurait été sans doute trop tardive pour produire un effet salutaire.

Le même jour, 7 avril, le colonel Galbois, que l'empereur avait expédié la veille de Fontaine-bleau, et qui avait eu grand'peine à passer à travers les troupes des alliés, se présentait devant l'impératrice. C'est ainsi que lui-même a rendu compte de sa mission : « J'arrivai de bonne heure à Blois ; l'impératrice me reçut de suite. L'abdication de l'empereur la surprit beaucoup. Elle ne pouvait croire que les souverains alliés eussent l'intention de détrôner l'empereur Napoléon. « Mon père, disait-elle, ne le souffrirait pas ; il « m'a répété vingt fois, quand il m'a mise sur le « trône de France, qu'il m'y soutiendrait tou- « jours, et mon père est un honnête homme. » L'impératrice voulut rester seule pour méditer sur la lettre de l'empereur. Alors, je vis le roi d'Espagne et le roi de Westphalie. Joseph était profondément affligé. Jérôme s'emporta contre Napoléon. Marie-Louise me fit appeler. Elle m'annonça qu'elle voulait aller rejoindre l'empereur. Je lui fis observer que la chose n'était pas possible. Alors Sa Majesté me dit avec

16.

vivacité : — Pourquoi donc, monsieur le colonel ? vous y allez bien, vous ! Ma place est auprès de l'empereur, dans un moment où il doit être si malheureux. Je veux le rejoindre et je me trouverai bien partout pourvu que je sois bien avec lui. — Je représentai à l'impératrice que j'avais eu beaucoup d'embarras pour arriver jusqu'à elle, que j'en aurais bien plus pour rejoindre l'empereur. En effet, tout était dangereux dans cette course. On eut de la peine à dissuader l'impératrice. Enfin elle se décida à écrire.

« Je retournai heureusement auprès de l'empereur. Napoléon lut la lettre de Marie-Louise avec un empressement extrême ; il me parut très touché du tendre intérêt que cette princesse lui témoignait. L'impératrice parlait de la possibilité de réunir cent cinquante mille hommes. L'empereur lut ce passage à haute voix, et il m'adressa ces paroles remarquables : « Oui, sans doute, je pourrais tenir la campagne, et peut-être avec succès, mais je mettrais la guerre civile en France, et je ne veux pas... D'ailleurs, j'ai signé mon abdication ; je ne reviendrai pas sur ce que j'ai fait. »

Il est certain qu'à ce moment, Marie-Louise n'avait nullement l'idée d'abandonner Napoléon, et que son sincère désir avait été de le rejoindre. Le général de Ségur lui reproche cependant de n'avoir pas alors donné suite à cette idée. C'est ainsi que, dans ses Mémoires, il s'exprime sur ce sujet si délicat : « Mme de Luçay, ma belle-mère, dame d'atours de l'impératrice Marie-Louise, était un modèle d'amour conjugal. Deux fois pendant la Terreur, elle avait sauvé la vie de son mari, en risquant la sienne avec le courage le plus dévoué et le plus intelligent. Animée des aimables et douces vertus comme de ces sentiments d'honneur qui distinguaient la haute société de la fin du dix-huitième siècle, elle venait de décider secrètement l'impératrice à partir de Blois pour Fontainebleau. Le secret, pour lui faire accomplir un devoir aussi sacré, était malheureusement indispensable. Déjà la voiture, commandée pour ce départ, l'attendait au bas d'un escalier dérobé, quand une autre personne, dont la funeste influence n'agissait que trop, depuis longtemps, sur l'esprit de la faible Marie-Louise, se fit annoncer. Aussitôt l'impératrice, troublée par cet incident inattendu, fit précipitamment passer sa dame d'atours dans un cabinet voisin. Ce fut de là que ma belle-mère put entendre, et n'entendit que trop bien, avec quel art perfide on parvint à détruire, sans retour possible, et à changer en la plus triste des défections la généreuse et noble résolution qu'elle avait fait prendre. »

Notre impression est qu'en ce moment du moins, la conduite de l'impératrice ne mérite aucune critique. Alors, en effet, non seulement Napoléon ne l'appelait pas près de lui, mais il ne désirait point la voir. Il lui en aurait coûté de se montrer à elle dans ce palais de Fontainebleau, déjà presque désert, avec un simulacre de cour et un fantôme de règne. Jusque-là, elle l'avait toujours vu obéi, respecté, adulé dans tout l'appareil et toute la majesté de son pouvoir. Au commencement de l'année, malgré ses désastres, il trônait encore aux Tuileries, comme un Jupiter dans l'Olympe. Il était le souverain de toute la France, de la France avec ses frontières naturelles. Et aujourd'hui, il n'était même plus le roi de Fontainebleau. Son empire ne dépassait point la grille du palais. Oui, certes, il lui en aurait coûté alors de voir le petit roi de Rome dépouillé d'un si magnifique héritage, et il aurait plus souffert pour Marie-Louise et pour son fils que pour lui-même d'un changement de fortune qui bouleversait tant d'espérances. C'était bien assez de paraître humilié devant ses généraux. Se montrer dans une telle décadence à la fille des Césars d'Allemagne, à la femme qui tout à l'heure encore partageait avec lui le plus glorieux trône du monde, à la souveraine qui avait fait aux Tuileries, quatre ans auparavant, une entrée si grandiose, qui avait été entourée de toutes les pompes d'un luxe asiatique, de toutes les splendeurs d'une puissance à nulle autre pareille, ç'eût été pour lui une source d'émotions poignantes et de comparaisons douloureuses. Ajoutons qu'en ce moment fatal il roulait dans sa tête des idées de suicide auxquelles la présence de sa femme eût été un obstacle insurmontable. Son secrétaire M. le baron Fain, nous en a fait l'aveu. « Napoléon, dit-il, qui craignait cette entrevue, a voulu rester maître de la résolution qu'il médite. »

Cependant, Marie-Louise était dans une perplexité si vive que sa santé s'altérait chaque jour davantage. Elle se demandait avec anxiété ce qu'elle devait faire. Tantôt elle se persuadait qu'en dépit de tous les obstacles, de toutes les objections, son devoir était d'essayer de rejoindre son mari ; alors même qu'il ne l'invitait pas à le faire ; tantôt elle se disait qu'il était plus nécessaire, plus utile, non seulement pour elle, mais pour son fils, pour son époux lui-même, qu'elle se rendît auprès de son père afin d'y plaider, avec l'éloquence du cœur, la cause de ce qui restait de l'Empire. Elle n'espérait plus rien de ses beaux-frères, occupés à sauver les épaves de leur fortune ; de ses conseillers, dont la plupart l'avaient déjà quittée, et dont les autres ne lui donnaient que des conseils incertains et pusillanismes ; de son peuple, dont la défection et les palinodies l'indignaient. Elle qui se rappelait le cri héroïque des Hongrois : *Moriamur pro rege nostro!* elle qui avait vu la nation autrichienne si fidèle à son souverain dans le malheur ; elle qui n'oubliait pas l'attitude des sujets de son père, le lendemain de la bataille de Wagram ; elle qui avait encore dans l'oreille les paroles d'obséquiosité, d'adulation, d'idolâtrie prodiguées à elle et à Napoléon par la foule servile et inconstante de leurs courtisans français, elle se révoltait à l'idée du spectacle dont Paris était le théâtre ; elle s'indignait des insultes, de l'égoïsme des membres du Sénat, des personnages dont Chateaubriand a dit : « L'effronterie sordide de ces sénateurs qui, au milieu de l'invasion de leur patrie, ne se perdent pas de vue un moment, frappe même dans l'immensité des événements publics... Le gouvernement provisoire proscrivit les signes et les emblèmes du gouvernement impérial ; si l'arc-de-triomphe eût existé, on l'aurait abattu, Mailhes, qui vota le premier la mort de Louis XVI, Cambacérés, qui salua le premier Napoléon du nom d'empereur, reconnurent avec empressement les actes du gouvernement provisoire. » Tant de palinodies plongeaient Marie-Louise dans le désespoir.

L'impératrice, pendant qu'elle en avait encore les moyens, et ne sachant pas s'il lui serait possible de le faire, voulut récompenser la fidélité des personnes de sa maison et des troupes qui l'avaient suivie. Elle distribua des gratifications dont l'ensemble atteignit la somme de deux cent quatre-vingt-dix-huit mille francs. Bientôt après, chacun s'éloigna, allant chercher fortune ailleurs, et, comme le dit M. de Méneval, ainssi fut dissoute et dispersée en quelques heures cette maison impériale dont l'organisation était citée comme un modèle.

Le 8 avril, jour de vendredi-saint, entre huit et neuf heures du matin, le roi Joseph et le roi Jérôme se présentèrent à l'improviste devant l'impératrice. Ils lui dirent qu'il n'y avait plus de sûreté pour elle à Blois ; que les troupes alliées étaient tout près de la ville ; que, d'un instant à l'autre, elle pouvait, elle et son fils, tomber entre leurs mains ; qu'il y avait donc urgence à se transporter immédiatement au delà de la Loire, et y établir le siège du gouvernement. Les voitures étaient prêtes, et les deux frères demandaient à Marie-Louise d'y monter immédiatement avec le roi de Rome.

L'impératrice, qui, encore confiante dans les sentiments de son père, attendait la réponse aux lettres qu'elle lui avait écrites, et voulait être à portée de se placer sous sa protection, refusa de déférer à l'invitation de ses beaux-frères, Comme ils insistaient, elle fit appeler le baron de Bausset, et lui dit : « — Monsieur de Bausset, parmi les officiers de la maison de l'empereur qui sont ici, vous êtes ma plus ancienne connaissance, puisqu'elle date de Braunau, au moment de mon mariage... Je compte sur votre dévouement et vais vous dire ce qui se passe ici... Mes deux beaux-frères et l'archichancelier sont là, dans ce salon, Ils viennent de me dire qu'il fallait quitter Blois à l'instant, et que si je n'y consentais pas de bonne grâce, ils me feraient porter, malgré moi, dans ma voiture avec mon fils. — Oserais-je demander à Votre Majesté, répondit le préfet du palais, quelle est sa volonté personnelle ? — Je veux rester ici, et y attendre les instructions de l'empereur. — Si telle est votre volonté, madame, j'ose répondre à Votre Majesté que tous les officiers de sa maison et ceux de sa garde penseront, comme moi, que nous n'avons à recevoir ici des ordres que d'elle seule. Je demande à Votre Majesté la permission d'aller leur faire connaître ses intentions. — Allez, je vous prie, et venez m'en rendre compte. »

«L'impératrice, nous dit le baron de Méneval, fut inébranlable dans la résoluton quelle exprima de ne point quitter Blois. Sa résistance avait-elle pour motif un défaut de confiance dans ses conseillers, ou plutôt une seule pensée, dans l'état d'agitation ou elle était, dominait-elle exclusivement son esprit ? Bouleversée par les sensations de tout genre et par les cruelles épreuves qu'elle avait subies en si peu de jours, elle fut effrayée de l'idée d'un nouveau déplacement, qui allait la rejeter dans les hasards d'une vie errante, dont elle ne prévoyait pas le terme. »

Cependant, les premières personnes que M. de Bausset rencontra, en sortant de l'appartement de l'impératrice, furent le comte d'Haussonville, chambellan, et le général Caffarelli, aide de camp de l'empereur, chargé du commandement militaire du palais. » Encore ému de ce que je venais d'apprendre, dit-il dans ses Mémoires, je m'empressai de le leur communiquer. « — Il ne faut pas souffrir cela, dit avec impétuosité le comte d'Haussonville. » En parlant ainsi, il se porta au péristyle du palais, où il fit même une chute, ce qui ne l'empêcha pas d'appeler à grands cris tous les officiers de la garde, qui, dans ce moment, se promenaient et causaient dans la cour en attendant l'heure du déjeuner. L'impression fut rapide. Tous se réunirent à penser comme nous, et témoignèrent le plus vif désir d'aller à l'instant même porter aux pieds de l'impératrice l'hommage de leur fidélité et de leur dévouement. Je les priai de me donner quelques minutes pour rendre compte de leurs dispositions à l'impératrice ; je rentrai dans les appartements intérieurs, et fis demander un moment d'audience à Sa Majesté, qui daigna venir de suite. Je lui dis ce qui se passait, et la préparai à recevoir l'explosion des sentiments qui allait avoir lieu. L'impératrice m'engagea à rentrer avec elle dans le salon. J'obéis à ses ordres.

« — Monsieur de Bausset, me dit-elle, répétez aux princes ce que vous venez de me dire. — J'ai eu l'honneur de dire à l'impératrice que les officiers de sa maison et ceux de sa garde, ayant appris qu'il était question de contraindre Sa Majesté à quitter Blois contre sa volonté, avaient déclaré qu'ils s'y opposeraient, n'ayant à recevoir des ordres que d'elle seule. — Dites les mots dont ils se sont servis, me dit le roi Joseph. Il est nécessaire que nous connaissions l'esprit qui les anime. — Ces mots n'auraient rien d'agréable, répondis-je ; d'ailleurs, le bruit que j'entends dans la pièce voisine les fera mieux connaître à Votre Majesté. »

« J'avais à peine achevé de parler que les portes du salon s'ouvrirent avec fracas, et que tous les officiers firent connaître simultanément et avec force les sentiments que je venais d'exprimer en leur nom.

« — Il faut rester, madame, dit le prince Joseph avec une douceur inexprimable en se tournant vers l'impératrice. Ce que j'avais proposé à Votre Majesté me paraissait convenable à ses intérèts ; mais, puisqu'elle en juge autrement, je le répète, il faut rester. »

« Tout rentra dans l'ordre accoutumé, et il ne fut plus question du départ. »

M. de Bausset, dans ses mémoires, ajoute à ce récit les réflexions suivantes : « On a diversement parlé des motifs que l'on attribuait aux princes, qui se flattaient peut-être de prolonger une lutte inégale ou d'obtenir des conditions plus favorables. Ce qu'il y a de certain, c'est qu'aucun de nous n'avait approuvé le parti que l'on avait pris de quitter Paris, et que nous étions effrayés des conséquences d'une seconde fuite. Nous étions investis de toutes parts. Où aller ?... La chute était inévitable. Il fallait donc la subir avec convenance et dignité. L'impératrice, dans cette circonstance, agit seule, sans consulter son conseil de régence et d'après ses propres inspirations. »

Le drame approchait du dénouement désiré par les uns, redouté par les autres. Le même jour, vendredi saint, 8 avril 1814, un Russe, le général Schouwaloff, arriva à Blois, à deux heures de l'après-midi, et il y descendit à l'auberge de *la Galère*. Ce commissaire des puissances alliées, aide de camp de l'empereur de Russie, s'était fait accompagner par le baron de Saint-Aignan, écuyer de l'empereur Napoléon et beau-frère du duc de Vicence. L'arrivée du général Schouwaloff fut le signal du départ des principaux personnages qui avaient suivi l'impératrice à Blois. Il fit connaître sa mission, qui était de conduire à Orléans Marie-Louise et son fils.

Chacun alla chercher ses passeports à la mairie, pour les faire viser ensuite par le général russe. L'auberge de *la Galère* où il logeait ne désemplit pas de toute la journée. Elle était trop petite pour contenir le nombre des solliciteurs. Tout le monde voulait être expédié, et chacun voulait l'être le premier. Ceux qui avaient pu se procurer des lettres de recommandation arrivaient avec ces lettres qu'ils présentaient au général. Celui-ci répondait, en les recevant, qu'il était plein de considération pour les personnes dont on se réclamait; mais, rien ne pouvant suppléer au peu d'instants qu'il avait, il priait chacun d'attendre ou de revenir. « La plupart des ministres et des conseillers d'État partirent pour Paris, dit le baron de Méneval. Je vis le ministre de la guerre qui, avec le sourire qui lui était habituel, me dit qu'il venait faire ses adieux à son ancien collègue (il avait été secrétaire du cabinet), et lui remettre une lettre qu'il adressait à l'empereur pour en prendre congé ; il ajouta que, quand on quittait les gens, il fallait le faire poliment, qu'il avait à rendre compte de l'état des archives de la guerre, du dépôt des cartes. etc., « qu'il ne voulait pas passer pour un voleur. »

Le même jour, l'impératrice, avant son dîner, fit demander le baron de Bausset.

« — Voulez-vous me rendre encore un service ? lui dit-elle. — Ordonnez, madame, je réponds de moi. — Eh ! bien, vous partirez ce soir pour Paris. Vous y trouverez, sans doute, l'empereur mon père, et vous lui porterez une lettre que je vais écrire. Vous vous rendrez ensuite à Fontainebleau avec une autre lettre pour l'empereur Napoléon. J'espère m'y rendre aussi de mon côté, car je dois et je veux être auprès de lui. Faites vos dispositions, et revenez à huit heures du soir prendre mes dépêches. »

M. de Bausset ajoute à ce récit : « Je me rendis avec exactitude aux ordres de l'impératrice, qui me remit elle-même les deux lettres dont elle daignait me charger. Je fus ensuite chez le comte Schouwaloff, que j'avais beaucoup connu à Erfurt, pendant l'entrevue de 1808. Je trouvai son appartement rempli par une infinité de personnes qui venaient faire viser leur passeport pour retourner à Paris. Il est à propos de dire que les plus grands personnages du gouvernement regardèrent leur mission comme achevée dès le moment de l'arrivée du commissaire général des puissances alliées, et crurent pouvoir s'occuper de leurs intérêts privés. Le comte Schouwaloff me reconnut, et vint avec empressement autour de moi. Nous causâmes à part, et je lui parlai de la mission que je venais de recevoir, en lui demandant un passe-port pour aller à Paris et de là à Fontainebleau pour y attendre l'impératrice. Le comte me dit alors tout bas que l'impératrice ne s'y rendrait pas, et qu'il était décidé qu'elle irait à Rambouillet en sortant d'Orléans. J'allais me retirer, mais je devins moi-même un personnage important. L'amabilité du comte Schouwaloff pour moi me rendit l'objet des plus vives sollicitations de la part de ceux qui étaient le plus pressés. »

La nuit du 8 au 9 avril fut employée tout entière par l'impératrice et par les personnages de son entourage aux préparatifs du départ qui devait s'effectuer le lendemain. Le 9 avril, de grand matin, M. de Méneval se rendit chez la souveraine. Il la trouva inquiète de la manière dont se passerait le voyage. Elle se fit apporter les diamants de la couronne, dont elle ne savait trop que faire. Sachant qu'elle allait avoir à traverser des postes de cosaques, elle craignait le pillage de ses voitures ; elle pensait à porter sur elle les parures, ne doutant pas que sa personne ne fût respectée. Restait le glaive impérial sur lequel avait été monté le fameux diamant qu'on appelle le *Régent*, et dont la lame était embarrassante. M. de Méneval voulut séparer cette lame de la poignée. N'ayant à sa disposition aucun instrument propre à cette œuvre, il plaça la lame sur un des chenets de la cheminée de l'appartement de l'impératrice, et la rompit. Il cacha la poignée sous ses habits, et regagna sa voiture, non sans trembler pour la sûreté de son précieux fardeau. Il était dix heures du matin. Marie-Louise, accompagnée de son fils, des rois Joseph et Jérôme et de leurs femmes, ainsi que de Madame mère, quitta Blois et prit la route d'Orléans, qu'elle trouva bordée d'une double haie de spectateurs, qui, se bornant à regarder, restaient comme absorbés dans un morne silence.

XVIII

MARIE-LOUISE A ORLÉANS

Quand Marie-Louise partit de Blois pour Orléans, elle était encore escortée par des cavaliers de
la garde impériale. La tranquillité du voyage ne
fut troublée qu'aux environs de Beaugency, où
l'apparition de trois cents cosaques jeta de la
confusion. Ils pillèrent les dernières voitures de
la suite, mais l'intervention d'un aide de camp
du général Schouwaloff arrêta le désordre, et
tout ce qui avait été pris fut rendu.

Arrivée à Orléans, l'impératrice était encore
traitée en souveraine. Elle y fit son entrée le
samedi saint 9 avril 1814, à six heures du soir.
Les autorités civiles et militaires allèrent à sa
rencontre. La garde nationale et les troupes de
la garnison formèrent la haie depuis la porte de
la ville jusqu'au palais de l'évêché, où elle logea.
Des cris de : Vive l'empereur! Vive l'impératrice !
la saluèrent. « Je faisais de bien tristes réflexions,

a dit le duc de Rovigo, en voyant la ville d'Orléans pleine de troupes ; nous en avions laissé
encore bien davantage à Blois, où s'étaient successivement retirés les dépôts qui étaient à Versailles et à Chartres... Comment tout cela n'avait-
il pas été réuni aux corps des maréchaux Mortier
et Marmont, qui défendaient Paris ? On ne peut
en donner d'autres raisons, sinon qu'on ne l'avait
pas voulu ; mais assurément ces divers détachements s'élevaient à plus de vingt mille hommes.
Que l'on ajoute à cela l'arsenal de Paris, et l'on
sera forcé de convenir que l'on a manqué de
tête ou de cœur, et que l'empereur a été bien mal
servi sous ce rapport. »

La ville d'Orléans était dans une position sin-
gulière. Après avoir vu ses portes barricadées,
son pont miné, ses murs armés de pièces d'artillerie, elle se trouvait tout à coup encombrée
par les débris de la cour, du gouvernement et de
l'armée, par des troupes de toute arme qui arrivaient sans chefs et par des chefs qui arrivaient
sans troupes. La proclamation de l'impératrice-
régente, signée de Blois, demeurait encore affichée sur les murs. Ce n'était plus l'Empire, et ce
n'était pas encore la royauté. Il y avait une sorte
d'interrègne qui se fit tristement sentir le lendemain dimanche 10 avril, jour de Pâques. On ne
chanta pas le *Domine salvum fac imperatorem,* mais
on ne chanta pas non plus le *Domine salvum fac
regem.*

Après la messe, l'impératrice reçut le duc de Cadore, qui, comme nous l'avons dit, était parti de Blois le 4 avril avec une lettre de Marie-Louise pour l'empereur d'Autriche, et qui revenait de sa mission. Le duc de Cadore n'avait pu rencontrer l'empereur François que près de Dijon, à Chanceaux. Ce prince y avait été entraîné lors du mouvement de Napoléon sur Saint-Dizier, et n'était pas entré à Paris avec l'empereur de Russie et le roi de Prusse. Mais sa fille espérait en vain qu'il voudrait et pourrait la défendre, elle et son fils, contre la malveillance des deux souverains du Nord. La réponse que lui transmit le duc de Cadore ne lui laissait que bien peu d'espoir. L'Empereur François, tout en protestant de sa bonne volonté et de son affection paternelle, exprimait la crainte que ses alliés ne partageassent point son zèle pour les droits et pour les intérêts de sa fille.

Marie-Louise, en ce moment, était encore dévouée à son époux. Traversant une terrasse qui séparait son appartement de celui du roi de Rome, elle alla se jeter à l'improviste dans les bras de Mme de Montesquiou, cette femme de tête et de cœur, qui remplissait avec tant de dévouement ses fonctions de gouvernante de l'enfant impérial, et se montrait d'autant plus attachée à l'Empire que l'Empire était plus malheureux. Marie-Louise savait que cette dame ne lui donnerait que de généreux et nobles conseils.

17.

Elle s'affermit avec elle dans l'idée d'aller rejoindre le plus tôt possible Napoléon à Fontainebleau ; mais elle voulut attendre l'arrivée de M. de Bausset qu'avant de quitter Blois elle avait envoyé en mission avec des lettres pour son père et pour son mari.

Alors il se passa à Orléans un incident aussi douloureux pour l'impératrice que honteux pour le gouvernement provisoire. Marie-Louise, en partant de Paris, avait emporté le reste du trésor personnel de Napoléon, consistant en dix-huit millions et en vaisselle. A ce trésor étaient joints les diamants de la couronne. Sur ces dix-huit millions, derniers débris des économies personnelles de l'empereur, il avait été envoyé quelques millions à Fontainebleau, soit pour la solde de l'armée, soit pour la dépense du quartier général, et, d'après l'ordre de Napoléon, Marie-Louise avait mis environ deux millions dans ses voitures, pour son propre usage. Il restait à peu près dix millions dans les fourgons de la cour fugitive. Le gouvernement provisoire avait besoin d'argent. Que fit-il ! Il imagina de s'emparer de ce trésor, sous prétexte que l'État en était le propriétaire, chose absolument inexacte. Pour procéder à cette saisie, il fit choix d'un ennemi personnel de l'empereur, M. Dudon, que le souverain avait dû expulser du conseil d'État.

M. Dudon, porteur d'un acte du gouvernement provisoire en date du 9 avril, se rendit à Orléans, et enleva le trésor. Rien ne fut respecté, ni la vaisselle qui était la propriété particulière de l'empereur, ni les tabatières et les bagues enrichies de diamants, destinées à être offertes en cadeaux, ni les habits, ni le linge de Napoléon, ni même ses mouchoirs de poche marqués d'un N et d'une couronne. L'émissaire du gouvernement provisoire ne s'en tint pas là. Il s'empara encore du peu d'argenterie qu'on avait emporté pour le service de l'impératrice et du roi de Rome ; il ne lui laissa pas un couvert d'argent, et poussa les choses à ce point qu'on fut obligé d'emprunter les couverts et même la faïence de l'évêque, chez qui la souveraine demeurait, pour la servir pendant les deux jours qu'elle passa encore dans la ville. L'aide de camp du général Schouvaloff, dont l'intervention fut inutilement réclamée, ne mit aucune opposition à l'exécution de la saisie.

Quant aux diamants de la couronne, ils furent rendus, sur inventaire, avec une scrupuleuse exactitude. Il n'y manquait, a dit le duc de Rovigo, que le *Régent*, qu'on mettait ordinairement à part, à cause de son grand prix et de la facilité qu'il y avait à le dérober. Tout le monde ignorait que l'impératrice portait dans un sac à ouvrage la poignée d'une des épées de l'empereur, dans laquelle le précieux joyau était incrusté. On vint lui rendre compte de ce qui se passait ; elle tira aussitôt le *Régent* et le remit. Les diamants qui lui appartenaient personnellement étaient avec les autres; elle ne fit pas une question pour savoir si on les avait aussi enlevés.

Le lundi de Pâques, 11 avril, l'impératrice entendit la messe comme la veille. Elle prit ensuite congé de la plupart des personnes qui composaient sa suite, et qui allaient la quitter pour toujours. Les adieux furent profondément tristes. Marie-Louise reçut séparément chacune des personnes qui se présentèrent. Elle leur fit des présents de bagues et de bijoux, et leur demanda, en termes touchants, de ne pas l'oublier. Son visage était baigné de larmes. Un instant après, toutes les personnes qui l'avaient quittée rentrèrent dans son appartement. Ayant appris que l'impératrice des Français était appelée à la souveraineté de Parme, elles venaient la féliciter. Hélas! ces félicitations n'étaient-elles pas une dernière ironie du sort?

Le lendemain, Marie-Louise se trouva presque seule à Orléans. L'évêché où elle habitait n'avait plus l'air d'un palais; à peine y rencontrait-on quelqu'un, si ce n'est les deux ou trois dames qui étaient restées près d'elle et du roi de Rome. Cambacérès n'était pas venu jusqu'à Orléans. Il avait repris de Blois le chemin de Paris, et, n'ayant plus près d'elle ce personnage, son conseiller habituel, l'impératrice détrônée n'était plus guère guidée que par les avis de sa dame d'honneur, la duchesse de Montebello, qui n'aspirait qu'à la tranquillité. Les inquiétudes de Marie-Louise étaient arrivées à leur comble. Le bruit que l'empereur voulait se tuer parvenait jusqu'à elle. M. Anatole de Montesquiou, venant de Fontainebleau, se présenta à l'évêché. « Eh bien, lui dit Mme de Montebello, est-ce fini ? Est-il mort ? — Qui, madame ? De quelle mort parlez-vous ? — Mais de celle de l'empereur ; on a dit qu'il s'était tué. — Non, madame, il n'est pas mort, il se porte bien ; pouvez-vous ajouter foi aux bruits que répandent ses ennemis ? Voici même une lettre qu'il m'a chargé de remettre à l'impératrice. »

Une correspondance active s'était établie entre le baron de Méneval, à Orléans avec Marie-Louise, et le baron Fain, à Fontainebleau avec Napoléon. M. Fain avait eu soin de prévenir que chaque lettre qu'il écrivait lui était dictée par l'empereur, depuis le premier mot jusqu'au dernier. Une lettre ainsi écrite le 10 avril portait que, d'après des lettres reçues par l'empereur, Marie-Louise paraissait décidée à aller voir son père. « Mais, ajoutait-on, l'impératrice sait-elle où est son père ? On a dit hier qu'il devait être à Brie-Comte-Robert, et arriver aujourd'hui à Paris ; toutes ces nouvelles sont bien vagues. Si vous en avez de plus positives, dites-nous-le. L'empereur attend cette nuit le duc de Vicence, qui lui apportera quelque décision définitive sur ses affaires. L'empereur désire que vous tâchiez de pénétrer les véritables intentions de l'impératrice et de savoir si elle préfère suivre l'empereur dans toutes les chances de sa mauvaise fortune, ou se retirer, soit dans un État qu'on lui donnerait, soit chez son père avec son fils. »

M. de Méneval répondit qu'il avait lieu de craindre que l'impératrice ne fût plus libre de se réunir à l'empereur ; elle en avait personnellement le désir, ajoutait-il, mais elle se confiait encore dans l'affection de son père, qui, disait-elle, ne souffrirait point qu'elle fût séparée de son époux et de son fils ; elle s'autorisait du désir exprimé par l'empereur pour attendre l'effet des démarches qu'elle avait faites auprès de l'empereur d'Autriche. M. de Méneval disait que la crainte d'être arrêtée dans sa route pouvait retenir l'impératrice, et que l'idée d'une fuite lui répugnait.

Dans une lettre écrite le 11 avril, à quatre heures du matin, le baron Fain disait : « M. de Metternich est arrivé à Paris, mais il ne paraît pas mieux disposé que M. de Schwarzenberg. Le projet de l'impératrice d'aller voir son père paraît donc toujours convenable à l'empereur ; cependant on ne sait pas encore à Paris où est l'empereur d'Autriche. Si l'impératrice le sait, l'empereur désirerait qu'elle le lui fît savoir avant de prendre le parti de se mettre en route. »

Dans une lettre, datée du même jour, à midi, l'empereur faisait écrire par le baron Fain : « Il paraît que les arrangements ont été signés cette

nuit entre le duc de Vicence et les ministres de
Russie, d'Autriche et d'Angleterre ; qu'on donne
l'île d'Elbe à l'empereur ; Parme, Plaisance et
Guastalla à l'impératrice et au roi de Rome. Il
serait bon néanmoins que l'impératrice continuât
ses instances auprès de son père pour avoir la
Toscane, et, si ce n'est pas possible, pour obtenir
du moins l'adjonction à Parme et à Plaisance des
territoires de Lucques, de Piombino, de Massa
di Carrare et des enclaves de Pontremoli ; par ce
moyen, l'impératrice serait en communication
avec l'île d'Elbe. Le projet de l'empereur serait de
se porter, aussitôt que ses affaires seront termi-
nées, sur Briare, où l'impératrice viendrait le
rejoindre, pour de là continuer leur route sur
Nevers, Moulins et Mont-Cenis jusqu'à Parme.
L'impératrice et le roi de Rome pourraient se
reposer à Parme, tandis que l'empereur irait à
l'île d'Elbe préparer tout ce qui serait nécessaire
pour l'arrivée de l'impératrice. Il est stipulé au
traité que tout Français qui suivra conservera ses
droits de Français et ses biens, et pourra rentrer.

« L'empereur pense qu'il faudrait que l'impératrice écrivît à Mme de Boubers pour savoir si
elle peut venir se charger de l'éducation du roi
de Rome, puisqu'il paraît que Mme de Montesquiou veut revenir à Paris. » (Ce renseignement
était inexact. M. de Méneval manda à l'empereur
que Mme de Montesquiou n'avait jamais exprimé
l'intention de retourner à Paris, et que, quelque

événement qui arrivât, elle était résolue à ne pas
se séparer de son élève, à moins que la force ne
l'arrachât de ses bras.)

La lettre continuait ainsi : « L'impératrice
recomposera sa maison à Parme et Plaisance, où
il y a beaucoup de dames de bonne noblesse.
Comme le grand-maréchal vient avec l'empereur,
la comtesse Bertrand accompagnera l'impératrice.
On ne sait pas où est l'empereur d'Autriche ;
peut-être pourrait-on s'arranger de manière à ce
qu'il vît sa fille en route. En prenant la route que
je viens de vous indiquer, il n'y aurait de grande
ville à traverser que Lyon et Turin. On y passerait
de nuit, et l'on se trouverait bientôt dans le pays
qui doit appartenir à l'impératrice..... L'empereur se porte bien, et, comme je vous l'ai déjà
mandé, sa santé est au-dessus de toutes les peines morales ; il lui tarde d'apprendre que l'impératrice se console, et lui donne l'assurance qu'elle
pourra être heureuse dans l'état de médiocrité où
elle va se trouver réduite. L'empereur est content
que l'impératrice ait Parme et Plaisance, dans la
seule idée que cela assure du moins à l'impératrice
son indépendance, et qu'elle aura le plus beau
pays du monde à habiter, si elle vient à s'ennuyer
des rochers de l'île d'Elbe, tandis que l'île d'Elbe
est une retraite qui ne peut convenir qu'à l'empereur, qui ne veut plus rien gouverner. »

Ces lettres, si affectueuses qu'elles fussent, ne
consolaient pas Marie-Louise. L'infortunée prin-

cesse disait alors au duc de Rovigo : « Je suis vraiment à plaindre. Les uns me conseillent de partir, les autres de rester. J'écris à l'empereur, il ne répond pas à ce que je lui demande. Il me dit d'écrire à mon père. Ah ! mon père, que me dira-t-il après l'affront qu'il permet qu'on me fasse ? Je suis abandonnée, et m'en remets à la Providence. Elle m'avait sagement inspirée en me conseillant de me faire chanoinesse. J'aurais bien mieux fait que de venir dans ce pays. » Et puis elle continuait, d'une voix entrecoupée par les sanglots : « Aller auprès de l'empereur !... Mais je ne puis partir sans mon fils dont je suis la sûreté... D'un autre côté, si l'empereur craint que l'on n'attente à sa vie, comme cela est probable, et qu'il soit obligé de fuir, les embarras que je lui causerais peuvent le faire tomber dans les mains de ses ennemis, qui veulent sa perte, n'en doutons pas. Je ne sais que résoudre, je ne vis que de larmes. » Et, en effet, son visage en était inondé. Puis elle parlait de son père, dont l'abandon lui était si cruel, et disait, avec une modestie touchante : « Je conçois que le peuple ait de l'aversion pour moi dans ce pays. Et cependant il n'y a pas de ma faute. Mais pourquoi mon père m'a-t-il mariée, s'il avait les projets qu'il exécute ? » Marie-Louise avait raison de se plaindre. Deux fois son père la sacrifia aux exigences de la politique, une fois en la faisant monter sur le trône, une autre fois en l'en faisant descendre. Douce et

tranquille, la jeune impératrice n'était pas née
pour de pareils orages, et son caractère, qui n'aurait convenu qu'à des époques paisibles, n'avait
ni l'énergie, ni la fermeté nécessaires pour porter, sans fléchir, le fardeau d'une telle destinée.

XIX

LA TENTATIVE DE SUICIDE

Qu'était devenu Napoléon, depuis le 6 avril 1814, jour où il avait signé son abdication, non pas seulement pour lui, mais pour ses héritiers ? Resté à Fontainebleau, il y avait été en proie à la tristesse la plus profonde. N'étant plus ni empereur, ni général en chef, il avait eu l'immense douleur de passer le commandement au maréchal Berthier, rallié au gouvernement provisoire. Comme Charles-Quint, il assistait vivant à ses propres funérailles, sans avoir, comme Charles-Quint, la consolation de se dire que son fils régnait, et que sa patrie était victorieuse. Passant tout d'un coup d'une activité fébrile à une immobilité absolue, cet homme infatigable, qui considérait le repos comme un supplice, se sentait plongé vivant dans une tombe. Son imagination féconde y travaillait encore. Il se repentait déjà d'avoir signé son abdication, et il voulait la reprendre. De fausses informations lui faisaient supposer que l'empereur d'Autriche regrettait la précipitation avec laquelle les autres souverains alliés condamnaient, en faveur des Bourbons, Marie-Louise et le roi de Rome, et il avait encore une lueur d'espoir dans le résultat de l'entrevue projetée entre l'impératrice et son père. Il trouvait donc que l'abdication avait été au moins prématurée, et il se la reprochait à lui-même comme un acte de faiblesse. La négociation diplomatique dont il avait chargé ses plénipotentiaires lui semblait à la fois humiliante et inutile. Survivant à tant de grandeurs, devait-il vivre autrement qu'en simple particulier, et fallait-il que le grand sacrifice offert par lui à la paix du monde fût mêlé à des arrangements pécuniaires ? « A quoi bon un traité, disait-il, puisqu'on ne veut pas régler avec moi les intérêts de la France ? Du moment où il ne s'agit plus que de ma personne, il n'y a pas de traité à faire. Je suis vaincu, je cède au sort des armes. Seulement, je demande à n'être pas prisonnier de guerre, et, pour me l'accorder, un simple cartel doit suffire. »

La figure du malheureux empereur, naguère encore si radieuse de génie et de confiance dans la fortune, se troublait, et s'assombrissait d'heure en heure. En le voyant livré, pour la première fois de sa vie, à un découragement complet, on se demandait avec une inquiétude croissante s'il n'allait pas chercher dans le suicide un refuge à son désespoir. Ses pistolets avaient été placés hors

de sa portée, et déchargés par le comte de Turenne, et quand, le lendemain, il les avait demandés avec impatience et s'était plaint de les
retrouver vides, on s'était aperçu qu'il avait eu
la velléité de s'en servir.

Napoléon semblait avoir abandonné ses projets de suicide, lorsque, le matin du 11 avril, il
vit arriver à Fontainebleau le baron de Bausset,
qui lui apportait une lettre de Marie-Louise.
Ainsi que nous l'avons déjà dit, ce préfet du palais avait été chargé par l'impératrice de se rendre
d'abord à Paris, pour y voir l'empereur d'Autriche ; puis à Fontainebleau, pour y donner des
nouvelles à Napoléon. A Paris, M. de Bausset,
n'ayant pas trouvé l'empereur François, avait dû
se borner à voir le prince de Metternich, qui lui
apprit que Napoléon aurait l'île d'Elbe, et Marie-
Louise le duché de Parme. Dès qu'il fut informé
de cette décision des alliés, M. de Bausset partit
pour Fontainebleau, où il remit à l'empereur la
lettre de Marie-Louise. « Bonne Louise ! » s'é-
cria Napoléon, après avoir pris lecture de cette
lettre. Puis il fit des questions sur la santé de sa
femme et de son fils. « Je trouvai l'empereur
calme, tranquille et décidé, nous dit le baron de
Bausset dans ses Mémoires. Son âme était
trempée fortement. Jamais peut-être il ne me
parut plus grand. Je lui parlai de l'île d'Elbe. Il
savait d'avance que cette petite souveraineté lui
serait donnée. Il me fit même remarquer sur sa

table un livre de géographie et de statistique qui renfermait au sujet de cette résidence toutes les connaissances et tous les détails qu'il voulait acquérir. « — L'air y est sain, me dit-il, et les habitants excellents ; je n'y serai pas trop mal, et j'espère que Marie-Louise ne s'y trouvera pas mal non plus. » Il n'ignorait pas les obstacles que l'on venait de mettre à leur réunion au palais de Fontainebleau ; mais il se flattait qu'une fois en possession du duché de Parme il serait permis à l'impératrice de venir avec son fils s'établir auprès de lui à l'île d'Elbe... Il se flattait !... Il ne devait plus revoir ces objets de la plus tendre affection. »

Dans la même journée, vers deux heures de l'après-midi, Napoléon se promenait seul sur la terrasse adossée à la galerie de François Iᵉʳ, au fond de la cour de la Fontaine. Il fit appeler M. de Bausset, et l'entretint des derniers événements. Il était loin d'approuver le parti qu'on avait pris de faire quitter Paris à l'impératrice. Comme son interlocuteur lui rappelait la lettre écrite par lui à son frère le roi Joseph : « — Les circonstances n'étaient plus les mêmes, reprit Napoléon, et il fallait se décider conformément aux circonstances nouvelles. La seule présence de Louise à Paris aurait suffi pour prévenir et empêcher la trahison et la défection de quelques-unes de mes troupes. Je serais encore à la tête d'une armée redoutable, avec laquelle j'aurais forcé les ennemis à quitter Paris et à signer une paix honorable. »

Le baron de Bausset crut alors pouvoir se permettre de dire qu'il était bien regrettable que l'empereur n'eût pas voulu signer cette paix à Châtillon. « — Je n'ai jamais cru à la bonne foi de nos ennemis, répliqua Napoléon... Chaque jour c'étaient de nouvelles exigences, de nouvelles conditions ; ils ne voulaient point la paix, et puis j'avais dit à la France que je n'accéderais à aucune condition que je croirais humiliante, quand même l'ennemi serait sur les hauteurs de Montmartre. » M. de Bausset ayant respectueusement fait observer que la France, toute restreinte qu'elle était, n'en fût pas moins restée l'un des plus beaux royaumes du monde, Napoléon reprit avec fierté : « — J'abdique et ne cède rien. » Puis il ajouta : « Voyez ce que c'est que la destinée ! Au combat d'Arcis-sur-Aube, j'ai fait tout ce que j'ai pu pour trouver une mort glorieuse, en disputant pied à pied le sol de la patrie. Je me suis exposé sans ménagement. Les balles pleuvaient autour de moi ; mes habits en ont été criblés, et aucune n'a pu m'atteindre. Une mort que je ne devrais qu'à un acte de mon désespoir serait une lâcheté. Le suicide ne convient ni à mes principes, ni au rang que j'ai occupé sur la scène du monde. Je suis un homme condamné à vivre. »

Ensuite, Napoléon, toujours suivi du baron de

Bausset, fit plusieurs fois le tour de la terrasse, dans un silence profond et triste. Il rompit ce silence pour dire, en souriant d'un sourire amer : « — Entre nous, on prétend qu'un goujat vivant vaut mieux qu'un empereur mort. » Puis il rentra seul dans son appartement. M. de Bausset ne devait plus jamais le revoir.

Le lendemain 12 avril, Macdonald, Caulaincourt et Schouwaloff, aide de camp de l'empereur Alexandre, arrivèrent à Fontainebleau, porteurs du traité qui avait été conclu et signé la veille. « — Me rapportez-vous enfin mon abdication ? » s'écria Napoléon en apercevant Caulaincourt. Celui-ci répondit que la première base de tout traité avait été naturellement l'abdication remise aux souverains, et qu'elle était déjà livrée officiellement à la publicité. « — Eh ! que m'importe à moi ce traité ! reprit Napoléon ; je ne veux pas le reconnaître, je ne veux pas signer, je ne signerai pas. » Caulaincourt se garda bien de discuter avec l'empereur déchu, et lui laissa la nuit pour réfléchir.

Le traité, dont le premier article reproduisait l'abdication, dont le second accordait à Napoléon et à Marie-Louise les titres d'empereur et d'impératrice, dont le troisième confiait à Napoléon la souveraineté de l'île d'Elbe, et le cinquième celle des duchés de Parme, Plaisance et Guastalla à Marie-Louise, avec l'hérédité pour son fils, contenait de nombreuses stipulations pécuniaires : rentes annuelles de deux millions de francs pour Napoléon, d'un million pour Joséphine, de trois cent mille francs pour Madame Mère, de cinq cent mille pour le roi Joseph, de deux cent mille pour le roi Louis, de quatre cent mille pour la reine Hortense et ses enfants, de trois cent mille pour la princesse Elisa, de trois cent mille pour la princesse Pauline. Deux millions étaient mis à la disposition de l'empereur pour qu'il les distribuât en gratifications, espèce de legs qui seraient délivrés du vivant même du testateur. Le traité accordait en outre à Napoléon la faculté d'emmener avec lui et de conserver pour sa garde quatre cents hommes de bonne volonté, tant officiers que sous-officiers et soldats.

Ce traité du 11 avril, que les alliés considéraient comme le comble de la générosité, paraissait à l'empereur le comble de l'humiliation. Avoir signé les traités de Campo-Formio de Lunéville, de Vienne, de Tilsitt, de Presbourg, et souscrire à cette convention misérable ; avoir possédé un empire plus vaste que celui de Charlemagne, et se contenter de l'infime et dérisoire souveraineté de l'île d'Elbe, avoir été le chef glorieux des plus nombreuses armées du monde et ne plus commander qu'à un bataillon de quatre cents hommes, accepter pour soi-même, pour les siens, l'aumône de ses vainqueurs, quelle honte, quelle déchéance, quelle incomparable

18

torture! Et puis laisser la France petite après l'avoir reçue si grande, perdre non seulement toutes les conquêtes de l'Empire, mais toutes les conquêtes de la République, n'avoir pas même stipulé le maintien du drapeau tricolore! Et signer un pareil traité au moment même où le comte d'Artois, frère de Louis XVI, faisait son entrée triomphale aux Tuileries!

Napoléon se dit que la mort, le suicide, valait mieux que la honte d'apposer sa signature à cette convention de malheur et d'ignominie. Vers six heures du soir, il rappela, dans la conversation, les antiques exemples de ces morts fameuses auxquelles, dans des situations semblables, les grands hommes, ses pareils, avaient eu recours. Les personnes de son entourage eurent alors de sinistres appréhensions. Cependant, il se coucha tranquillement, vers dix heures, et il s'endormit. Vers minuit, il appela son valet de chambre Hubert, qui couchait en travers de la porte. « Allons, Hubert, lui dit-il d'une voix douce, faisons du feu. » Et tous deux ranimèrent des tisons presque éteints. Napoléon envoya ensuite le valet de chambre se reposer. Puis, après avoir écrit quelques lignes sur un papier qu'ensuite il froissa, déchira et brûla, il s'approcha de la commode, et ouvrit un nécessaire dans lequel se trouvait un sachet noir.

Ce sachet, Napoléon l'avait porté à son cou pendant toute la retraite de Russie depuis la bataille de Malo-Jaroslawetz. Après la soudaine irruption des cosaques, dont il avait failli être le prisonnier, il s'était dit qu'il aurait toujours sur lui du poison, afin de s'en servir, le cas échéant, plutôt que de tomber vivant entre les mains de l'ennemi. Il avait donc ordonné à Yvan, son chirurgien, de placer dans un sachet un poison jadis indiqué par Cabanis, le même dont Condorcet s'était servi pour se donner la mort. Ce sachet, ce poison, l'empereur le prenait comme une délivrance, dans cette nuit fatale du 12 au 13 avril 1814, où il était arrivé au paroxysme du désespoir. Le valet de chambre Hubert, qui veillait en travers de la porte, vit son maître délayer quelque chose dans un verre d'eau, boire, et se recoucher. Mais, comme il ne connaissait pas l'existence du poison, il s'imagina que Napoléon n'avait bu qu'un verre d'eau sucrée ; il eut cependant une vague inquiétude, et resta près d'une demi-heure l'oreille au guet.

Napoléon s'étonnait de vivre encore. Au lieu de mourir foudroyé, comme il l'avait cru, il éprouvait des spasmes et des souffrances atroces. Alors, il fit appeler son chirurgien Yvan, sans doute pour lui demander d'augmenter la dose du poison, et de hâter une mort si impatiemment attendue. A ce moment, Hubert, de plus en plus inquiet, entendit une vive altercation entre l'empereur et le chirurgien. Yvan refusait avec énergie, avec indignation, d'être le complice d'un suicide. « — Vous me feriez passer, s'écriait-il, pour un empoisonneur, pour un assassin soldé par vos ennemis. Non ! non ! je ne le veux pas. » L'empereur, qui avait fait tuer tant de monde, n'était point parvenu à se tuer. Yvan lui fit prendre des boissons chaudes, qui l'aidèrent à rejeter le venin ; puis, craignant néanmoins de le voir mourir, et poursuivi par l'idée qu'il serait accusé d'un crime, il perdit la tête, sortit de la chambre précipitamment, comme un fou, descendit dans la cour du palais, et, trouvant un cheval attaché à la grille, monta sur ce cheval, et s'enfuit au galop.

Cependant, le silence des longs corridors du palais était troublé par des allées et venues fréquentes. Les domestiques montaient et descendaient les escaliers. Les bougies des appartements s'allumaient. On allait réveiller le grand-maréchal Bertrand, le duc de Vicence, le duc de Bassano. Ils accoururent, éperdus, dans la chambre de l'empereur. « — Tout, jusqu'à la mort, m'a trahi, leur dit-il, je suis condamné à vivre encore. » Puis il tomba dans un assoupissement qui dura plusieurs heures.

Ainsi, la Providence avait épargné au grand homme cette honte suprême : le suicide. Lui, le premier soldat de son siècle, et peut-être de tous les siècles, il avait failli mourir comme un déserteur de l'adversité et de la vie. Pour une âme énergique, comme la sienne, c'eût été un dénouement vulgaire, une défaillance impardonnable, un exemple funeste entre tous. Mourir ainsi, c'était finir comme un aventurier, incapable de subir les déceptions de son orgueil. Mais quelles souffrances physiques, quelles souffrances morales dans cette nuit terrible, lamentable, cette nuit expiatoire, plus éloquente que tous les sermons contre l'ambition ! Quelles réflexions le colosse renversé ne devait-il pas faire sur l'ironie et l'amertume des choses humaines ! Comme dit le Napoléon des poètes :

> C'est qu'il avait joui de son rêve insensé ;
> Du trône et de la gloire il savait le mensonge,
> Il avait vu de près ce que c'est qu'un tel songe,
> Et quel est le néant d'un avenir passé !

Oh ! comme elles lui paraissaient misérables, les flatteries dont on avait comblé, accablé ses triomphes ! Et maintenant, après l'acclamation, l'imprécation ; après l'hosannah, l'anathème ! Comme il se sentait petit, et comme Dieu lui paraissait grand ! Comme il regrettait les torrents de sang versés en pure perte ! Tant de travaux, tant d'efforts, tant de sacrifices, pour finir là ! Le conquérant conquis par le malheur ne pourrait-il pas, en ce moment, s'écrier avec Bossuet : « Est-ce là que devait aboutir toute cette grandeur formidable au monde ? Est-ce là le grand arbre dont l'ombre couvrait toute la terre ? Il n'en reste plus qu'un tronc inutile. Est-ce là ce fleuve impétueux qui semblait devoir inonder

toute la terre ? Je n'aperçois qu'un peu d'écume...
O les dignes restes de ta grandeur ! O les belles
suites de ta fortune ! O folie ! O illusion ! O
étrange aveuglement des enfants des hommes ! »
Comprend-on bien ce qu'il avait dû souffrir,
lui, le géant au cœur de bronze, pour en venir à
une résolution qui est jugée déshonorante même
pour le dernier des soldats ? Comprend-on
quelle tempête avait dû gronder dans les profondeurs de cette tête puissante, pour qu'il eût
songé à donner une telle fin à la plus merveilleuse des carrières ? Chez Napoléon, les souffrances de l'orgueil furent aussi colossales que
ses joies. Victorieux ou vaincu, c'est toujours un
personnage épique, un être extraordinaire qui
dépasse les proportions de la nature, un Titan
égaré dans l'histoire moderne.

« Dieu ne permit pas à Napoléon de triompher, a dit M. Veuillot ; il daigna le punir. Dieu
ne veut pas qu'il s'assouvisse de succès, comme
ceux de qui une prospérité vengeresse éloigne à
jamais toute pensée de retour sur eux-mêmes. Il
le punit, il le fait redescendre, peut-être devrais-
je dire il le fait remonter à la condition humaine,
le réveillant de l'ivresse de la fortune et de l'oubli
de la dernière heure, lui donnant le temps pro-
pice pour cette bataille suprême où tout homme
rencontre en face le seul ennemi dont il importe
de n'être pas définitivement vaincu. »

Mourir avant l'expiation de Sainte-Hélène,

c'eût été, pour Napoléon, renoncer à la plus belle couronne, la couronne du martyre. Il fallait au grand homme la purification des longues douleurs. Pour que son âme, si longtemps esclave des passions, redevînt libre, il fallait que son corps fût captif. Si l'on juge les choses en chrétien, au point de vue de la vie éternelle, le seul vrai, c'étaient ses geôliers qui devaient être ses libérateurs. A Fontainebleau, il n'avait pas encore été assez vaincu. Il n'avait pas bu jusqu'à la lie le calice d'amertume. Il lui fallait encore une défaite, une défaite suprême : Waterloo ! Il lui fallait les méditations, les remords sur le rocher battu par les vagues plaintives. Il lui fallait le dialogue entre sa pensée orageuse et le murmure de l'Océan. C'est là qu'il devait enfin être grand d'une grandeur véritable, là qu'il devait mériter un regard du Dieu de miséricorde, là qu'après avoir subi noblement une des plus pathétiques, des plus grandioses expiations dont l'histoire ait gardé le souvenir, il devait prononcer la parole qui retentira de siècle en siècle : « N'est pas athée qui veut. »

XX

LA DERNIÈRE SEMAINE A FONTAINEBLEAU.

Napoléon s'était réconcilié avec la vie. Quand, le 13 avril, au matin, il se réveilla, il eut honte d'avoir voulu se tuer, et il ordonna à ses serviteurs de garder un silence absolu sur une tentative dont il rougissait. Une sueur abondante et un sommeil de quelques heures l'avaient un peu remis de la crise si violente par laquelle il venait de passer. Mais il était encore dans un état de prostration, d'accablement profond. Vers dix heures du matin, quand le maréchal Macdonald vint lui présenter ses hommages, il était assis près de sa cheminée, la tête penchée et appuyée sur ses deux mains qui cachaient entièrement sa figure. Il demeura ainsi une demi-heure, immobile et sans dire un mot. Enfin, il s'aperçut que le maréchal était là. « — Je vous remercie, lui dit-il, de vos soins pour mes derniers intérêts, et je regrette qu'il ne me reste plus que des paroles pour vous témoigner ma reconnaissance.

— En aucun cas, répondit Macdonald, je n'en aurais accepté d'autres gages. Ces soins-là portent avec eux leur récompense. — Eh bien ! reprit l'empereur, je vais vous offrir un témoignage de gratitude que votre délicatesse ne refusera pas. » Il se fit alors apporter un sabre turc qu'il remit au maréchal en lui disant : « — C'est le sabre de Mourad-bey. Je l'ai porté moi-même au combat du Mont-Thabor. Entre vous et moi, cette arme sera un souvenir. »

La figure de Napoléon qui, le matin, était encore livide, désespérée, se ranima pendant le jour. Il reprit un calme complet, et revêtit de sa signature le funeste traité qui, la nuit précédente, lui avait causé de si mortelles angoisses. « Dieu ne veut pas que je meure, » dit-il, et aux agitations de la veille succéda une résignation absolue. Peut-être même une lueur d'espérance brilla-t-elle dans le fond des ténèbres de son âme. Peut-être se dit-il à lui-même que les alliés étaient bien imprudents de lui assigner une résidence si voisine de son ancien royaume et de son ancien empire. Peut-être aperçut-il dans l'avenir les fautes des Bourbons et son retour triomphal aux Tuileries.

Cependant, en avril 1814, un pareil rêve aurait paru bien chimérique. Jamais souverain déchu n'avait été plus accablé d'insultes, d'avanies, d'anathèmes, que Napoléon. A part quelques rares et nobles exceptions, ses serviteurs l'abandonnaient. Berthier, comblé par lui de tant de faveurs ; Berthier, son major-général, son confident, son compagnon de tente ; Berthier, l'Ephestion de ce nouvel Alexandre, partait de Fontainebleau en promettant qu'il reviendrait le lendemain. « — Il ne reviendra pas, dit froidement l'empereur au duc de Bassano. — Quoi ! sire, ce seraient là les adieux de Berthier ! — Oui, vous dis-je, il ne reviendra pas. » C'était à chaque instant un nouveau départ ; l'un s'en allait pour raison de santé, l'autre pour raison de famille ; chacun promettait de revenir et personne ne reparaissait. Fontainebleau était devenu une solitude, une nécropole, et Napoléon, morne, solitaire, silencieux, ressemblait plutôt à un moine dans un cloître qu'à un souverain dans un palais.

« Napoléon n'est déjà plus qu'un simple particulier, nous dit le baron Fain, témoin de ces heures moroses. Il vit retiré dans le coin du palais qu'il habite. S'il quitte quelques instants sa chambre, c'est pour se promener dans le petit jardin qui est renfermé entre l'ancienne galerie des Cerfs et la Chapelle (le jardin de Diane). Toutes les fois qu'il entend une voiture rouler dans les cours, il demande si ce n'est pas Berthier qui revient, ou quelques-uns de ses anciens ministres qui arrivent pour lui faire leurs adieux. Il s'attend à revoir Molé, Fontanes, et tant d'autres qui lui doivent un dernier témoignage d'attachement : personne ne vient. »

Rentré dans son appartement, Napoléon y lisait tous les journaux de Paris, qui étaient remplis de fiel et de haine. Les outrages frénétiques, la grêle d'insultes et d'invectives qui tombaient sur son nom le laissaient impassible. Quand la calomnie arrivait jusqu'à l'absurdité, il se contentait de sourire.

Le dévouement des braves soldats qui lui restaient fidèles le consolait de tant d'apostasies. Ces hommes de cœur erraient autour des murs, autour des jardins du palais, cherchant à apercevoir à travers les balustrades celui qui était toujours leur idole. Aux heures où il se promenait dans le jardin de Diane, on lui amenait à chaque instant des sous-officiers, des soldats de sa garde, qui venaient le supplier de les faire inscrire dans le bataillon que le traité lui accordait, et qui sollicitaient ainsi l'exil, eux qui n'avaient jamais sollicité ni croix, ni avancement. Lamartine l'a dit : « Les grands attachements viennent des masses, parce qu'ils viennent de la nature. La nature est magnanime, les cours sont égoïstes, la faveur corrompt. »

Ajoutons, pour être justes, qu'il y eut aussi dans les hautes sphères quelques nobles exemples de dévouement et de désintéressement. Citons, parmi les courtisans du malheur, le duc de Vicence qui s'occupait, avec son activité habituelle, des préparatifs du voyage, comme s'il était toujours grand écuyer ; le duc de Bassano, dont le baron Fain nous dit : « Il ne quitte pas Napoléon un seul instant. L'empereur, dans ses épanchements avec ce ministre de son intime confiance, conserve cette sérénité qui régnait sur son visage aux plus beaux jours de sa gloire. A voir les manières du ministre, on ne croirait pas que ces jours sont passés. Le respect, les soins, les égards ont la même simplicité. C'est encore le devoir et l'affection qui les commandent, et s'ils prennent parfois un caractère touchant et presque solennel, ils le reçoivent d'une âme forte et d'un cœur attendri. » Napoléon se sent ému par l'affection toujours enthousiaste de ce loyal et fidèle serviteur : « — Bassano, lui dit-il, ils prétendent que c'est vous qui m'avez empêché de faire la paix. Qu'en dites-vous ? Cette accusation doit vous faire sourire, comme toutes celles qu'on me prodigue aujourd'hui. »

Le général Bertrand, qui saura remplir ses fonctions de grand-maréchal du palais, non seulement à l'île d'Elbe, mais encore sur le rocher de Sainte-Hélène, nous apparaît comme un modèle accompli de fidélité. Quant au général Drouot, le sage de la grande-armée, ainsi que l'appelait Napoléon, il allait s'immortaliser par son dévouement à son souverain malheureux. Le Père Lacordaire a dit dans l'oraison funèbre de cet homme vertueux entre tous : « La ruine de l'Empire, en mettant le général Drouot aux prises avec le malheur, lui prépara une illustration qui n'a laissé autour de sa mémoire rien de semblable à lui. Il aimait l'Empire et l'empereur avec une passion toute chevaleresque : l'Empire, parce qu'il l'estimait le plus haut point de gloire où la France fût parvenue depuis Charlemagne ; l'empereur, parce qu'il avait vécu avec lui pendant deux années de souffrance et de revers, et qu'il avait senti le cœur de l'homme à travers l'éclat du prince et l'orgueil du conquérant. La chute de ces deux géants, l'empereur et l'Empire, fut pour lui un coup dont nous ne pouvons nous faire aucune idée, nous, déjà si loin de ces événements, et qui n'y avons pris d'autre part que d'en lire sur un papier froid et souvent ingrat le pâle récit. Mais ceux qui avaient mis dans ce prodigieux édifice vingt années de leurs fatigues et de leur sang, ceux qui avaient vieilli sur le champ de bataille entre la gloire et la mort à tout moment présentes et confondues, et dans l'élévation de la France croyaient avoir servi une cause patriotique et juste, ceux-là devaient éprouver, le jour où tomba cet ouvrage, une angoisse d'âme que nous aurions vainement l'espoir de peindre ou de ressentir. »

Le général Drouot devait être le gouverneur de l'île d'Elbe. A Fontainebleau, quelques jours avant le départ pour cette île, Napoléon demanda au général quelle était sa fortune, et sur sa réponse qu'elle s'élevait à 2,500 fr. de rente environ, il lui dit : « C'est trop peu, on ne sait pas ce

qui peut m'arriver ; je ne veux pas qu'après moi
vous vous trouviez dans le besoin, je vais vous
donner 200,000 fr. » Drouot refusa, et voyant
l'empereur peiné de ce refus, il lui dit : « — Si
Votre Majesté me donnait de l'argent à l'heure
qu'il est, on dirait que l'empereur Napoléon,
dans l'adversité, n'a trouvé des amis qu'à prix
d'or, et on dirait de moi que j'ai suivi Votre
Majesté parce que j'étais payé pour cela. » Drouot
faisait penser à cette parole de Shakespeare :
« Celui qui persiste à suivre avec fidélité son
maître déchu est le vainqueur du vainqueur de
son maître. »

Napoléon était de plus en plus touché des
marques de dévouement que lui donnaient encore
tant d'officiers et de soldats. Il vit arriver à Fontainebleau le colonel de Montholon, qui venai
de faire une reconnaissance militaire sur les
bords de la Haute-Loire, et qui affirmait que
l'empereur pouvait compter sur les populations
et rallier les troupes du Midi. « — Il est trop
tard, répondit Napoléon, ce ne serait plus à
présent que de la guerre civile, et rien ne pourrait m'y décider. » Le moment du départ pour
l'île d'Elbe approchait, et l'empereur ne pensait
plus à autre chose. Le 18 avril, les quatre commissaires étrangers qui devaient accompagner
Napoléon pendant le voyage et répondre de sa
sûreté, se trouvaient réunis au palais de Fontainebleau. C'étaient le général russe Schouwaloff,

le général autrichien Koller, le colonel anglais Camphell, le général prussien Waldburg-Turchsess. Le départ fut fixé au 20 avril.

Napoléon, à ce moment, ne désespérait pas encore de Marie-Louise. Il la croyait victime, non complice, de la coalition. Il savait qu'elle venait de voir son père à Rambouillet, et se persuadait qu'elle avait témoigné dans cette circonstance les meilleurs sentiments. Il se flattait encore de l'espoir qu'il la reverrait bientôt, et, loin de lui adresser le moindre reproche, il lui écrivait des lettres toujours affectueuses, comme celle-ci qui n'est pas datée, mais dont la date présumée est le 19 avril : « Ma bonne Louise, j'ai reçu ta lettre ; j'y vois toutes tes peines, ce qui accroît les miennes. Je vois avec plaisir que Corvisart t'encourage ; je lui en sais un gré infini ; il justifie par cette noble conduite toute l'opinion que j'avais pour lui ; dis-le lui de ma part. Qu'il envoie un petit bulletin fréquemment de ton état. Tâche d'aller de suite aux eaux d'Aix, que l'on a dit que Corvisart t'avait conseillées. Porte-toi bien, conserve ta santé pour... et pour ton fils qui a besoin de tes soins. Je vais partir pour l'île d'Elbe, d'où je t'écrirai. Je ferai tout pour te recevoir. Ecris-moi souvent, adresse tes lettres au vice-roi et à ton oncle, si, comme on le dit, il est fait grand-duc de Toscane. Adieu, ma bonne Louise-Marie. »

Le jour même de son départ de Fontainebleau

pour l'île d'Elbe, le 20 avril 1814, à neuf heures du
matin, Napoléon adressait encore cette lettre à sa
femme : « Ma bonne amie, je pars pour coucher ce
soir à Briare. Je partirai demain matin, pour ne plus
m'arrêter qu'à Saint-Tropez. Bausset, qui te remettra cette lettre, te donnera de mes nouvelles,
et te dira que je me porte bien ; et j'espère que
ta santé se soutiendra, et que tu pourras venir
me rejoindre. Montesquiou, qui est parti à deux
heures du matin, doit être arrivé. Je n'ai point
de tes nouvelles d'hier, mais j'espère que le préfet du palais me rejoindra ce soir et m'en donnera. Adieu, ma bonne Louise. Tu peux toujours
compter sur le courage, le calme et l'amitié de
ton époux, Napoléon. Un baiser au petit roi. »
Ces deux lettres montrent qu'à ce moment Napoléon était bien loin de soupçonner Marie-Louise
d'abandon ou d'ingratitude ; elles font voir ce
qu'en quittant Fontainebleau il pensait encore
de la femme à laquelle il n'avait pas eu jusqu'alors le moindre reproche à faire, qu'il regardait comme un modèle de douceur et de bonté,
de religion et de vertu, et dont, heureux ou
malheureux, il était fier d'être l'époux.

XXI

L'histoire et la légende se confondent en Napo·
léon. Des événements dont des personnes encore
vivantes ont été les témoins se présentent à notre
esprit dans des proportions aussi épiques, aussi
grandioses que s'ils remontaient à des siècles
déjà lointains. Napoléon nous apparaît comme
un héros de l'antiquité, et les vétérans de sa
garde impériale sont déjà des personnages lyri-
ques, comme les légionnaires de César ou comme
les preux de Charlemagne. Les adieux de Fontainebleau, la cour du Cheval-Blanc, l'empereur,
les grenadiers de la vieille garde, quel drame,
quel décor, quel acteur et quels figurants! De ce
drame, le chantre populaire, Béranger, a composé
le prologue dans une chanson célèbre. Deux grenadiers sont en faction dans la cour du Cheval-
Blanc. A l'horloge qui est placée près du pavillon
de gauche, dans la tourelle, au-dessous du petit
clocher qui surmonte la chapelle de la Sainte-

Trinité, minuit sonne. Les grenadiers échangent
alors un dialogue où l'on sent tout le patriotisme,
tout l'esprit militaire de la grande nation dans le
malheur :

> A notre poste on nous oublie,
> Richard, minuit sonne au château.
> Nous allons revoir l'Italie ;
> Demain, adieu Fontainebleau.
> Par le ciel que j'en remercie,
> L'île d'Elbe est un beau climat.
> Fût-elle au fond de la Russie,
> Vieux grenadiers, suivons un vieux soldat.
>
> Qu'elles sont promptes, les défaites !
> Où sont Moscou, Wilna, Berlin ?
> Je crois voir sur nos baïonnettes
> Luire encor les feux du Kremlin,
> Et livré par quelques perfides,
> Paris coûte à peine un combat !
> Nos gibernes n'étaient pas vides.
> Vieux grenadiers, suivons un vieux soldat.
>
> Chacun nous répète : il abdique.
> Quel est ce mot ? Apprends-le-moi.
> Rétablit-on la République ?
> Non, puisqu'on nous ramène un roi.
> L'Empereur aurait cent couronnes,
> Je concevrais qu'il les cédât,
> Sa main en faisait des aumônes.
> Vieux grenadiers, suivons un vieux soldat.
>
> Une lumière, à ces fenêtres,
> Brille à peine dans le château.
> Des valets à nobles ancêtres
> Ont fui, le nez dans leur manteau ;
> Tous, dégalonnant leurs costumes,
> Vont au nouveau chef de l'Etat,
> De l'aigle mort vendre les plumes.
> Vieux grenadiers, suivons un vieux soldat.

Des maréchaux, nos camarades,
Désertent aussi gorgés d'or.
Notre sang paya tous leurs grades ;
Heureux qu'il nous en reste encore !
Quoi ! la Gloire fut en personne
Leur marraine un jour de combat,
Et le parrain, on l'abandonne !
Vieux grenadiers, suivons un vieux soldat.

Après vingt-cinq ans de services,
J'allais demander du repos.
Moi, tout couvert de cicatrices,
Je voulais quitter les drapeaux.
Mais, quand la liqueur est tarie,
Briser le vase est d'un ingrat.
Adieu femme, enfants et patrie !
Vieux grenadiers, suivons un vieux soldat !

Pendant cette cruelle nuit du 19 au 20 avril 1814, Napoléon se recueille, et songe à la postérité. Il va trouver le moyen de rendre poétique et grandiose son départ pour ce royaume dérisoire de l'île d'Elbe, que ses vainqueurs daignent lui accorder en échange de l'empire le plus magnifique de la terre. Et il possède à un si haut degré l'art de frapper les imaginations, que ce départ douloureux du vaincu produira peut-être plus d'effet sur les générations futures que ses entrées triomphales dans les grandes capitales de l'Europe.

On est au 20 avril. C'est le jour du départ. Dès le matin, les habitants de Fontainebleau et du voisinage sont accourus en foule, pour assister à ce moment de l'histoire, et le redire à leurs enfants. De l'autre côté de la grille, ils se pressent,

19.

et regardent avec anxiété la cour du Cheval-Blanc, où la grande scène va s'accomplir. Dans cette cour, la vieille garde est rangée en lignes redoublées. Midi sonne. Les voitures de voyage sont déjà au bas de l'escalier du Fer-à-Cheval. Le maréchal du palais, le fidèle général Bertrand, annonce à l'empereur que tout est prêt. Napoléon sort de ses appartements, et entre dans la galerie de François Ier. Il y trouve réunies les dernières épaves de sa cour, maintenant si réduite, naguère si nombreuse et si magnifique : le duc de Bassano, le général Belliard, le colonel de Bussi, le colonel Anatole de Montesquiou, le comte de Turenne, le général Fouler, le baron de Mesgrigny, le colonel Gourgaud, le baron Fain, le lieutenant-colonel Athalin, le baron de la Place, le baron Leborgne-d'Ideville, le général Kosakowski, le colonel Vonsowitch. A leurs larmes, il répond de la main et du regard, traverse, sans prononcer une parole, la galerie, le vestibule, et descend l'escalier du Fer-à-Cheval d'un pas ferme et rapide. Aucun cri ne se fait entendre. Comme l'a dit Lamartine, « les troupes éprouvent quelque chose de plus solennel et de plus religieux qu'une acclamation, l'honneur intime de leur fidélité jusqu'aux revers, et le coucher de gloire qui, avec leur chef, va disparaître derrière les arbres de la forêt et derrière les vagues de la Méditerranée. Elles envient ceux de leurs compagnons d'armes à qui le choix ou le sort a accordé la faveur de s'exiler dans son île avec leur empereur. » Les alliés ne lui ont permis que d'emmener un seul bataillon, ce bataillon unique qui lui suffira pour conquérir son trône. On a demandé aux soldats de la vieille garde quels étaient ceux qui voulaient le suivre. Tous les soldats sans exception se sont offerts. Quatre cents grenadiers seulement ont été choisis, et on ne les voit pas dans la cour du Cheval-Blanc, car ils sont déjà en route pour l'île d'Elbe.

Napoléon est au bas de l'escalier. Les tambours battent aux champs. Pourquoi ne sont-ils pas couverts d'un crêpe de deuil ? Ce sont là des funérailles, celles de l'empereur, celles de l'Empire, celles de l'armée.

Ce bruit des tambours est le seul qui trouble le silence. Les soldats sont muets et sombres. Napoléon fait signe qu'il veut parler. Les tambours se taisent. Les respirations sont comme suspendues.

« Soldats de ma vieille garde, dit l'empereur, je vous fais mes adieux. Depuis vingt ans, je vous ai trouvés constamment sur le chemin de l'honneur et de la gloire. Dans ces derniers temps, comme dans ceux de notre prospérité, vous n'avez cessé d'être des modèles de bravoure et de fidélité. Avec des hommes tels que vous, notre cause n'était pas perdue ; mais la guerre étant interminable, c'eût été la guerre civile, et la France n'en serait devenue que plus malheureuse. J'ai donc sacrifié tous nos intérêts à ceux de la patrie, je pars. Vous, mes amis, continuez de servir la France. Son bonheur était mon unique pensée ; il sera toujours l'objet de mes vœux. Ne plaignez pas mon sort ; si j'ai consenti à me survivre, c'est pour servir encore à votre gloire. Je veux écrire les grandes choses que nous avons faites ensemble. » Ici la voix de Napoléon s'entrecoupa. Il s'attendrit, et, après s'être arrêté un instant : « Adieu, dit-il, adieu, mes enfants. Je voudrais vous presser tous sur mon cœur. Que j'embrasse au moins votre drapeau ! » A ces mots, le général Petit, modèle achevé de l'héroïsme modeste, saisit le drapeau, et s'avance. Napoléon reçoit le général dans ses bras, et baise l'aigle de l'étendard. Alors on entend pendant quelques minutes comme un bruit étouffé de sanglots difficilement contenus, et l'on voit de vieux grenadiers essuyer furtivement du revers de leurs mains les grosses larmes qui coulent sur leurs visages bronzés. Napoléon, ému lui-même au point de suffoquer, fait un effort, relève la tête, raffermit sa voix, et s'écrie : « Adieu, encore une fois, mes vieux compagnons ! Que ce dernier baiser passe dans vos cœurs ! » Puis, se faisant violence pour sortir des rangs de ces braves, il s'arrache au groupe qui l'entoure, et, se couvrant la figure de ses mains, il entre dans la voiture qui aussitôt s'ébranle, roulant vers la première étape de l'exil.

« Qu'ajouterai-je encore ? a dit le général de Ségur dans ses mémoires vraiment épiques. Grande armée, Empire, empereur, tout est fini ! Le Génie, qui me soutenait, s'éloigne avec Napoléon. Arrivé à ce terme fatal de tant de grandeurs, il me semble que ma vie littéraire est close, comme alors le fut notre vie guerrière ; que l'histoire manque à l'historien, comme alors aux guerriers manqua la guerre ! Amer et douloureux souvenir, lorsque, au sein d'une patrie à reconquérir, devant un grand affront à venger, au milieu de tant d'éclat et de gloire que nous défendions encore, nos bras tombèrent tout à coup désarmés, et quand, dans la force de l'âge, il fallut que nos cœurs flétris s'efforçassent de recommencer une vie nouvelle, et de subir une autre existence ! »

Aucune scène n'a laissé dans l'imagination des peuples une empreinte plus profonde que les adieux de Fontainebleau. Jamais le poète en action, qui se drapait également bien dans la gloire et dans l'infortune, n'avait été mieux inspiré. Cet homme extraordinaire, qui, heureux ou malheureux, avait à un suprême degré le sentiment du grandiose, trouvait le moyen d'émouvoir ses ennemis eux-mêmes. Les quatre commissaires étrangers, ceux même des gens de leur suite qui ne comprenaient pas un seul mot des paroles que prononçait l'empereur, ne pouvaient résister, dans la cour du Cheval-Blanc, à un attendrissement qui les saisissait malgré eux. Napoléon et les grenadiers de sa vieille garde sont entrés, à l'étranger autant qu'en France, dans le domaine de la légende ; lord Byron et Henri Heine les ont chantés.

Écoutons le grand poète anglais ; il célèbre le 20 avril 1814 dans une poésie qui s'appelle *Adieux d'un soldat :* « Faut-il donc que tu partes, ô mon glorieux chef, séparé du petit nombre de ceux qui te sont restés fidèles ? Qui dira la douleur du guerrier et le délire d'un long adieu ? L'amour de la femme, le dévouement de l'amitié, quels qu'aient été sur moi leur empire, ne sont rien auprès de ce que j'éprouve, auprès de la foi d'un soldat. — Idole des âmes militaires, sans rival dans les batailles, tu ne fus jamais plus grand qu'aujourd'hui. Beaucoup ont pu gouverner le monde ; seul aucun revers ne t'a courbé. Longtemps à tes côtés j'ai affronté la mort et porté envie à ceux qui tombaient, quand leurs derniers cris bénissaient celui qu'ils suivaient si bien. — Que n'ai-je partagé leur froide tombe ! Je ne verrais pas les lâches terreurs de tes ennemis oser à peine laisser un seul homme auprès de toi dans la crainte que cet homme ne brise tes fers ! Oh ! même sous la voûte d'un cachot, toutes les chaînes me seraient légères, si j'y pouvais contempler ton âme indomptée. — Ce prétendu vainqueur, sourd à la prière de notre fidélité, si sa gloire d'emprunt venait à pâlir, s'il rentrait dans son obscurité natale, ses flatteurs actuels viendraient-ils la partager avec lui ? Et s'il possédait maintenant cet empire du monde que tu abdiques avec tant de sérénité, achèterait-il avec ce trône des cœurs comme ceux que tu possèdes encore ? — O mon chef, mon roi, mon ami, adieu ! Jamais je n'avais fléchi le genou ; jamais je n'avais supplié mon souverain comme je supplie aujourd'hui ses ennemis ; tout ce que je demande, c'est de partager ses périls à venir, et de rester à ses côtés dans la chute, l'exil et la tombe. »

Comme elle est belle aussi, la saisissante ballade d'Henri Heine, *les Deux Grenadiers !* « Vers la France s'acheminaient deux grenadiers de la garde ; ils avaient été longtemps retenus captifs en Russie. Et lorsqu'ils arrivèrent dans nos contrées d'Allemagne, ils baissèrent douloureusement la tête. Ici, ils venaient d'apprendre que la France avait succombé, que la vaillante et grande armée était taillée en pièces, et que lui, l'empereur, l'empereur était prisonnier. — A cette lamentable nouvelle, les deux grenadiers se mirent à pleurer. L'un dit : « — Combien je souffre ! Mes vieilles blessures se rouvrent, et ma fin approche. » Et l'autre dit : « — Tout est fini ! Et moi aussi je voudrais bien mourir ! Mais j'ai là-bas femme et enfant qui périront sans moi. — Que m'importent femme et enfant ! J'ai bien d'autres soucis. Qu'ils aillent mendier, s'ils ont

faim ! Lui, l'empereur, l'empereur est prisonnier !
— Camarade, écoute ma demande : Si je meurs
ici, emporte mon corps avec toi, et ensevelis-moi
dans la terre de France. — La croix d'honneur,
avec son ruban rouge, tu me la placeras sur le
cœur ; tu me mettras le fusil à la main, et tu me
ceindras l'épée au côté. — C'est ainsi que je veux
rester dans ma tombe, comme une sentinelle, et
attendre jusqu'au jour où retentira le grondement
du canon et le galop des chevaux. — Alors l'empereur passera à cheval sur mon tombeau, au
bruit des tambours et au cliquetis des sabres, et
moi, je sortirai tout armé du tombeau pour le
défendre, lui, l'empereur, l'empereur ! »

Il y a quelque temps, dans un concert à Lon-
dres, on chantait cette ballade d'Henri Heine, les
Deux Grenadiers, si admirablement mise en musique par Schumann, dans cette superbe mélodie
où l'accompagnement joue en sourdine la *Mar-
seillaise*. Un homme trépignait d'enthousiasme, et
redemandait à grands cris ce chant patriotique
français, chef-d'œuvre d'un Allemand. Cet
homme, c'était le prince de Galles, l'héritier de
la couronne d'Angleterre.

Récemment, le roi de Bavière, qui est artiste,
poète, et qui s'intéresse si vivement à l'art et à
l'histoire, a fait écrire par un auteur allemand,
M. Charles de Heigel, un drame qui a pour titre :
Joséphine Bonaparte, et dont l'épilogue représente
les célèbres adieux de Fontainebleau. Ce drame

se joue avec un grand succès sur le théâtre de la
cour à Munich. Un acteur distingué, qui s'appelle
Possart, reproduit d'une façon surprenante les
traits de l'homme du destin. Eh bien ! lorsque,
dans un décor qui fait apparaître la cour du
Cheval-Blanc, l'acteur descend les marches de
l'escalier, quand on entend les tambours battre
aux champs, puis se taire, pour laisser parler la
grande voix, quand l'artiste, faisant revivre
l'homme d'Austerlitz et d'Iéna, répète textuelle-
ment les mémorables paroles, et presse l'aigle sur
son cœur, les Bavarois, dont les aïeux furent sur
tant de champs de bataille les compagnons d'armes
de Napoléon, pleurent à chaudes larmes comme
des Français.

XXII

LE VOYAGE VERS L'ÎLE D'ELBE

Le voyage de Napoléon vers l'île d'Elbe devait
être rempli d'incidents et de péripéties terribles,
mais le début en fut tranquille. Le général Drouot
ouvrait la marche dans une voiture ; Napoléon
suivait, ayant dans la sienne le général Bertrand.
Les quatre commissaires des puissances alliées
venaient ensuite. Le 20 avril on coucha à Briare,
le 21 à Nevers, le 22 à Roanne. L'empereur fit
venir le maire de cette ville, et lui dit : « Vous
deviez avoir ici six mille hommes de troupes de
l'armée d'Espagne. Si je n'avais été trahi que
quatorze fois par jour, je serais encore sur le
trône. » Jusque-là, Napoléon ne rencontrait
point d'hostilité sur sa route. Dans tous les en-
droits où il s'arrêtait, il s'entretenait avec les
fonctionnaires, et il avait la consolation d'entendre retentir les cris de : Vive l'empereur ! Au
commencement du voyage, il avait été escorté

par des détachements de cavalerie, précaution
alors inutile, parce que jusqu'au milieu du Bourbonnais l'attitude des populations était sympa-
thique ; mais l'escorte fut supprimée au moment
même où elle eût été si nécessaire, et où la vie
de Napoléon allait être exposée au moins autant
que sur un champ de bataille. Il passa par Lyon
le 23 avril, vers onze heures du soir, sans que
la ville eût été prévenue de sa présence. Le 24, il
arriva au Péage-de-Roussillon, petit bourg situé
sur les bords du Rhône, où il déjeuna.

Continuant sa route vers Valence, il rencontra en chemin le maréchal Augereau, duc de
Castiglione. « Où vas-tu comme ça ? lui dit-il,
en lui prenant le bras, tu vas à la cour ? » —
Augereau répondit que pour le moment il allait
à Lyon. L'homme du 18 Fructidor, jadis un républicain fanatique, venait de se rallier avec empressement aux Bourbons et de renier le drapeau
tricolore. Le 16 avril, il avait adressé à ses
troupes, de son quartier général de Valence, une
proclamation où il disait : « Soldats, vous êtes
déliés de vos serments ; vous l'êtes par la nation,
en qui réside la souveraineté ; vous l'êtes encore,
s'il était nécessaire, par l'abdication d'un homme
qui, après avoir immolé des millions de victimes
à sa cruelle ambition, n'a pas su mourir en soldat. La nation appelle Louis XVIII sur le trône.
Né Français, il sera fier de votre gloire, et s'en-
tourera avec orgueil de vos chefs ; fils d'Henri IV,

il en aura le cœur ; il aimera le soldat et le peuple. Jurons donc fidélité à Louis XVIII et à la Constitution qui nous le présente ; arborons la couleur vraiment française qui fait disparaître tout emblème d'une révolution qui est finie, et bientôt vous trouverez dans la reconnaissance de votre roi et de votre patrie une juste récompense de vos nobles travaux. » L'empereur, qui, sans doute, ne connaissait pas encore cette proclamation, causa environ un quart d'heure avec l'ancien héros de Castiglione, et l'embrassa, en le quittant. On prétend qu'une heure après, il dit au commissaire autrichien, le général Koller : « Je viens d'apprendre, à l'instant même, l'infâme proclamation d'Augereau ; si je l'eusse connue, lorsque je l'ai rencontré, je lui aurais bien lavé la tête. »

Napoléon traversa, sans s'y arrêter, Valence, qui avait été l'une de ses premières garnisons, alors que, plus heureux, il n'était qu'un obscur officier d'artillerie. Tout en portant la cocarde blanche, des soldats du corps d'Augereau crièrent : « Vive l'empereur ! » Mais les acclamations cessèrent après Valence. Les vivats allaient être remplacés par les imprécations et par les anathèmes.

Le 25 avril, en passant par Orange, Napoléon fut accueilli aux cris de : « Vive le roi ! vive Louis XVIII ! » Le même jour, un peu en avant d'Avignon, à l'endroit où l'on devait changer de chevaux, il trouva beaucoup de peuple rassemblé, qui criait avec rage : « Vive le roi ! vivent les alliés ! à bas le tyran ! le coquin ! le mauvais gueux ! » Un peu plus loin, au petit village d'Orgon, la fureur de la populace était à son comble. Devant l'auberge même où l'empereur devait s'arrêter, on avait élevé une potence à laquelle était suspendu un mannequin couvert de sang, avec une inscription placée sur la poitrine, et ainsi conçue : « Tel sera tôt ou tard le sort du tyran ! » La foule exaspérée se cramponnait à la voiture de Napoléon, et lui adressait d'atroces injures. Le comte Schouwaloff, commissaire russe, eut beaucoup de peine à la calmer.

Un témoin oculaire, l'abbé Ferrucci, secrétaire du cardinal Gabrielli, a ainsi raconté cette scène vraiment terrible : « Orgon, 25 avril. La scène la plus digne d'attention et la moins attendue se passe aujourd'hui sous mes yeux. L'ex-empereur Napoléon passe incognito avec trois voitures, à huit heures du matin ; d'autres voitures l'avaient précédé. Le peuple, qui épie tout, accourt. Napoléon devait s'arrêter pour déjeuner, et il ne le peut. Tous crient : « Mort au tyran ! vive le roi ! » On brûle en sa présence son effigie ; on lui en présente d'autres qui ont le sein déchiré de coups, et qui sont teintes de sang. Quelques-uns montent à sa voiture, lui présentent le poing en criant : « Meurs, tyran ! » Quelques femmes, armées de pierres, crient : « Rends-moi mon fils ! » Ce spectacle m'a déplu ; il m'a paru peu conforme à l'honneur, à l'humanité, à la religion. Pour moi, je lui aurais volontiers fait un rempart de mon corps. »

Le danger devenait de plus en plus pressant. Napoléon avait tout lieu de croire que sa merveilleuse carrière aurait la fin la plus affreuse, qu'il allait être massacré par ses propres sujets. Walter Scott, ordinairement si sévère pour l'empereur, n'a point hésité à le dire : « Le danger était d'une espèce particulièrement horrible et propre à intimider ceux à qui la terreur des champs de bataille était familière ; le plus brave soldat peut frémir devant la mort des de Witt. »

S'il faut en croire la relation du commissaire prussien, le comte de Waldbourg-Truchsess, relation dont le comte Schouwaloff certifia l'exactitude à M. de Chateaubriand, l'empereur, à un quart de lieue au delà d'Orgon, crut nécessaire de se déguiser ; il mit un chapeau rond avec une cocarde blanche et endossa une mauvaise redingote bleue ; puis il monta sur un cheval de poste, et galopa devant sa voiture, afin de passer pour un courrier. Les commissaires, qui ne savaient pas qu'il avait cru devoir se travestir ainsi, ne le suivaient que de loin. Près de Saint-Canat, il entra dans une mauvaise auberge située sur la grande route, et appelée la Calade.

« Ce n'est que près de Saint-Canat, a dit le commissaire prussien, que nous apprîmes et le travestissement dont l'empereur s'était servi et son arrivée dans cette auberge à la faveur de ce bizarre accoutrement ; il n'avait été accompagné que d'un seul courrier ; sa suite, depuis le général jusqu'au marmiton, était parée de cocardes blanches, dont ils paraissaient s'être approvisionnés à l'avance. Son valet de chambre, qui vint au-devant de nous, nous pria de faire passer l'empereur pour le colonel Campbell, parce qu'en arrivant, il s'était annoncé pour tel à l'hôtesse. Nous promîmes de nous conformer à ce désir, et j'entrai le premier dans une espèce de chambre, où je fus frappé de trouver le ci-devant souverain du monde plongé dans de profondes réflexions, la tête appuyée dans ses mains. Je ne le reconnus pas d'abord, et je m'approchai de lui. Il se leva en sursaut, en entendant quelqu'un marcher, et me laissa voir son visage inondé de larmes. Il me fit signe de ne rien dire, me fit asseoir près de lui, et tout le temps que l'hôtesse fut dans la chambre, il ne me parla que de choses indifférentes... On se mit à table, mais comme ce n'étaient pas ses cuisiniers qui avaient préparé le dîner, il ne pouvait se résoudre à prendre aucune nourriture dans la crainte d'être empoisonné... Il parla beaucoup, et fut d'une amabilité remarquable. Lorsque nous fûmes seuls, et que l'hôtesse qui nous servait fut sortie, il nous fit connaître combien il croyait sa vie en danger ; il était persuadé que le gouvernement français avait pris des mesures pour le faire enlever ou assassiner dans cet endroit... Pour nous mieux persuader, et pour nous prouver jusqu'à quel point ses craintes étaient fondées, il nous raconta ce qui s'était passé entre lui et l'hôtesse qui ne l'avait pas reconnu. « — Eh bien ! lui avait-elle dit, avez-vous rencontré Bonaparte ? — Non, avait-il répondu. — Je suis curieuse de voir s'il pourra se sauver ; je crois toujours que le peuple va le massacrer ; aussi, faut-il convenir qu'il l'a bien mérité ce coquin-là ! Dites-moi donc, on va l'embarquer pour son île ? — Mais oui. — On le noiera, n'est-ce pas ? — Je l'espère bien, répliqua Napoléon. « Vous voyez donc, ajouta-t-il, à quel danger je suis exposé. »

Comment ! Cet homme déguisé, qui pleure dans une mauvaise auberge, c'est le même que celui qui a été couronné comme empereur des Français à Notre-Dame, comme roi d'Italie dans la cathédrale de Milan. Le voilà donc l'homme du Destin, le nouveau César, le moderne Charlemagne, celui qui, deux années auparavant, apparaissait à Dresde, comme l'Agamemnon, le roi des rois ! Être précipité d'un pareil faîte dans un tel abime d'humiliations et de douleurs ! Avoir été, il n'y a que cinq jours encore, si majestueux à Fontainebleau, dans la cour du Cheval-Blanc, à l'heure des adieux à la garde, et se voir maintenant réduit à un tel rôle. L'histoire, comme l'art, vit de contrastes. Où trouver plus saisissant exemple de l'ironie du sort, ironie amère et cruelle, qui semble se complaire dans les combinaisons les plus imprévues, les plus bizarres et les plus douloureuses ? Napoléon a raison de ne pas vouloir finir d'une fin vulgaire et répugnante qui conviendrait à un aventurier, mais qui ne sied point à un grand homme. Être écharpé par une poignée de cannibales, dans une auberge borgne, ne serait-ce pas une conclusion misérable, dérisoire, pour une si grandiose épopée ? L'instinct de la conservation, dans ce moment d'angoisses, est peut-être moins puissant encore sur l'esprit de Napoléon que le sentiment de la gloire. Il aurait bien voulu mourir à Arcis-sur-Aube, ·au champ d'honneur, de la mort des braves, emporté par un boulet de canon, au milieu d'un nuage de fumée et de feu. Mais mourir déchiré par une ignoble populace ; mourir couvert d'outrages, couvert de boue ; mourir dans l'auberge de la Calade, sous un travestissement, avec la cocarde blanche au chapeau, Napoléon ne le veut pas. Il cherche dans sa tête toutes les combinaisons qui pourraient le sauver. Il veut vivre pour prendre sa revanche. Il veut vivre pour régner. Mais comment s'arracher au péril ? Comment continuer ce trajet fatal ? De minute en minute, la foule grossit autour de l'auberge. A chaque bruit de pas qui retentit, l'empereur se demande si ce sont des curieux qui viennent, ou bien des assassins. N'y aurait-il point quelque porte cachée par laquelle on pourrait s'enfuir ? Non. Il n'y en a aucune. Ne pourrait-on pas s'échapper en sautant par la fenêtre ? Non ; la fenêtre est grillée en dehors. Et, en admettant qu'on puisse sortir de cette auberge maudite, que trouvera-t-on sur la route ? Napoléon connaît par expérience le caractère des populations du Midi. Il sait ce dont elles sont capables, lorsque la haine les fanatise. Au début de sa carrière, il les a vues à l'œuvre. Aujourd'hui, elles sont aussi ardentes royalistes qu'elles étaient alors ardentes républicaines, et la Terreur blanche n'est pas moins impitoyable que la Terreur rouge.

Cependant la nuit est venue. Le temps est froid, le ciel sans étoiles. Cette double circonstance protègera Napoléon mieux que ne le ferait une forte escorte. Un mistral violent souffle ; l'obscurité de la nuit, retenant la population des faubourgs d'Aix et celle des villages voisins, les empêche de se porter en foule à l'auberge de la Calade. Néanmoins beaucoup de personnes s'y sont rendues, y soupçonnant la présence de l'empereur. Les commissaires étrangers essaient en vain de leur faire croire qu'ils ont pris les devants, que Napoléon n'est point là. « Nous ne voulons point lui faire du mal, disent-elles ; nous voulons seulement le contempler pour voir quel effet produit sur lui le malheur. Nous lui ferons tout au plus quelques reproches, en lui disant la vérité qu'il a si rarement entendue. » Les commissaires parviennent à détourner ces curieux de leur dessein et à les calmer. Alors il se présente quelqu'un qui s'engage à faire maintenir l'ordre à Aix, si on veut le charger d'une lettre pour le maire de cette ville. Cette offre est acceptée; l'individu part pour Aix, et en revient bientôt après, avec l'assurance que les bonnes dispositions du maire empêcheront tout tumulte. Il est minuit. Les gens qui s'étaient réunis à la porte de l'auberge se sont presque tous retirés. C'est à peine s'il en reste quelques-uns, munis de lanternes sourdes. Napoléon se décide à partir. Mais auparavant, il croit prudent de prendre un déguisement nouveau. Voulant se faire passer pour un officier étranger, il endosse l'uniforme du général Koller, et se couvre du manteau du général Schouwaloff. Puis on se met en marche, vers minuit et demi, la nuit étant toujours aussi obscure, le mistral continuant à souffler avec la même violence ; et les rares curieux qui dirigent la lumière de leurs lanternes sourdes du côté des voitures ne parviennent pas à reconnaître Napoléon.

Au moment où, à Fontainebleau, dans la nuit du 12 au 13 avril, l'empereur avait voulu s'empoisonner, prévoyait-il qu'il serait condamné à cette humiliation suprême : être obligé de revêtir l'uniforme d'un étranger pour ne pas être massacré par des mains françaises ? Nous ne le croyons pas. La réalité se trouvait plus terrible encore que les prévisions même les plus sinistres. En racontant cette scène lamentable, le commissaire prussien n'a pas un seul mot de compassion pour les indicibles souffrances du glorieux vaincu, du Prométhée dont tant de cruels vautours rongent le cœur. « L'empereur ne se rassurait pas, dit-il dans sa relation ; il restait toujours dans la calèche du général autrichien, et il commanda au cocher de fumer, afin que cette familiarité pût dissimuler sa présence. Il pria même le général Koller de chanter, et comme celui-ci lui répondit qu'il ne savait pas chanter, Bonaparte lui dit de siffler. C'est ainsi qu'il poursuivit sa route, caché dans un des coins de la calèche, faisant semblant de dormir, bercé par l'agréable musique du général, et encensé par la fumée du cocher. »

Chateaubriand a bien raison de s'écrier qu'un tel récit fait mal à lire. « Quoi ! dit-il, les commissaires ne pouvaient-ils mieux protéger celui dont ils avaient l'honneur de répondre ? Qu'étaient-ils, pour affecter des airs si supérieurs avec un tel homme ? Bonaparte dit avec raison que, s'il l'eût voulu, il aurait pu voyager accompagné d'une partie de sa garde. Il est évident qu'on était indifférent à son sort ; on jouissait de sa dégradation ; on consentait avec plaisir aux marques de mépris que la victime requérait pour sa sûreté ; il est si doux de tenir sous ses pieds la destinée de celui qui marchait sur les plus hautes têtes, de se venger de l'orgueil par l'insulte ! Aussi les commissaires ne trouvent pas un mot, même un mot de sensibilité philosophique, sur un tel changement de fortune, pour avertir l'homme de son néant et de la grandeur des jugements de Dieu ! Dans les rangs des alliés, les anciens adulateurs de Napoléon avaient été nombreux ; quand on s'est mis à genoux devant la force, on n'est pas reçu à triompher du malheur. »

On comprend l'impression que dut produire sur l'esprit de l'empereur son passage en Provence. Ce fut peut-être là une des causes de son indulgence pour les impérialistes qui s'étaient si vite changés en royalistes. Ne pouvait-il pas, en effet, se dire à lui-même qu'il avait été obligé, lui empereur, de crier : « Vive le roi ! » et de déguiser, non pas seulement ses sentiments, mais sa personne ? Il connaissait par expérience la fatalité des événements humains, et il savait que le stoïcisme de Caton et de Brutus est une chose rare. Aussi, quand il reviendra de l'île d'Elbe, il ne reprochera ni à ses ministres, ni à ses maréchaux leurs palinodies. Rien ne pouvait plus l'étonner. Comme tous les hommes qui ont passé tour à tour par les extrémités de la bonne et de la mauvaise fortune, il avait pour la nature humaine un singulier mélange de compassion et de mépris. Se retrouvant aux Tuileries, sur le trône, il se souviendra de l'auberge de la Calade.

La fin du voyage, si dangereux jusqu'à Aix, s'accomplit sans difficulté, à partir de cette ville, qu'on ne fit que traverser. Le 26 avril, on déjeuna à Saint-Maximin. Napoléon avait encore l'uniforme du général Koller. « Vous ne m'auriez pas reconnu sous ce costume ? » dit-il au sous-préfet d'Aix. Puis il ajouta, en montrant les commissaires : « Ce sont ces messieurs qui me l'ont fait prendre, le jugeant nécessaire à ma sûreté. J'aurais pu avoir une escorte que j'ai refusée, préférant me confier à la loyauté française. Je n'ai pas eu à me plaindre de cette confiance depuis Fontainebleau jusqu'à Avignon. Mais depuis cette ville jusqu'ici, j'ai couru bien des dangers. Les Provençaux se déshonorent. » Il raconta ensuite que, lorsqu'il était officier d'artillerie, il avait été envoyé dans ce pays avec mission de délivrer deux royalistes qui devaient être pendus pour avoir porté la cocarde blanche. « Je les sauvai avec beaucoup de peine des mains de ces enragés, ajouta-t-il, et aujourd'hui ces hommes recommenceraient les mêmes excès contre celui d'entre eux qui se refuserait à porter la cocarde blanche. Telle est l'inconstance du peuple français. »

Dans la soirée du 26 avril, on arriva au château du Bouillidou, près de Luc, où se trouvait la princesse Pauline Borghèse, qui revit son frère avec une émotion profonde. Des troupes autrichiennes étaient dans le voisinage. Elles furent chargées d'escorter l'empereur et de veiller sur son embarquement. Ne courant plus aucun danger, il arriva le 27 avril à Fréjus, d'où il écrivit à Corvisart : « J'ai reçu votre lettre du 22 avril. J'ai vu avec plaisir la bonne conduite que vous avez tenue dans ces derniers temps où tant d'autres se sont mal conduits. Je vous en sais gré, et cela confirme l'opinion que j'avais conçue de votre caractère. Donnez-moi des nouvelles de Marie-Louise, et ne doutez jamais des sentiments que je vous porte. Ne vous livrez pas à des idées mélancoliques ; j'espère que vous vivrez encore pour rendre des services, et pour vos amis. »

L'article 15 du traité du 11 avril 1814, article ainsi conçu : « La garde impériale fournira un détachement de douze à quinze cents hommes de toutes armes, pour servir d'escorte jusqu'à Saint-Tropez, lieu de l'embarquement, » n'avait pas été exécuté. Napoléon n'avait pas eu l'escorte stipulée, et ce ne fut point à Saint-Tropez que l'embarquement s'effectua. On n'exécuta pas non plus l'article 16 du même traité, où il était dit : « Il sera fourni une corvette armée et les bâtiments de transports nécessaires pour conduire au lieu de sa destination S. M. l'empereur Napoléon, ainsi que sa maison. La corvette demeurera en toute propriété à Sa Majesté. » Le gouvernement français envoya le brick l'*Inconstant*. Mais Napoléon refusa de s'en servir. « Si le gouvernement, dit-il, eût su ce qu'il se doit à lui-même, il m'aurait envoyé un bâtiment à trois ponts, et non pas un vieux brick pourri, à bord duquel il serait au-dessous de ma dignité de monter. » L'empereur préféra se servir de la frégate anglaise l'*Undaunted*, que le colonel Campbell avait fait préparer.

Le 27 avril, Napoléon, qui, le lendemain, devait s'embarquer sur cette frégate, dans le golfe de Saint-Raphaël, invita à dîner, à Fréjus, les quatre commissaires étrangers, le comte Klamm et le capitaine du navire anglais. « Il reprit alors toute la dignité impériale, écrit le comte de Wald-bourg... Il nous parla avec une rare franchise des plans d'agrandissement qu'il avait encore pour la France, à nos propres dépens ; il nous expliqua comment il voulait faire de Hambourg un second Anvers et rendre le port de Cuxhaven semblable à celui de Cherbourg. Il voulut aussi nous faire connaître ce que personne n'avait encore remar-qué, que l'Elbe avait la même profondeur que l'Escaut, et qu'on pouvait construire à son em-bouchure un port semblable à celui dont il avait enrichi la Belgique. Il s'exprimait avec tant de passion et de vivacité en parlant de ses flottes de Toulon, de Brest et d'Anvers, de son armée de Hambourg et des mortiers qui se trouvaient à Hyères, avec lesquels il pouvait jeter des bombes à trois mille pas, que l'on eût cru que tout cela lui appartenait encore. » Après le dîner, il dit adieu aux commissaires russe et prussien ; il ne devait être accompagné à l'île d'Elbe que par les commissaires anglais et autrichien. Il emmenait avec lui le général Bertrand, le général Drouot, le major polonais Gerzmanofsky, deux fourriers du palais, un officier payeur, un médecin, deux secrétaires, un maître d'hôtel, un valet de chambre, deux cuisiniers et six domestiques. Une escorte de hussards autrichiens l'accompagna jusqu'au port de Saint-Raphaël, où il reçut les honneurs militaires et fut accueilli par une salve de vingt-quatre coups de canon. Il s'y embarqua le 28 avril, à neuf heures du soir. Le 3 mai, il jeta l'ancre dans la rade de Porto-Ferrajo, et, le 4, il débarqua, salué par les cris de joie des habitants de l'île d'Elbe, fiers de leur souverain.

XXIII

LES DERNIERS JOURS DE MARIE-LOUISE EN FRANCE.

Pendant que Napoléon se dirigeait de Fontainebleau vers l'île d'Elbe, que devenait l'impératrice
Marie-Louise ? Nous l'avons laissée à Orléans,
dans la matinée du 12 avril 1814, perplexe,
malade de corps et d'âme, ne cessant de pleurer,
se demandant avec anxiété où était son devoir.
Le même jour, elle vit arriver le baron de Bausset, qui lui apportait une lettre de Napoléon, et
une lettre du prince de Metternich. Le ministre
autrichien donnait à Marie-Louise l'assurance
qu'on lui réservait une existence indépendante,
qui passerait à son fils ; il exprimait l'idée que
l'arrangement le plus convenable serait, sans
doute, qu'elle se rendît d'abord en Autriche avec
son enfant, en attendant qu'elle eût le choix entre
l'endroit où se trouverait l'empereur Napoléon
et son propre établissement ; il ajoutait que l'em-

pereur François aurait de cette manière le bonheur d'aider de son mieux à sécher les larmes que son auguste fille n'avait que trop de motifs de répandre ; qu'elle serait tranquille pour le moment et libre de sa volonté pour l'avenir, et qu'elle emmènerait avec elle les personnes en qui elle avait le plus de confiance.

Peu d'heures après la réception de cette lettre, le prince Paul Esterhazy et le prince Wenezel-Lichtenstein arrivèrent à Orléans, porteurs d'une nouvelle lettre du prince de Metternich, qui annonçait officiellement à Marie-Louise que les duchés de Parme et de Plaisance lui étaient concédés, avec reversibilité en faveur de son fils, et qui l'invitait à partir immédiatement pour le château de Rambouillet, où elle aurait une entrevue avec son père.

Marie-Louise, qui désirait depuis longtemps cette entrevue, et qui voulait plaider non seulement sa propre cause, mais celle de son époux et de son fils, se laissa facilement persuader. Elle quitta Orléans le 11 avril, à huit heures du soir, encore escortée par un détachement de cavalerie de la garde impériale. Mais, au relais d'Angerville, cette escorte fut remplacée par un peloton de cosaques, qui brandissaient leurs longues piques autour des voitures, comme autour d'un convoi de prisonniers. Et, en effet, à partir de ce moment, l'impératrice des Français n'était plus qu'une captive. Lorsque, le 13 avril à midi, elle arriva à Rambouillet, brisée par le chagrin et exténuée de fatigue, elle trouva l'avenue et l'intérieur du château gardés par des troupes russes. Elle regretta la précipitation avec laquelle on l'avait fait quitter Orléans, car elle apprit que son père ne serait à Paris que le lendemain, et ne se rendrait à Rambouillet que le 16 avril.

Le 12, Marie-Louise aurait pu encore rejoindre Napoléon à Fontainebleau. Le 13, elle ne le pouvait plus. Les étrangers, auxquels elle avait eu l'imprudence de se confier, ne le lui auraient pas permis. Jusque là, c'est-à-dire jusqu'au 13 avril, Napoléon, comme nous l'avons dit, ne s'était pas soucié, à cause de ses velléités de suicide, de revoir sa femme et son fils. Mais, du moment où il avait renoncé à l'idée de se tuer, son désir eût été de les presser sur son cœur. Le 13, il envoya le général Cambronne à Orléans avec deux bataillons de la garde. Ayant appris qu'une des raisons qui pouvaient empêcher l'impératrice d'aller à Fontainebleau était la crainte d'être arrêtée en route par les troupes étrangères, il lui avait envoyé sans doute cette escorte pour la protéger. Mais le général Cambronne arriva trop tard : Marie-Louise était déjà partie pour Rambouillet.

L'impératrice passa les journées du 13, du 14 et du 15 à attendre son père avec une fiévreuse impatience. Tantôt elle se promenait, agitée, dans ses appartements, tantôt elle restait immobile, abattue, accablée, versant des torrents de larmes. La visite que lui fit alors la reine Hortense ne fut pas pour elle une consolation. Elle s'aperçut qu'elle était déjà soupçonnée par la fille de l'impératrice Joséphine de vouloir abandonner Napoléon.

Le 16 avril, après-midi, une calèche découverte toute simple amena au château de Rambouillet l'empereur d'Autriche, accompagné seulement du prince de Metternich. Marie-Louise, suivie seulement de son fils et de Mme de Montesquiou, descendit alors jusqu'aux dernières marches de l'escalier du palais. En apercevant son père, elle fondit en larmes, et, avant même de l'avoir embrassé, elle lui jeta vivement dans les bras le roi de Rome. C'était là un muet reproche que dut comprendre l'empereur François, en serrant sur son cœur son petit-fils qu'il voyait pour la première fois, et dans des circonstances si douloureuses pour une mère infortunée.

Marie-Louise prit à peine le temps de présenter à son père les personnes de sa maison qui se trouvaient auprès d'elle, et passa rapidement avec lui dans son appartement. Le père n'était pas moins ému que la fille. Il voulut revoir son petit-fils. Ce bel enfant, dont la destinée était déjà si pathétique, faisait l'objet de son admiration. Il le regardait avec tendresse, il promettait de veiller sur lui, comme pour s'excuser de ne l'avoir pas mieux défendu. A partir de ce jour, Marie-

Louise et le roi de Rome ne vécurent plus que sous la tutelle de l'Autriche. Deux bataillons d'infanterie et deux escadrons de cuirassiers autrichiens vinrent remplacer les troupes russes, pour garder le château de Rambouillet. L'empereur François y passa la nuit, et en repartit le lendemain matin à neuf heures, après avoir décidé sa fille à se rendre à Vienne. Il se garda bien de lui dire qu'il la condamnait à ne jamais revoir son époux, et il lui laissa croire qu'après s'être reposée quelque temps au sein de sa famille, elle serait libre d'habiter tantôt son duché de Parme, tantôt l'île d'Elbe. Mais de telles promesses ne rassuraient pas Marie-Louise. Son entrevue avec son père, loin de calmer ses angoisses, les avait augmentées. Les coudes appuyés sur ses genoux, et la tête dans ses mains, elle méditait, et elle pleurait.

Le 19 avril, Marie-Louise reçut à Rambouillet une visite qui lui avait été imposée par son père, et qui lui fut extrêmement pénible, c'était celle de l'empereur Alexandre. Ainsi que le dit le duc de Rovigo dans ses Mémoires, « le czar dut lire sur son visage, qui, depuis plus de vingt jours n'était arrosé que de larmes, l'effet que sa présence produisait. Il ignorait sans doute que l'impératrice avait été instruite des moindres détails de tout ce qui s'était passé à Paris avant et pendant la réception qu'il avait faite à la députation des maréchaux. Elle savait de même tout ce qui avait

été projeté contre son époux, et il fallait assurément qu'elle fût bien maîtresse d'elle-même pour
conserver de la contenance devant l'auteur de
tous les chagrins qui la dévoraient. »

L'empereur Alexandre s'excusa de la liberté
qu'il prenait de se présenter devant l'impératrice,
sans en lui avoir fait d'abord demander la permission. Il ajouta qu'il venait sous les auspices de
l'empereur d'Autriche, et fit à la souveraine détrônée par lui les plus chaleureuses protestations
de sympathie et de dévouement : « Il fut d'une
telle amabilité, d'une telle aisance, dit le baron
de Bausset, que nous étions presque tentés de
croire qu'il ne s'était passé aucun événement sérieux à Paris. Après le déjeuner, le czar demanda
à l'impératrice la permission d'aller voir son fils.
Et se tournant vers moi qui avais l'honneur d'en
être connu depuis l'entrevue d'Erfurt, il me dit :
Monsieur de Bausset, voulez-vous bien me conduire chez *le petit roi?* Ce sont ses propres expressions. Je le précédai après avoir fait prévenir
Mme de Montesquiou. En voyant ce bel enfant,
l'empereur Alexandre l'embrassa, le caressa, et
l'examina beaucoup. » Marie-Louise fut polie,
mais très froide pour le czar.

Du jour où il sut que l'impératrice était à
Rambouillet, Napoléon ne songea plus à lui demander de le rejoindre. Il sentait bien que pour
le moment l'empereur d'Autriche ne permettrait
pas cette réunion, et il n'ignorait pas que Marie-

Louise n'était plus libre. Cependant, le 19 avril, c'est-à-dire la veille de son départ de Fontainebleau, il dictait au baron Fain, pour le baron de Méneval, une lettre où il était dit : « Comme l'impératrice a beaucoup demandé à M. de La Place des renseignements sur l'île d'Elbe, je vous envoie la notice qu'a remise un officier du génie qui en arrive ; c'est ce qu'il y a de plus complet sur ce pays. Vous pouvez la montrer à l'impératrice, si vous croyez que cela puisse l'intéresser. » Que de tristesse dans la fin de cette phrase : « si vous croyez que cela puisse l'intéresser ! » N'y a-t-il point là comme un pressentiment de l'abandon qui pèsera si lourdement sur la mémoire de Marie-Louise ?

La lettre se terminait ainsi : « L'empereur n'a pas pu partir aujourd'hui, parce que toutes les dispositions du voyage n'étaient pas faites, il partira demain en passant par Nevers, Moulins, Lyon, Avignon, Aix et Saint-Tropez. Il faudra donc faire parvenir désormais les lettres par Livourne ou par Gênes, en les adressant alternativement au vice-roi et au roi de Naples. » Le soir du même jour, 19 avril, nouvelle lettre, également datée de Fontainebleau, et ainsi conçue : « L'empereur part demain à neuf heures du matin. Il vous a écrit ce matin la route qu'il compte suivre, et celle de Lyon par le Bourbonnais, et de celle de Saint-Tropez par Avignon et Aix. L'empereur désire recevoir des nouvelles de l'impératrice demain à Briare où il couchera ; il désire que vous lui en fassiez aussi parvenir à Saint-Tropez. Enfin Sa Majesté vous recommande de lui écrire par toutes les occasions. »

Le 22 avril, Marie-Louise recevait, au château de Rambouillet, une visite qui lui fut peut-être plus désagréable encore que celle de l'empereur de Russie : la visite du roi de Prusse. Après avoir passé environ une heure auprès de l'impératrice, ce prince demanda au baron de Bausset, comme l'avait fait le czar, de le conduire chez *le petit roi*. M. de Bausset s'empressa de déférer à ce désir. Le roi fut moins affectueux, moins caressant que l'empereur Alexandre ; mais, comme lui, il embrassa *le petit roi*.

Le même jour, le général autrichien, comte Kinski, accompagné de plusieurs officiers, arriva à Rambouillet. C'est lui qui devait accompagner Marie-Louise jusqu'à Vienne, et c'est lui qui allait présider aux préparatifs du voyage.

Marie-Louise partit de Rambouillet le 23 avril. Elle s'arrêta un jour à Grosbois, dans le château de Berthier, prince de Wagram, et elle y vit l'empereur d'Autriche qui la quitta le 25 avril pour aller dîner à Paris chez le comte d'Artois. Elle continua alors avec son fils son voyage, qui ne devait plus être interrompu. L'impératrice était accompagnée par la duchesse de Montebello, la comtesse de Brignole, le général Caffarelli, MM. de Saint-Aignan, de Bausset et de Méneval ;

le roi de Rome par sa gouvernante, la comtesse de Montesquiou, et par Mme Soufflot. Le duc de Rovigo a dit : « Elle voyagea escortée par les troupes de son père, et prit la route même qu'avaient suivie les alliés pour venir de Bâle à Paris. Elle parcourut les départements d'un pays qui, à quatre ans de distance, avait élevé des arcs de triomphe sur son passage, avait semé des fleurs sur son chemin. Il la voyait partir alors comme la dernière victime des ennemis qui avaient dévasté ses cités, et emportant avec elle le lien qui semblait encore, peu de temps auparavant, devoir l'unir indissolublement avec les Français. Son cœur était déchiré pendant ce triste voyage ; tout lui était amer. Elle ne trouva un peu de distraction que lorsque ses yeux ne furent plus frappés des tableaux qui entretenaient sa douleur. Elle emporta les regrets de tout ce qui avait eu le bonheur de l'approcher, et laissa parmi nous le souvenir de toutes les vertus. »

L'impératrice coucha, le 25 avril, à Provins, d'où elle écrivit à Napoléon. Le pays présentait l'aspect le plus désolant. Les ravages de la guerre avaient laissé des traces horribles. Les moissons avaient été foulées aux pieds des chevaux de la cavalerie. On ne voyait que maisons détruites, villages en cendres. Le 26, Marie-Louise couchait à Troyes, dans la maison de M. de Mesgrigny, père d'un des écuyers de l'empereur ; le 27 à Châtillon, cette ville rendue célèbre par l'infructueux congrès qui venait de s'y tenir. Le 28, elle arrivait à Dijon, où les troupes autrichiennes, sous les armes, la recevaient comme la fille de leur souverain. On voulait tirer le canon en son honneur et illuminer la ville. Elle s'y opposa. Elle couchait le 28 avril à Dijon, le 29 à Gray, le 30 à Vesoul, le 1er mai à Belfort, et le 2 mai, franchissant le Rhin entre Huningue et Bâle, elle quittait la France.

Marie-Louise n'était restée que quatre années dans le pays qui lui avait été funeste. Que d'événements, que de constrastes, que de splendeurs, que de misères pendant cette période si courte et si féconde en événements ! Le souvenir en était bien plus triste que doux. Au fond, les beaux jours de l'impératrice n'avaient pas duré plus de deux ans, et encore avaient-ils été assombris par plus d'un nuage. Ces jours prospères finirent avec l'entrevue de Dresde. La campagne de Russie fut le signal d'une série d'inquiétudes qui, par une gradation terrible, arrivèrent au paroxysme de l'angoisse.

En se remémorant les si étranges péripéties de son sort, pendant ces quatre années pleines de contrastes, Marie-Louise devait croire qu'elle était le jouet d'un rêve. Son élévation et sa chute l'étonnèrent également. Une consolation lui restait dans sa ruine, c'est la pensée qu'elle avait fait son devoir. En 1814, elle ne pouvait encore s'adresser à elle-même aucun reproche sérieux.

Bonne épouse, bonne mère, bonne régente, elle avait obéi en toute chose aux ordres de Napoléon, qui ne s'était pas plaint d'elle une seule fois. Tous les partis la respectaient, et, au milieu du déluge d'insultes et d'anathèmes dont on accablait son époux, pas une voix ne s'était élevée pour la maudire ou simplement la critiquer. Dans leurs Mémoires, les partisans les plus dévoués de l'empereur, les Méneval, les Bausset, les Savary, n'ont pour elle que les paroles les plus flatteuses. Aucun légitimiste, aucun républicain ne l'attaqua. Au moment où elle quitta la France, tout le monde rendait hommage à sa vertu et à son caractère. On était alors convaincu qu'elle irait rejoindre son mari à l'île d'Elbe. Elle le croyait elle-même, car, à cette époque, elle n'avait pas encore subi l'influence du comte de Neipperg. Les liens qui l'unissaient à Napoléon étaient détendus ; ils n'étaient pas brisés, et, dans les premiers temps de son retour en Allemagne, elle conservait encore quelque chose de Français.

Il fallut quelque temps à l'impératrice détrônée pour redevenir purement et simplement une princesse autrichienne. Cette transformation ne devait s'accomplir que par degrés. Tiraillée en sens opposés, combattue entre des influences contradictoires, hésitant entre ses deux patries, comme entre son père et son époux, mécontente des autres et d'elle-même, elle eut d'abord des scrupules et des doutes qui la firent souffrir. Pour une jeune femme de vingt-deux ans la situation ne laissait pas que d'être difficile. De toutes parts, on entourait d'embûches cette victime de la politique, et l'on se servait de tous les moyens possibles pour l'empêcher de rejoindre son mari à l'île d'Elbe, ce qui eût été son devoir. Habituée dès l'enfance, comme fille et comme sujette, à ne faire que les volontés paternelles, elle finit par accepter aveuglément un joug dans lequel elle trouvait une certaine douceur, tant les responsabilités personnelles l'effrayaient. Nature passive, faite pour la soumission, elle se remit, elle et son fils, entre les mains de son père, et les reproches que la postérité peut lui adresser s'appliquent à lui plus qu'à elle-même. Dans tout autre siècle, elle aurait été une épouse fidèle, une excellente mère, une souveraine honorée. Mais elle n'avait pas l'énergie nécessaire pour jouer dignement son rôle à une époque aussi troublée que la sienne. Pendant quatre ans, elle avait été bonne Française. Mais, en se retrouvant sur le sol germanique, elle allait sentir peu à peu renaître toutes ses idées, tous ses préjugés, toutes ses passions d'enfance et de première jeunesse, oubliant sa seconde patrie pour ne s'attacher qu'à l'autre, à sa patrie d'archiduchesse. Il devait lui arriver ce qui arrive à tant de femmes qui épousent un étranger. Ne changeant de nationalité qu'à la surface, elles restent, dans les profondeurs de leur âme, les

filles dévouées du pays où elles ont vu le jour.
Les conventions sociales, et même les liens de la
religion, sont souvent impuissants pour détruire
l'œuvre de la nature, et le mariage, si sacré qu'il
soit, ne peut déraciner l'idée de la patrie. A l'impératrice des Français, à la reine d'Italie, se subs-
tituait l'archiduchesse d'Autriche, duchesse de
Parme, Plaisance et Guastalla. Quant à son fils,
non seulement il n'était plus ni le roi de Rome,
ni le prince impérial de France, mais il n'était
pas même le prince héréditaire de Parme. Cette
hérédité qu'on lui avait promise, il ne devait pas
l'obtenir. Le temps approchait où on lui enlève-
rait jusqu'à son nom de Bonaparte, jusqu'à son
prénom de Napoléon, et où il n'aurait plus d'autre nom et d'autre titre que ceux de François,
duc de Reichstadt.

TABLE